現代琴學叢刊

朱權研究史料文獻彙編

姚品文 ◆ 輯

重慶出版集團
重慶出版社

朱權研究史料文獻彙編

潛堂題

谷卿先生題籤

目錄

朱權像
序　不是先生名世作，人間幾個識朱權（孫書磊）……… 1
自　序 ……………………………………………………… 7

凡例

第一卷　朱權生平史料

【一】全傳
明史諸王傳·寧獻王權傳 ………………………………… 14
獻徵錄·寧獻王權傳 ……………………………………… 18
罪惟錄·寧獻王權傳 ……………………………………… 20
寧獻王事實〔明〕朱統鎝 ………………………………… 22
淨明宗教錄·涵虛朱真人傳 ……………………………… 27
寧王壙志 …………………………………………………… 28

【二】南京宮中（1378—1393）
明實錄·太祖實錄（節錄） ……………………………… 30

【三】大寧時期（1393—1399）
明史·成祖本紀（節錄一） ……………………………… 31
明史·成祖本紀（節錄二） ……………………………… 31
明史·兵志三（節錄） …………………………………… 32
明史·兵志四（節錄） …………………………………… 32
明史·劉真傳（節錄） …………………………………… 32

明實錄・太祖實錄（節錄）……………………………………… 33

續文獻通考（節錄）……………………………………………… 35

明史紀事本末（節錄）…………………………………………… 36

欽定熱河志（節錄一）…………………………………………… 36

欽定熱河志（節錄二）…………………………………………… 36

唐愚士詩（選錄）〔明〕唐之淳 ………………………………… 37

    大　寧 ……………………………………………………… 37

    大寧雜詩 …………………………………………………… 37

    塗陽八詠 …………………………………………………… 38

    別大寧 七月十五發大寧 ………………………………… 39

【四】靖難時期（1399—1402）

明實錄・太宗實錄（節錄）……………………………………… 40

姜氏秘史（節錄）………………………………………………… 42

國朝典故紀聞（節錄）…………………………………………… 43

明史紀事本末（節錄一）〔清〕谷應泰 ………………………… 44

明史紀事本末（節錄二）〔清〕谷應泰 ………………………… 46

通鑒綱目三編（節錄）…………………………………………… 47

太和正音譜・知音善歌者（節錄）……………………………… 47

【五】南昌時期（1403—1448）

明實錄・宣宗實錄（節錄）……………………………………… 49

明實錄・英宗實錄（節錄）……………………………………… 54

古今儲貳金鑒（節錄）…………………………………………… 56

四庫全書總目提要・寧藩書目 ………………………………… 56

（雍正）《江西通志》（節錄）…………………………………… 57

（同治）南昌府志・名跡（節錄）……………………………… 57

（萬曆）南昌府志・天寶洞 ……………………………………… 58

（同治）新建縣志・緱嶺 ………………………………………… 58

（同治）新建縣志・黃源 ………………………………………… 58

（1991年）新建縣志·跑馬窩 …………………………………… 59

西山志略·天寶洞〔民國〕魏元曠 …………………………… 59

江城名跡（節錄一）〔清〕陳宏緒 …………………………… 60

神隱志（摘錄） 朱權 ………………………………………… 60

天皇至道太清玉冊（摘錄） 朱權 …………………………… 63

南極長生宮碑記〔明〕胡儼 ………………………………… 66

秋鴻曲〔明〕胡儼 …………………………………………… 68

斗南老人集（選錄）〔明〕胡奎 ……………………………… 68

  三月二日陛辭欽蒙賜賚 ………………………………… 68

  扈王駕出都城 …………………………………………… 69

  次徐指揮韻 ……………………………………………… 69

  五月一日千秋節 ………………………………………… 69

  敬進寧王殿下仙人好樓居三章 ………………………… 69

  學古軒 …………………………………………………… 70

  失鶴 ……………………………………………………… 70

  題敬賜內侍竹溪道人蔣康之詩卷 ……………………… 70

  題敬賜內侍桂岩道人李吉之天香深處手卷 …………… 71

  題敬賜內侍蘭谷道人蔣怡之詩卷 ……………………… 71

  題敬賜內侍鞠大亨梅花洞天詩卷 ……………………… 71

  奉張公子歌 ……………………………………………… 71

  余辭老還家作中秋見月歌一章留別張公子 …………… 72

  寄柴野愚（二首） ……………………………………… 72

  老至 ……………………………………………………… 72

  除夕 ……………………………………………………… 72

  辭世頌 …………………………………………………… 72

續書史會要（節錄）〔明〕徐應秋 …………………………… 73

玉芝堂談薈·書畫鑒賞好事（節錄）〔明〕徐應秋 ………… 73

遵生八箋（摘錄）〔明〕高濂 ………………………………… 74

明儒言行錄（節錄）〔清〕沈佳 ……………………………… 75

集方環山齋題明寧獻王畫〔清〕厲鶚 ……………………… 76

構精廬〔清〕龍文彬 …………………………………… 76
過宸濠故居弔婁妃〔清〕李紱 ………………………… 76
江西新建明朱權墓發掘報告 陳文華 ………………… 77

第二卷 朱權作品選輯

【一】序跋輯錄

通鑒博論序 …………………………………………… 86
進通鑒博論表 ………………………………………… 86
漢唐秘史序 …………………………………………… 88
隋唐得失論 …………………………………………… 89
天運紹統序（殘）…………………………………… 91
神隱志序 ……………………………………………… 91
神隱志目錄後綴題辭 ………………………………… 92
壺天神隱記 …………………………………………… 92
上天府神隱家書 ……………………………………… 94
神隱志下卷序 ………………………………………… 95
原始秘書序 …………………………………………… 96
原始秘書識 …………………………………………… 97
天皇至道太清玉冊序 ………………………………… 98
天皇至道太清玉冊跋 ………………………………… 99
原道 …………………………………………………… 100
救命索序 ……………………………………………… 103
貫經卷首（節錄）…………………………………… 104
臞仙肘後經序 ………………………………………… 104
活人心法序 …………………………………………… 105
延壽神方序 …………………………………………… 106
運化玄樞序 …………………………………………… 107

神應經序 …………………………………… 108

茶譜序 ……………………………………… 109

爛柯經序 …………………………………… 110

瓊林雅韻序 ………………………………… 110

西江詩法序 ………………………………… 111

賡和中峰禪師詩韻序 ……………………… 112

太和正音譜序 ……………………………… 113

太古遺音序 ………………………………… 114

神奇秘譜序 ………………………………… 114

神奇秘譜・秋鴻解題 ……………………… 116

化域碑（殘句）…………………………… 116

（鮑恂）大易鈎玄序 ……………………… 117

（胡奎）斗南老人集序 …………………… 118

（胡儼）頤庵文選序一 …………………… 120

（胡儼）頤庵文選序二 …………………… 122

重編海瓊玉蟾先生文集序 ………………… 122

（陳繹曾）文章歐冶序 …………………… 123

【二】散佚詩歌輯錄

日蝕 ………………………………………… 125

囊雲詩 ……………………………………… 125

送天師 ……………………………………… 125

早行吟 ……………………………………… 126

大道歌 ……………………………………… 126

證道歌 ……………………………………… 126

梅花百詠（百八首選二）………………… 127

送御史戈定遠歸覲 ………………………… 127

宮詞百首 …………………………………… 127

詩歌佚句 …………………………………… 136

【三】散曲作品輯錄

(一)南黄鶯兒

風花雪月 …………………………………………138

春夏秋冬 …………………………………………139

(二)南駐馬聽

琴 …………………………………………………139

棋書畫 ……………………………………………140

(三)北小石調　天上謠 ……………………………140

(四)北黄鍾醉花陰套(摘) …………………………140

(五)南北雙調合套　樂道 …………………………141

【四】沖漠子獨步大羅天雜劇(第二折)

第三卷　朱權著作述錄

史類 ……………………………………………………150

類書類 …………………………………………………160

隱逸類 …………………………………………………162

兵家類 …………………………………………………164

醫家類 …………………………………………………167

星曆術數類 ……………………………………………173

道家類 …………………………………………………177

雜藝類 …………………………………………………193

音樂類 …………………………………………………199

詩文類 …………………………………………………214

文論韻譜類 ……………………………………………218

北曲雜劇類 ……………………………………………223

南曲戲文類 ……………………………………………229

附錄 ··· 231
　（一）《四庫全書總目》朱謀㙔《續書史會要》提要 ·················· 231
　（二）《四庫全書總目·寧藩書目》存目提要 ························ 232
　（三）江西人民出版社 1994 年《江西歷代刻書》····················· 232

第四卷　朱權年譜

朱權年譜 ··· 234

第五卷　朱權後裔史料簡錄

明史·諸王世表（節錄）··· 260
續文獻通考·寧國傳授世次 ·· 260
續文獻通考·寧國宗屬 ·· 262
明史·武宗本紀（節錄）··· 264
江城名跡（節錄二）〔清〕陳宏緒 ······································ 265
〔同治〕南昌縣志·古跡（摘錄）······································· 266
江西出土墓志·寧藩墓誌目錄　陳柏泉 ································· 267
風月錦囊·寧王 ·· 268
朱權後裔著作述錄〔明清〕·· 271

圖片資料　326

附錄　當代朱權研究著作目錄　337

引用書目舉要　348

《盱眙朱氏八支宗譜》中的朱權畫像

序

不是先生名世作，人間幾個識朱權

孫書磊

時光荏苒，匆匆又是一年。接受恩師姚品文先生爲其書稿《朱權研究史料文獻彙編》寫序的任務，是在 2016 年層林將染的九月，時下已是時維代序的 2017 年元旦。雖有教學科研忙碌的種種理由，而遲遲不動筆的主因則在於自覺難以當此重任。然最終感動於恩師在八十三歲高齡仍眷眷於四十多年的朱權研究，筆耕不輟至於今日。作爲弟子，師命難違且不待言，即就光前裕後的學術精神而言，我亦有助吾師一臂之力的責任，遂釋然爲序。

學者，是對某方面研究有所專長者，而不是對任何學術領域的問題都蜻蜓點水式涉及而無所深研者。人的精力有限而學術無限。將有限的精力投入到無限的學術事業中，最有效的方法便是集中精力打"攻堅戰"。朱權研究，是姚師一生爲之不懈努力的學術領域。她在這方面的第一部專著《朱權研究》問世於 1993 年（江西高校出版社出版）。此後，隨着研究的不斷深入，又陸續出版了《寧王朱權》（藝術與人文科學出版社 2002 年版）、《太和正音譜箋評》（中華書局 2010 年版）、《王者與學者——寧王朱權的一生》（中華書局 2013 年版），算上這部即將出版的《朱權研究史料文獻彙編》，姚師已有五部朱權研究的論著問世。以五部專著的規模，從政治軍事、家世生平、交遊經歷、文化生態、著述成果、理論價值、文獻價值、學術史研究等諸多角度，對作爲集王者與學者於一身的朱權進行全方位的研究，其廣度和深度可以說已基本做全、做透。這使姚師不僅成爲"朱權研究第一人"（洛地語），更使她成爲當今朱權研究領域能夠取得如此豐碩成果的唯一學者。

對研究對象的敬畏和對學術研究的使命感，是姚師從事朱權研究的動因。1993年我抱着對知識和學術的渴望，負笈豫章故郡，求學於姚、萬（萍）二師。姚師教我以治曲，萬師教我以治說部。姚師開中國戲曲史論和戲曲理論研究的課，課內、課外時常談及朱權普及文化的業績及《太和正音譜》的理論價值。言談之中，她特別强調，朱權改封南昌，爲南昌、江西乃至整個中華的文化繁榮和文化教育做出了輝煌貢獻，作爲當今的南昌學者，她有義務和責任深入研究朱權，發掘朱權及其著作的學術成就。姚師對於朱權在靖難之役中被朱棣裹挾的過程作了深入的發掘與深刻的理解，對朱權靖難之後激流勇退、到南昌通過復興文化教化百姓表示了推崇，而對現代南昌某些地方官員不重視和曲解朱權（如把朱權與朱宸濠兩寧王混淆），及對朱權墓園沒有得到當地政府的保護而感到憤懣和自己無能爲力的愧疚。那時我隱約感覺，姚師已經對朱權研究很深。但她謙虛地表示自己的朱權研究還有許多事情需要做，如雖然當時已經考證出朱權著述六十餘種，但推測仍有一些有待發掘，且朱權著述文獻的多種版本尚未得見。上個世紀九十年代初，尚無個人電腦、互聯網技術和電子資料資源，更不用說姚師全面展開朱權研究工作的七八十年代了。那時到古籍室查閱文獻，都需翻閱紙質的目錄卡片，不親自跑到圖書館就無法得知朱權研究資料的館藏情況。現代科研條件在新世紀進入了全新的時代，然而姚師早已退休，且年事日高，但她對朱權研究的熱情卻隨着研究條件的日新月異而越來越高漲，流露着她對朱權和學術的拳拳之心。

《朱權研究》問世時，我剛入姚師門牆。1993年冬日的午後，我幫姚師搬運剛從出版社運來的《朱權研究》，這是我第一次近距離接觸"朱權"。此時的我對朱權尚知之甚少，但該書卻引領我步入了學術的殿堂。從此，我的學術步伐總伴有姚師朱權研究的音符，使我認識到治學是件令人魂牽夢繞的事。1994年下半年姚師退休，卻沒有放棄學術，不僅繼續着她的朱權研究，而且融學術研究於生活，使生活學術化。在她八十一歲時，我請她來南京師範大學給我的博、碩士生作學術報告，她要我帶她去到明故宮遺址參觀。這是她幾十年的願望，雖然我告訴她那兒是無人問津的斷垣殘碑，但她執意要去實地感受一下朱權少年時代曾經生活過的地方。姚師視學術如生命，在伴侶張老師駕鶴西歸後，更顯突出。"心血化成白蝶去，九原相伴慰長存"（姚師《周年忌日哭夫子焚〈寧王朱權〉書稿爲祭》），她把朱權研究作爲其踽踽孤行的生命支撑。長期以來，姚師給我的印象是，她在思蝶軒書房，架着老花鏡，伏案翻閱文獻。那是二十多年前我常去她家請教問題時的情景，一直定格在我的記憶裏。之所以有這樣的定格，祇因姚師幾十年來對朱權研究的執着。

有着堅定的目標和深浸其中的研究狀態，姚師的朱權研究取得了斐然的成就。已經出版的四部著作顯示，姚師的研究範疇涉及了朱權研究的志、史、譜、論、選及學術史等諸多領域。四部著作中的"朱權著作述錄""朱權著作簡表"，乃志也；"朱權評傳""寧王朱權的一生"，乃史也；"寧王朱權年譜"，乃譜也；"《太和正音譜》述評""《太和正音譜》箋評"，乃論也；"朱權作品選錄"，乃選也；"朱權生平資料輯錄"，乃學術史也。這些方面的研究在四部著作中不斷推進，逐漸臻於完備。即將出版的第五部著作《朱權研究史料文獻彙編》，屬於學術史學層面又具集大成性質的研究成果。從研究方法上看，姚師的朱權研究涉及了田野調查、文獻考證、文獻整理、文獻箋評、理論探討、資料彙輯等多種方法，全面地呈現了其學術研究所達到的水準。支撐這一高水準研究成果的"頂樑柱"和引領學界進一步研究朱權的"鋪路石"，是朱權研究中涉及的文獻資料，《朱權研究史料文獻彙編》的價值格外突出。

從學術方法論的角度看，《朱權研究史料文獻彙編》是姚師五部朱權研究著作中最基礎也是最重要的一部。任何領域的學術都沒有終點，永遠行走在不斷推進的旅程中，而一個有志於學術的人在治學的道路上也永不會停止腳步。對於這樣的學者而言，最寶貴的莫過於供其研究所用的資料。姚師爬羅剔抉，刮垢磨光，用幾十年的時光搜集文獻資料，這些資料極其寶貴，而其願意拿出來與學界分享的精神境界更加寶貴！

《朱權研究史料文獻彙編》的文獻學成就，主要體現在如下若干方面：

其一，所彙輯的文獻不僅全面，而且按學術邏輯歸類，體現了很強的學理性。全書共分五卷：第一卷《朱權生平史料》、第二卷《朱權作品選輯》、第三卷《朱權著作述錄》、第四卷《朱權年譜》、第五卷《朱權後裔史料簡錄》，附錄附有關圖片和當代朱權研究文獻目錄，所輯文獻十分全面。無論把朱權及其著述成就作爲整體研究，還是就朱權和他的著述進行分類研究、個案研究，總離不了史料學、譜牒學、目錄學、版本學、校讎學、學術史學等意義上的文獻發掘和利用。這是學術的内在規定，不以治學者喜好爲轉移。《朱權研究史料文獻彙編》是很好的範例，各卷内容恰能在上述諸門學術中體現其學理價值。

其二，彙輯了姚師所搜集到的最新文獻史料，體現了文獻信息的創新性。姚師虔誠地對待學術，認真地對待文獻，留意於對新文獻的發掘，常會因爲缺乏文獻的證明而對一些結論耿耿於懷，又因獲得新的文獻解決了懸而未決的疑惑而興奮不已。《太和正音譜箋評》出版之前，她將書稿發我先行拜讀，來電中她激動地徵求我的意見，擬在該書稿中附上《"塗陽"考》一文，我也很激動並表示讚賞，因爲我知道把"塗陽"考證清楚了，就可以重新認識《太和正音譜》中所涉歷史人物的史實，進而確定《太和正音譜》中許多籍貫爲"塗陽人"的善歌者當爲朱權在大寧時期所結識者，這對於研究朱權和北曲的關係至關重要。幫助姚師徹底解決這一問題的，是她新近留意到的《四庫全書》所收明初詩人唐之淳《唐愚士詩》之《大寧》《大寧雜詩》《塗陽八詠》《別大寧》等詩篇。"塗陽"，作爲地名，不見於任何史志的記載，雖有文人別集用過"塗陽"一詞，但或者位置不可靠，或者與朱權無關。姚師曾一度推測，"塗陽"可能是指靖難軍南下必經的"塗山（當塗山）"之南，當在安徽、江蘇境内，或即隱指南京。但"此後一直因其證據不足難以釋懷"（《"塗陽"考》），經過數年的努力，姚師終於在《唐愚士詩》中找到了這個"塗陽"，原來指的就是寧王朱權最初的封地大寧。發現《唐愚士詩》中的上述若干詩篇，功莫大焉。類似的前人從不提及的文獻在《朱權研究史料文獻彙編》中還有不少，尤其是姚師新發現的朱權著述新版本很多，在此不復一一臚列。

其三，對所彙輯的文獻資料作了深化處理，方便研究者的理解和使用。其中《朱權生平史料》部分對所獲知的朱權生平資料的處理，不是不加區別地將其堆積在一起，也不是按文獻問世的時間簡單排列，而是根據文獻內容所涉及的時間，將其分別歸入全傳、南京宮中、大寧時期、靖難時期和南昌時期等五個部分。這就便於研究者對這些史料的準確把握。其他部分也都有相應的處理，如《朱權作品選輯》將所選的朱權作品分為序跋、詩歌、散曲、雜劇等不同文體；《朱權著作述錄》不僅對繁多的著述進行了詳細考辨，以確定其內容類別、存佚情況和文體特點，而且悉心查訪了存本文獻的版本、相互關係以及館藏情況，這是十分耗時耗力的工作，卻極大地方便了後續研究者對這些文獻的查找；《朱權後裔史料簡錄》分作後裔個人生平史料、後裔個人著述兩個部分。年譜部分，《朱權研究史料文獻彙編》中《朱權年譜》較《王者與學者——寧王朱權的一生》中《寧王朱權年譜》的最大不同是，後者增加了史實繫年的確定依據和大量的背景性的繫年資料。如朱權出生的"洪武十一年（戊午，1378）一歲"條，前者記曰"五月壬申朔（1378年5月27日），朱權生於南京宮中。母楊妃。是年，朱元璋五十一歲。皇太子朱標二十四歲"，是較為簡略的線條化記載，且未說明確定朱權生日的依據。而後者的此條，則補引朱權《天皇至道太清玉冊·朝修吉辰章》所記"五月初一日……南極沖虛妙道真君下降"的文字，同時補充從皇太子至皇十六子等朱權兄長的年齡、所出和接受冊封的時間等資訊，以及當時的戲曲家賈仲名、羅貫中、楊訥、湯式、王子一、劉東生、楊文奎、黃元吉等人的情況。立體化的年譜，將有助於從知人論世的角度全方位研究傳主。

其四，所彙輯的朱權著作文獻的數量，達到了前所未有的規模，將推動學界對朱權多學科學術貢獻的研究。姚師在朱權研究中用力最勤者，是對朱權著述的輯考。這在其朱權研究的整個過程中從未終止。隨著研究的深入，她考訂出來的朱權著述資料日益豐富，且新發現的存本也越來越多。最早出版的《朱權研究》輯朱權著作共計62種，分14類，存22種。《寧王朱權》

共輯 69 種，分 16 類，存 25 種。之後，姚師對朱權著述的考訂更多，《朱權研究史料文獻彙編》共輯 113 種，分 12 類，存 33 種、殘 1 種。這是迄今爲止學術界所知朱權著述的最多數量，總數量較《朱權研究》當初的成果增至近兩倍，有存本的著作也增加了半成。規模如此之大的朱權著述的發掘，推動了曲學、樂學、醫學、農學、道學及版本學等相關學科的研究。從《朱權研究史料文獻彙輯》所附的當代朱權研究成果看，當代朱權研究的主要成果集中在 1993 年之後出現的，尤其進入新千年之後，朱權研究的領域在學科分布上已經相當廣泛。最近出版的葉明花、蔣力生編纂《朱權醫學全書》（中醫古籍出版社 2016 年版），首次以文獻的形式確立了朱權在中醫學史上的地位，即是一例。對朱權的分學科研究，隨着《朱權研究史料文獻彙編》的出版，將會成爲未來學界的熱點之一。

朱權特殊的歷史身份及其涉及多學科的成就，決定了隨着當今學界治學視野的開拓、對研究對象生態研究的重視以及跨界研究愈來愈受到當代學者的青睞，朱權研究將會持續下去。"不是先生名世作，人間幾個識朱權？"（江西師範大學文學院老教授劉世南先生《贈姚品文先生二首以爲嵩華之祝》）從事朱權及其相關的研究，舍《朱權研究史料文獻彙編》又將焉求！

奉讀姚師大作，感慨良多，不知所云。是爲序。

2017 年元旦於南京師範大學

註：孫書磊，南京師範大學文學院教授，博士生導師。

自 序

　　朱權，無論從歷史的進程，還是從他留存於世的文化遺產看，他都是一個值得關注的人物。在歷史上，他曾是朱元璋直接指揮下保衛大明北方疆土的一名皇室青年將領，又是成祖朱棣靖難之變的重要參與者。改封南昌以後，他主要從事文化建設，有多方面的貢獻。僅著述即達一百一十餘種，其中有幾種屬於該領域的經典。如《太和正音譜》之於曲學，《神奇秘譜》之於琴樂，《天皇至道太清玉冊》之於道教，還有醫學、養生學等。但是長期以來對朱權的研究者寥寥，以至於自明以來朱權的著作散佚，版本缺失。不少著作敘述朱權時存在混亂與誤解。如朱權是如何離開南京這一反映朱權與朱棣之間關係的重要史實，連明中期的重要史學著作《姜氏秘史》都有誤記；朱權的最後結局被當代權威的辭典"寧王"詞條誤記爲"廢爲庶人"等等。明代對朱權的有意曲解與抹煞，主要源於大明皇朝的封建政治需要。再加上朱權五世孫朱宸濠正德年間反叛未成，禍及始祖朱權。其族裔遭牽連更改姓名，遷移他鄉者大有人在。當年封地南昌至今有人將廢爲庶人的四世寧王朱宸濠與其先祖朱權混同，對朱權是非不清功過不辨長達五百餘年。

　　上世紀末，朱權開始受到學術界關注。有了一些相關的著作、論文。但至今尚難稱清晰。

　　我個人對朱權的認識是從文學史角度開始，進而探討其生平的。上世紀九十年代初我完成了《朱權研究》一書，二〇〇一年寫了《寧王朱權》，二〇一三年又完成了《王者與學者——寧王朱權的一生》。朱權著作的整理出版有二〇一〇年的《太和正音譜箋評》。這些成果大都是我從教學崗位退休以後完成。二十餘年來，腳步緩慢而艱辛，原因在於自己主觀上的學力不足，客觀條件也有限制。以及史料文獻長期的缺失和混亂。隨着研究的進展，新的史料不斷發現，認識隨之不斷得到糾正、深化和提高。現已年入耄耋，面對長期以來蒐集的這些史料文獻，深感其來之不易，就有了將它們集中起來，推介給學界與社會的想法，以爲它可能爲後來的關注者、研究者提供一些幫助，同時也可以對我的幾種書，特別是前期的書中不夠完善和準確的史料信息作些彌補和糾正。

這些史料資料不是我個人獨坐枯齋所能取得的。多年來從各方面給過我幫助的有許多師友。首先是兩位長期以來在學術研究方向和道路上引領和指導過我的學界前輩，一位是浙江省藝術研究所研究員洛地先生，一位是上海社會科學研究院藝術研究所研究員蔣星煜先生。令人傷感的是，一年前，兩位先生先後仙逝。這份書稿可說是我對兩位先生發自內心的紀念。其次是兩位年青一代的學者。南京師範大學文學院的孫書磊教授和復旦大學圖書館的龍向洋研究館員。他們對我的朱權研究給予了全程的關心和事無巨細的幫助，包括蒐集資料、審讀書稿、撰寫書評等。書磊君對我朱權研究非常了解和關注，曾多次撰文評述我的朱權研究。本書初稿出來，他又在百忙之中不辭辛苦閱讀並提出寶貴意見，還應我之請撰寫了序言。龍向洋先生則爲我提供了朱權著作存世版本國內外圖書館收藏情況。國家圖書館、江西省圖書館是我學術資源的主要來源。還有一些難得的極其珍貴的孤本史料，是應我的書面請求給予幫助，如浙江省圖書館、吉林省圖書館、貴州省圖書館、南京圖書館、北京大學圖書館等。朱權最早的封國大寧——今內蒙赤峰市寧城的一些史料，是從未謀面的赤峰市遼中京博物館館長李義先生，應我的電話和書信求助無償提供的。此外幾十年來，還有許多朋友以及我的家人，他們從各方面給予我學術研究的多方面幫助難以罄述。當我面對書稿，回顧人生時，以上情景頻頻湧上腦際，銘感心頭。

本叢書主編嚴曉星君是我在朱權研究過程中神交多年，難得的才學識兼具的青年學者。他看到這部書稿，認爲它對當今古琴學界，乃至與朱權相關的許多領域會有所幫助，表示願意將其收入他爲重慶出版社主編的《現代琴學叢刊》這部有影響的叢書。重慶出版社亦慨然應允。

這裏我還要補充幾句。就在本書已在編輯校閱過程中，曉星君仍在不斷幫助我蒐集一些難得的資料。最近的一件事特別讓我鼓舞：就在 2017 年底，曉星君忽然得到一個消息：某拍賣會的拍品中有一部朱權的《爛柯經》古本。《爛柯經》在這部《史料彙輯》中原是註明"版本佚失"的。曉星君不僅費盡心力得到此拍賣本的珍貴圖片，而且又搜集到日本內閣文庫的另一《爛柯經》存世版本的相關資料。我在據這些資料補充修正書稿之餘，不僅爲書稿得到新的完善而欣慰，更再一次爲曉星先生的學術品格和人品所感動。我在這裏說這些，不衹是爲了表達謝意，更是爲我國學術界有這樣的後繼者感到欣慰和鼓舞。

至於本書，在與責編孫峻峰先生的交流過程中，我也對他將使之盡可能臻於完善，以彌補我的能力和條件帶來的許多不足，很有信心。他邀請看稿的年輕學人梅強先生，認真負責，爲書稿校出百餘處疏漏，體現出很高的學術水平，令我非常欣喜和感激。

多方的努力，使此書得以面世。對此我皆致以衷心的謝意。

姚品文
2018 年 1 月 9 日

凡例

【一】本書爲明初以來有關朱權的生平史料與文獻彙輯。主要選錄與朱權本人生平緊密相關的資料，以及未曾結集的朱權散佚作品。由於朱權宗族的特殊性質和遭際對認識朱權及其學術也屬必要，故亦簡要輯錄了明清時期朱權後裔的一些史料。最後附錄了當代朱權研究文獻目錄。

【二】全書主要篇幅分爲五卷。第一、二、四卷及第五卷大部錄自古籍原著；第三卷中之朱權著作述錄、第四卷朱權後裔著作述錄採自本書編者所輯《南昌縣藝文志》稿。第五卷朱權年譜採自姚品文著《王者與學者——寧王朱權的一生》（中華書局 2013 年）。最後附錄之當代朱權研究著作目錄採自當代出版刊物。

【三】各卷收錄的文獻大致按內容排列先後，其下大致按時間先後羅列。

【四】本書對所收文字相關史實或加註略作簡單說明，但對其內容不作分析解說，必要時在文後加小註。所錄史料內容有相互矛盾或與歷史真相有出入者，亦不加辨析。

【五】少數文獻（如朱權著作）無初刻本，或係孤本，未能校勘。

【六】不同古籍版本使用的字體有出入者，本集統一採用通行字體。

【七】散文用現代標點符號標點。詩詞用句號斷句。南北曲依曲譜句讀。

第一卷 朱權生平史料

【一】全傳

明史諸王傳·寧獻王權傳

寧獻王權，太祖第十七子。洪武二十四年封。逾二年，就藩大寧。大寧在喜峯口外，古會州地。東連遼左，西接宣府，爲巨鎮。帶甲八萬，革車六千。所屬朵顔三衛騎兵，皆驍勇善戰。權數會諸王出塞，以善謀稱。

燕王初起兵，與諸將議曰："昔余巡塞上，見大寧諸軍慓悍。吾得大寧，斷遼東，取邊騎助戰，大事濟矣。"建文元年，朝議恐權與燕合，使人召權，權不至，坐削三護衛。其年九月，江門侯吳高攻永平，燕王往救。高退，燕王遂自劉家口間道趨大寧，詭言窮蹙來求救。權邀燕王單騎入城，執手大慟，具言不得已起兵故，求代草表謝罪。居數日，款洽不爲備，北平銳卒伏城外，吏士稍稍入城，陰結三衛部長及諸戍卒。燕王辭去，權祖之郊，伏兵起，擁權行。三衛彍騎及諸戍卒一呼畢集，守將朱鑑不能禦，戰歿。王府妃妾世子皆隨入松亭關，歸北平。大寧城爲空。權入燕軍，時時爲燕王草檄。燕王謂權："事成當中分天下。"比即位，王乞改南土，請蘇州。曰："畿內也。"請錢塘，曰："皇考以予五弟，竟不果；建文無道，以王其弟，亦不克享。建寧、崇慶、荊州、東昌皆善也，惟弟擇焉。"

永樂元年二月改封南昌，帝親製詩送之，詔即布政司爲邸，瓴甋規制無所更。已而人告權巫蠱誹謗事，密探無驗，得已。自是日韜晦，構精廬一區，鼓琴讀書其間，終成祖世得無患。

仁宗時法禁稍解，乃上書言南昌非其封國。帝答書曰："南昌，叔父受之皇考已二十餘年，非封國而何？"宣德三年，請乞近郭灌城鄉土田。明年，又論宗室不應定品級。帝怒，頗有所詰責。權上書謝過。時年已老，有司多齮齕以示威重。權日與文學士相往還，託志翀舉，自號臞仙。嘗奉敕輯《通鑒博論》二卷，又作《家訓》六篇，《寧國儀範》七十四章。《漢唐秘史》二卷，《史斷》一卷，《文譜》八卷，《詩譜》一卷。其他註纂數十種。正統十三年薨。

世子盤烒先卒，孫靖王奠培嗣。奠培善文辭而性卞急，多嫌猜。景泰七年，弟弋陽王奠壏訐其反逆，巡撫韓雍以聞，帝遣官往讞不實。時軍民連逮者六七百人。會英宗復辟，俱赦釋。惟謫戍其教授游堅。奠培由是憾守土官，不爲禮。布政使崔恭積不平，王府事多持不行。奠培遂劾奏恭不法。恭與按察使原傑亦奏奠培私獻惠二王恭人，逼內官熊璧自盡，按問皆實，遂奪護衛。逾三年而奠壏以有罪賜死。初，錦衣衛指揮逯杲聽伺事者言，誣奠壏烝母。帝令奠培具實以聞，復遣駙馬都尉薛桓與杲按問。奠培奏無是事，杲按亦無實。帝怒責問杲，杲懼，仍以爲實，遂賜奠壏母子自盡，焚其屍。是日雷雨大作，平地水深數尺，衆咸冤之。

弘治四年，奠培薨，子康王覲鈞嗣；十年薨，子上高王宸濠嗣。其母故娼也。始生靖王，夢蛇啖其室。旦日鴟鳴，惡之。及長，輕佻無威儀，而善以文行自飾。術士李自然、李日芳妄言其有異表，又謂城東南有天子氣。宸濠喜時時詗中朝事，聞謗言輒喜；或言帝明聖、朝廷治即怒。武宗末年無子，群臣數請召宗室子子之。宸濠屬疎，顧深結左右，於帝前稱其賢。初，宸濠賄劉瑾，復所奪護衛。瑾誅，仍論奪。及陸完爲兵部尚書，宸濠結嬖人錢寧、臧賢爲內主，欲奏復，大學士費宏執不可。諸嬖人乘宏讀廷試卷，取中旨行之。宸濠益恣，擅殺都指揮戴宣，逐布政使鄭岳，御史范輅，幽知府鄭巘、宋以方，盡奪諸附王府民廬，責民間子錢，強奪田宅子女，養群盜劫財江湖間，有司不敢問。日與致仕都御史李士實、舉人劉養正等謀不軌。副使胡世寧請朝廷早裁抑之。宸濠連奏世寧罪，世寧坐謫戍，自是無敢言者。

正德十二年，典儀閻順、內官陳宣、劉良問行詣闕上變，寧、賢等庇之不問。宸濠疑出承奉周儀，殺儀家及典仗查武等數百人。巡撫都御史孫燧列其事，中道爲所邀不得達。宸濠又賄錢寧求取中旨，召其子司香太廟。寧言於帝，用異色龍箋加金報賜。異色龍箋者，故事所賜監國書箋也。宸濠大喜，列仗受賀。復勒諸生父老奏闕下，稱其孝且勤。時邊將江彬新得幸。太監張忠附彬，欲頃寧、賢，乘間爲帝言："寧、賢盛稱寧王，陛下以爲何如？"帝曰：薦文武百執事可任使也，薦藩王何爲者？忠曰："賢稱寧王孝，譏陛下不孝耳；稱寧王勤，譏陛下不勤耳！"帝曰"然"，下詔逐王府人，毋留闕下。是時宸濠與士實、養正日夜謀，益遣奸人盧孔章等分布水陸孔道，萬里傳報，浹旬往返，蹤跡大露，朝野皆知其必反。巡撫都御史孫燧七上章言之，皆爲所邀沮。諸權奸多得宸濠金錢，匿其事不以聞。

十四年，御史蕭淮言宸濠諸罪，謂不早制，將來之患有不可勝言者。疏下內閣，大學士楊廷和謂宜如宣宗處趙府事，遣勳戚大臣宣諭，令王自新。帝命駙馬都尉崔元、都御史顏頤壽，太監賴義持諭往，收其護衛，令還所奪官民田。宸濠聞元等且至，乃定計以己生辰日宴諸守土官。詰旦，皆入謝。宸濠命甲士環之，稱奉太后密旨，令起兵入朝。孫燧及副使許逵不從，縛出斬之。執御史王金，主事馬思聰、金山，參議黃宏、許效廉，布政使胡廉，參政陳杲、劉斐，僉事賴鳳，指揮許金、白昂等下獄，參政王綸、季敩，僉事潘鵬、師夔，布政使梁宸，按察使楊璋，副使唐錦皆從逆。以李士實、劉養正爲左右丞相，王倫爲兵部尚書，集兵號十萬，命其承奉涂欽，與素所蓄群盜閔念四等署九江、南康，破之。馳檄指斥朝廷。

七月壬辰朔，宸濠出江西，留其黨宜春王拱樤、內官萬銳等守城，自帥舟師蔽江下，攻安慶。汀贛巡撫僉都御史王守仁聞變，與吉安知府伍文定等檄諸郡兵先後至，乃使奉新知縣劉守緒破其墳廠伏兵。戊申直攻南昌，辛亥城破，拱樤、銳等皆就擒，宮人自焚死。宸濠方攻安慶不克，聞南昌破，大恐，解圍還。守仁逆擊之。乙卯遇於黃家渡。賊兵乘風進薄，氣驕甚。文定及指揮余恩佯北，誘賊趨利，前後不相及。知府邢珣、徐璉、戴德孺從後急擊，文定還兵乘之，賊潰，斬溺萬計。又別遣知府陳槐、林瑊、曾璵、周朝佐復九江、南康，明日復戰，官兵稍卻，文定帥士卒殊死鬥，擒斬二千餘級，宸濠乃退保樵舍。明日官軍以火攻之，宸濠大敗，諸妃嬪皆赴水死。將士焚溺死者三萬餘人。宸濠及其世子郡王儀賓並李士實、劉養正、涂欽、王綸等俱就擒。宸濠自舉事至敗蓋四十有三日。

時帝聞宸濠反，下詔暴其罪，告宗廟，廢爲庶人。逮繫尚書陸完，嬖人錢寧、臧賢等，藉其家。江彬、張忠從臾帝親征，至良鄉，守仁捷奏至，檄止之。守仁已械繫宸濠等取道浙江。帝留南京，遣許泰、朱暉及内臣張永、張忠搜捕江西餘黨，民不勝其擾，檄守仁還江西。守仁至杭州，遇張永，以俘付之，使送行在。十五年十二月，帝受所獻俘，回鑾至通州，誅之。封除。

初，宸濠謀逆，其妃婁氏嘗諫。及敗，歎曰：“昔紂用婦言亡，我以不用婦言亡。悔何及！”

嘉靖四年，弋陽王拱樻等言：“獻王、惠王，四服子孫所共祀，非宸濠一人所自出。如臣等皆得甄別，守職業如故，而二王不獲廟享，臣竊痛之。”疏三上，帝命弋陽王以郡王奉祀，樂舞齋郎之屬半給之。寧藩既廢，諸郡王勢頡頏，莫能一。帝命拱樻攝府事。卒，樂安王拱㰘攝。拱㰘奏以建安、樂安、弋陽三王分治七支，著爲令。

石城王奠堵，惠王第四子。性莊毅，家法甚嚴。靖王奠培與諸郡王交惡，臨川、弋陽皆被構得罪。奠堵獨謹約，不能坐以過失。子覲鎬孝友，有令譽。早卒，孫宸浮嗣。與母弟宸浦、庶兄宸潤皆淫縱殺人。弘治十二年互訐奏，宸浮、宸浦並革爲庶人。宸溍、宸潤奪祿。宸溍遂從宸濠反，雷震死。嘉靖二十四年復宸浮、宸浦冠帶，宸潤子拱梃上書爲父澡雪，亦還爵。宸溍弟宸浡素方正，宸濂欲屈之不得，數使人火其居，而諷諸宗資給之以示惠，宸浡辭不受。宸濠敗，宸浡得免。子輔國將軍拱㮣，孫奉國將軍多燿，曾孫鎮國中尉謀㙔，三世皆端謹自好，而謀㙔尤貫串群集，通曉朝廷典故。諸王子孫好學敦行，自周藩中尉睦㮮而外莫及謀㙔者。萬曆二十二年，廷議增設石城、宜春管理，命謀㙔以中尉理石城王府事，得劾治不法者。典藩政三十年，宗人咸就約束。暇則閉户讀書。著《易象通》《詩故》《春秋戴記》《魯論箋》及他書凡百十有二種，皆手自繕寫。黄汝亨爲進賢令，投謁抗禮，劇談久之，逡巡改席。

次日北面稱弟子，人兩稱之。病革，猶與諸子說《易》。子八人，皆賢而好學。從弟謀㙔築室龍沙，躬耕賦詩以終。奉國將軍拱栧，瑞昌王奠㙔四世孫也。父宸渠爲宸濠累，逮繫中都。兄拱柄請以身代，拱栧佐之，卒得白。嘉靖九年上書請建宗學，令宗室設壇，㙔行耕桑禮，謹祀典，加意恤刑，皆得旨俞允。捐田白鹿洞贍學者，其後以議禮稱旨。拱柄上《大禮頌》，並賜敕褒諭，諸子群從多知名者：多焜、多燉以孝友著，多熼、多燩以秉禮嚴重稱，多熺、多煌、多炘以善詞賦名，而多熼與從兄多熯獨杜門卻掃，多購異書校讎以爲樂。萬曆中，督撫薦理瑞昌王府事，謝不起。多熼父拱㭏以宸濠事被逮，多熼甫十餘齡，哭走軍門，乞以自代。王守仁見而異之。嘉靖二年疏訟父冤，得釋歸復爵。時諸郡王統於弋陽，而瑞昌始王，不祀多熼，自謂小宗，宜典宗祐，請於朝，特敕許焉。乃益祭田，修飭家政，儼若朝典。四子皆莊謹嗜學。

奉國將軍多煌，惠王第五子，弋陽王奠㙔五世孫也。孝友嗜學，弋陽五傳而絕宗，人舉多煌賢能，敕攝瑞昌府事，諸宗皆屬焉。性廉靜寡欲，淑人熊氏早卒，不再娶，獨處齋閣者二十六年。萬曆二十一年，撫按以行誼聞，詔褒之。會病卒，詔守臣加祭一壇。又多炡者，亦奉國將軍，穎敏善詩歌，嘗變姓名出遊，蹤跡遍吳楚。晚病羸，猶不廢吟誦。卒，門人私謚曰清敏先生。子謀㙔，亦有父風，時樂安輔國將軍多㷍有詩癖，與謀㙔等放志文酒，終其世。

（《四庫全書》本卷一百十七）

註：本書凡《明史》俱用《四庫全書》本。

獻徵錄·寧獻王權傳
〔明〕焦竑

寧獻王諱權，高皇帝十六子也。生而神姿朗秀，白晳，美鬚髯。慧心天悟。始能言，自稱大明奇士。好學博古，諸書無所不窺。旁通釋老，尤深於史。洪武二十四年冊封，之國大寧。大寧，古會州地。東連遼左，西接宣府，北邊要鎮也。所統封疆九十城，帶甲八萬，革車六千。諸胡騎又驍勇善戰。王智略淵宏，被服儒雅。數會邊鎮諸王出師捕虜，肅清沙漠，威鎮北荒。

建文中，齊黃用事，疑忌諸藩，多所出削。以王英武，擁重兵於邊，下敕召還京師。王未奉命，遂削王護衛軍。靖難師困白溝，覘王已奪兵權，遂襲破大寧，取其軍資佐師，師復振。

文皇帝踐祚，不欲壯王在外，永樂二年二月，改封王於南昌。王亦深自韜晦，所居宮庭無丹彩之飾。覆殿瓴甋，不請琉璃。構精廬一區，蒔花、蓺竹、鼓琴、著書其間，故終長陵之世，不被譴責。仁宣時法禁稍解，王乃得上書言事，蓋一日而封九女。又嘗乞南昌灌城一鄉土田，及論宗室不應定品級事，皆未行。晚節益慕沖舉，自號臞仙，建生墳緱嶺之上，數往遊焉。

江右俗故質樸，儉於文藻，士人不樂聲譽。王乃弘獎風流，增益標勝。海寧胡虛白以儒雅著名，王乃請爲世子師傅者七年，告老而歸。王爲輯其詩文，序而傳之。凡群書有繫風化及博物修詞，人所未見者，莫不刊布國中。

所著《通鑒博論》二卷，《漢唐秘史》二卷，《史斷》一卷，《文譜》八卷，《詩譜》一卷，《神隱》《肘後神樞》各二卷，《壽域神方》四卷，《活人心》二卷，《太古遺音》二卷，《異域志》一卷，《遐齡洞天志》二卷，《運化玄樞》《琴阮啟蒙》各一卷，《乾坤生意》《神奇秘譜》各三卷，《採芝吟》四卷，其他註纂數十種，經子九流星曆醫卜黃冶諸術皆具，古今著述之富，無逾獻王者。又作《家訓》六篇，《寧國儀範》七十四章，皆以恭儉忠孝垂訓子孫；盟諸山川社稷之神，有弗率訓範者，受顯戮。

在位五十八年，壽七十又一，正統十三年九月望日薨。世子諱盤烒，孝友仁厚，洞達理學，有淵騫之譽。正統二年正月十有九日先獻王薨，世孫奠培嗣爵，追諡爲寧王。

（明萬曆間刻本卷一）

註：本書諸文尾"註"除註明者外皆爲本書編者所加。

① 朱權七世孫，弋陽王支。

② 朱謀㙔《藩獻記·寧獻王權傳》文字與此相同，不另錄。

罪惟錄·寧獻王權傳
〔清〕查繼佐

寧獻王權，高皇帝十七子。性機警多能，尤好道術。太祖曰："是兒有仙分。"積有大志，封大寧。大寧在喜峰關外，洪武初設北平行都司大寧城中，東連遼東，西接宣府，爲巨鎮。文皇時封北平。每歲秋九月，會廣寧遼王及寧王、宣府谷王、大同代王、太原晉王、西安秦王、韋州慶王、甘州肅王出塞捕虜，名曰肅清沙漠。以故九王皆有重兵，而王權統塞上城九十，帶甲八萬，革車六千。

燕王初起，兵少，又慮王權扼其後，則歎曰："安得有大寧兵斷遼東，助我以諸彝哉！"時中朝恐權與王合，使人召權，權不至，坐削三護衛。而李景隆來攻燕，燕王爲書通權，請得一至寧府中，若爲窮蹙不能戰，求王草表請解者。及倍道趨大寧，兵不得入。燕王單騎見權，執手大慟。須表急，權爲草表。既歡恰數日，不爲備，北平諸親密吏士稍稍得入城。遂命陰結諸口外酋長及思歸之士，皆喜，暗訂約。燕王乃辭歸。權出餞郊，伏起，挾擁權入關，諸戍卒一呼皆集。將朱鑒拒命戰歿；長史石撰被執不屈，支解之；總兵劉貞間遁，逃京師；行軍都督陳亨以下皆降燕；權宮眷資寶皆入北平。

於是燕兵益強，而權亦時時爲燕王草檄傳諭。燕王謂權曰："事成分天下半。"王信之。初，軍中啟事設二榻。及燕王得國，並登城樓，上設一榻。權悔從燕，佯風疾，止江口不入朝賀。

已，改乞內封。最蘇州，即否杭州。上皆不可，與書曰："蘇圻內地，五弟初封錢塘，皇考以爲不可，改開封。建文無道，封其弟允熥爲吳王，竟不克享。今建寧、荊州、重慶、東昌皆善地，惟王自擇。"權得書，不能無望。出飛旗，命有司治馳道，欲有所之。上大怒。權不自安，屛從兵，從五、六老中官走南昌。回首曰："謝四兄，弟往南昌覓許旌陽矣。"至則稱病，臥城樓不起。上不得已，即藩司爲府，改封權南昌，減其護衛、祿米、儀仗之半。

權嘗詣鐵樹宮，得真人遺戒，有"終須不到頭"之句，爲不怡者久之。

上使胡儼往察之，權口占："京中柴米今如何？"儼應聲曰："但聞天子聖恩多。"語似警諭。上與書嚴戒，權稍斂戢。覆殿瓴甋，用瓦而已，不琉璃。而構精廬一區，蒔花藝竹，鼓琴讀書其間，用終文皇之世。

仁宗即位，權言江西非其封國，請改封，不許。宣德中，以大父行，復恣橫。請於封內選子女，上既不可，又重違其意，賜女婦八十四人。王令省中官服朝服，用天子儀仗，賀王元旦、長至、千秋節習儀鐵樹觀。副使石璞聞於朝，罪其長史王堅。朝議定宗室將軍祿米視品。王抗言："宗室安得有品？"詞不遜。上與書："將軍都尉有品，祖制也。王不得棄祖訓，肆煩說，典憲俱存。"已，又乞灌城田，不許。他日求鐵笛焉。上曰："笛，滌也。王意滌邪，與之。"

權白皙，美鬚髯，負氣好奇，嗜學博古。自其韶齔時自稱大明奇士，老號臞仙，弘獎風雅。高帝時奉敕輯《通鑒博論》三篇。他又作《家訓》《寧國儀範》，垂示子孫。所論著旁及卜筮、修煉、琴、弈諸書。手製博山爐及古瓦硯，皆極精緻。凡王五十八年，薨。

論曰：大寧帶甲八萬，革車六千，用胡騎熟，習健試險，扃鍵三十年所矣。彼一土著，猶不易輕棄其鄉，乃欲奉尺一，遽釋嚴城九十，空手南歸乎？權不應召，中歉惡易亂，及燕以書偽乞憐，然猶止北平兵不得入郭，志誠亮以一矣。燕以骨肉不疑，猝劫之，計不能反顧。然後並榻送事，始知燕之初起，倘馳使權，開誠使劃一塞上諸王，燕必回顧，不遽南矣。遼坐削祿，猶航海來歸。前此稍加意，遼豈遂爲燕左翼？事急，俾合寧，共算燕，亦一計也。曰：燕不大而二王名封，燕大而二王不過名封，何必冒大不義大燕？而朝廷密議，必以諸王無不黨燕。且問朝廷何以使諸王無不黨燕，則誠昧於機，徒用率然者從事，以飾太平不可，況重以嫌隙之故乎？以疑使人，萬無濟也。寧足以難燕，而合燕，是無燕難，且有兩燕；移遼則又減難燕者之一，齊黃之曲成燕者至矣。宸濠之叛，偽太師士實語濠："今上舉動，非所以長生，暴露不測，取大位不過一宦官事。"誠然，則宜貌爲恭以姑待之，乃遽稱侍衛，號離宮，責朝服，請司香，必自露，胡爲乎？使濠遲兩期乃起，大言曰："昔太宗以孤露劫吾獻王，約曰事成分天下半。寧出全力共有金陵，輒負諾，但設一座。天下無不知借寧，無寧安得有燕？天下無不知紿寧，既有燕而遂無寧。吾獻王臥南昌，非封。遺言後世以鐵樹起，吾從旌陽去也。今豹房燕盡，幸還吾寧一座。寧、燕並外藩，並高皇子，燕獨坐一百二十年所矣，獨不能踐太宗前諾一日乎？"即此時爭立，必獻王子。以材武，無如濠者。以結納根據，亦無如濠者。天下事未可知也，而計不出此。雖然，安陸之天，不誤南昌，針兒安得妄覬？余門人劉振麟，言其祖與王新建最密。事敗，新建曲縱之。新建之不因養正而誤，倖也。觀新建偽葬養正，而故爲祭文以晦之，益信。

（《四部叢刊》本卷之四）

寧獻王事實
〔明〕朱統鐩

祖諱權，太祖高皇帝第十六子也，母楊妃所生，洪武十年丁巳五月朔日生。諸王表載太祖高皇帝二十六子，趙王未三歲而薨，二十六子楠未逾月而夭，自懿文太子至慶王，其數已滿十六。獻祖，慶王之弟，當稱十七子。王元美《弇山堂別集》亦稱十七子，蓋得其實矣。但文皇御製孝陵碑止載高皇帝二十四子，除趙與楠。故獻王正十六子。《玉牒》《遐齡洞天志》皆然，今從之。

王於宮中，天性聰慧，德器夙成。始能言，自稱大明奇士。體貌修偉，智略淵宏，高皇帝獨鍾愛之。洪武二十四年四月冊封爲寧王。二十六年三月之國大寧，即兀良哈地方。十月，冊兵馬指揮使張泰女爲王妃。大寧在喜峰關外，古會州之地，東連遼東，西接宣府，實爲幽燕巨鎮。高皇帝天下初定，而邊土曠遠，勢須藩王控制，故簡諸子英武智略者戍邊。時文皇封北平，谷王宣府，代王大同，晉王太原，秦王西安，慶王韋州，肅王甘州，而我祖獻王大寧，皆宿重兵備邊。每歲季秋，諸王相會出塞捕虜，肅清沙漠。王所統封疆數十城，廣千餘里，帶甲八萬，革車六千，視諸王最雄。時制親王歲祿石，皇帝以邊土民稀賦薄，隨宜劑量。王與代、肅、遼、慶俱歲給五百石，然胙土廣衍倍於他王。亦以儉約制國，辟圃種樹，廣令衛士疆理荒野，藝植土物之宜，國用饒裕。居常窮究史籍，至廢興存亡之際，三致意焉。二十九年奉敕纂《通鑒博論》，表上之。又與肅、代等五王於西宮內親承聖諭，編集《漢唐祕史》。三十一年春，作《家訓》六篇，曰《訓語》，曰《本孝》，曰《樹忠》，曰《敷義》，曰《保身》，曰《嘉言善行》。

是歲五月乙酉，高皇帝崩於西宮。太孫即位，齊黃輔政，疑忌諸藩。明年四月，召周王橚於河南，逮湘王柏於荊州，湘王合宮自焚。又以上變者言，徵齊王榑至京師。幽代王桂於大同，繫岷王楩於雲南，並廢庶人。諸王莫不人人自危。

七月癸酉，文皇靖難兵起，下通州、薊州、遵化、永平諸城，而大寧總兵劉貞、都督陳亨、都指揮卜萬請於王，以大寧十萬出松關，駐沙河，進攻遵化，躡靖難之師。燕人間之，貞、亨、萬自相疑沮，縛萬下獄，聞於朝，籍其家。然朝議慮遼、寧二王為燕之助，召還京師。獻王曰：我抱孤忠，謹守我藩封，何以無罪見召？將入朝，會妃張氏病篤，未就道。詔削王護衛，而遼王至京師。燕王聞之喜，為書貽王。至是以單騎入大寧，詭言窮蹙求救，執王手大慟，求代草表謝罪，而陰令吏士結三衛部長及三衛諸戍卒。及辭去，祖之郊外，伏兵起，擁王行，三衛驍騎及戍卒一呼畢集，守將朱鑑不能禦，力戰死。王府妃妾世子皆隨入松亭關，歸北平。燕王以衆分隸各軍，大寧城為之一空。

及燕王即位，留之京師，因大寧殘破，已無歸，乃乞封南昌。已而有告王巫蠱事，密探無驗，得已。王自是日韜晦，構精廬一區，讀書鼓琴其間，終帝之世得無患。

建文四年六月己巳，文皇帝即位，慶賜諸藩。賜王黃金百兩，白金千兩，彩幣四十匹，紗羅各二十匹，鈔五千錠。七月，賜書於王曰：

吾到京師即遣人將書來迎，不意為奄豎胡伯顏邀至兗州，虐害不勝，至擊去其齒，焚所齎書，竟不得達。已將奄豎置之極刑，尚慮盜賊未息，路途猶梗，是以來迎之使，近日方發，今聞已啟程，如行未遠，可暫還，以待秋涼，與宮眷同來，如已行遠，途中凡百謹慎，早至相見，以慰兄懷。

八月戊午，王遣人奏請封國，欲得蘇、杭。上賜書報曰：蘇州，昔皇考嘗以封第五子爲吳王，後考古制，天子畿內不以封侯，遂改河南。建文不遵祖訓，封其弟允熥爲吳王，衆論非之。往昔嘗許弟自擇封國，吾未嘗忘，今博諮於衆，咸謂建寧、荆州、崇慶、東昌皆善地，弟可於四郡內擇一郡，遣人報來，庶好經營王府。

十月王朝於京師。丙辰，上宴王於華蓋殿。王奏故妃張氏之薨，適逢兵旅多事之時，逮今未葬。命工部給明器、儀仗，令所在有司經營喪事。永樂二年己未（註：有脫字）賜鈔二萬，親製詩送之，改藩司爲寧王府，改南昌左衛爲王護衛隸焉。

五年七月乙卯，皇后崩。八月丙午，遣中官奉祭大行皇后。

十五年正月癸巳，王朝於京師，上宴王於華蓋殿。賜從官於申左門。三月王辭還國，賜賚甚厚。又賜從官鈔幣有差。

二十二年七月辛卯，太宗皇帝以征虜還，崩於行在。

八月，仁宗皇帝即位。九月乙酉，詔增諸王祿米九千五百石。通前萬石，悉支本色。又賜王白金千兩，絲四十表裏，錦十匹，西洋布十匹，紗羅各十匹。

洪熙元年五月辛巳，仁宗皇帝崩。六月庚戌，宣宗皇帝即位。乙卯，王遣世子入賀。

仁廟萬壽時，已至中道，上復書止之。七月庚申，賜王及周、慶、代、瀋等各白金五百兩，文綺二十三表裏。錦五匹，西洋布十匹，鈔三萬貫，視晉、楚等十王有加。

宣德元年十月癸亥，王上書言男女將婚，未有第宅，請免衛士屯田，並力營作，詔從之。

甲子賜王樂人二十七戶。

二年二月癸亥，王上書請樂器並樂工衣服之數，命工部製給焉。

乙丑，詔給王清江、奉新、金溪、泰和、彭澤、廬陵、新喻、新城、南豐九郡主及儀賓陳逸塘、橋杜等各歲祿八千石。王以子女婚娶者十二人，請於封內選取婦女給使令，上恐爲民擾，遣中官八十四人賜之。既而王復以府中乏内使爲請，詔送火者二十人供使令。

先是諸藩王各有時賜田莊、陂池、蘆州諸利。王之所受在大寧，上書願賜南昌近（郭）灌城田土，俾諸子耕種自給。上以王當食租衣稅，無事田土，優詔罷之。

三年七月丁卯，王請中官進扇，並請鐵笛。上顧左右曰："笛者，滌也。所以滌邪穢，納之雅正，寧王意在此乎？"命所司特製予之。

四年夏四月丙子朔，王上書言：

> 有司移文，太祖高皇帝子孫以祿米定品級，不勝惶懼。伏惟《祖訓》所載，祿米蓋親親次序，無有品級。誠以子孫皆祖宗一氣之分，不與異姓同，至今四代，乃定品級，臣恐萬世之下謂自今日始也。

上報書大略謂：

> 以祿米定品級乃舊制。朕自嗣位以來，盡其友恭，體祖宗之心，循祖宗之法，非敢毫末有所增損。況於諸叔祖、諸叔、諸兄弟。上念祖宗之重親親之意，未嘗敢薄。惟叔祖虛心體察。

王得書，遂上書謝過。上復書慰諭曰：

> 向所諭必出一時匆促，未及考究，長史又不能以理干說，今叔祖深自引咎，足見虛己從善之心。夫事理既明，譬之春水始消，湛然無跡，更不存蒂心也。

王自是益簡默恬淡，惟以著書爲樂。嘗悅西山秀麗，數駕往遊。正統三年奏建生墳，英宗皇帝遣使劉通敕詣郡牧，爲作南極長生宮於西山之緱嶺。王自撰碑樹於其上。

王自作《儀範》七十四章以訓子孫及臣庶，盟諸山川社稷之神，有弗率教者，俾受顯戮。箋評云："《儀範》一書，效法《祖訓》，儼然純臣孝子之心，列祖哲王之行。厥諡曰'獻'，良有以哉。"

　　四年三月辛亥，王以府中子女衆多，遇有疾病，缺醫治療，請撥已使用。上命禮部選醫士三人與王，仍遣致意。

　　五年正月甲寅，王上書言本府教授游宗，年七十五，例當致仕。其子堅，通曉醫學，堪代其父。上從王請爲本府教授。九月戊午，王奏臣第二子臨川王磐煇，第三子宜春王磐烑，第四子新昌王磐炷歲祿各二千石，然拆鈔者四之三，日用不足，請中半支給。詔從之。

　　六年十一月乙卯，王以子女俱長，欲令護衛屯田軍士造宅居住，優免籽粒。上命户部撥王軍，三之二與王用工，免徵籽粒。

　　十三年九月癸巳，王上書言本府蒙賜醫生張時成、馬文貞病故，袁霖年老，時成男檗、文貞男睿、霖男德潤俱通醫藥，願賜代役爲使，詔從之。

　　九月戊戌，王薨。在位五十八年，壽七十又二。

　　訃聞，禮部奏，差官掌行喪祭禮，翰林院撰祭文、諡冊文、壙志文，工部造銘旌，差官造墳，欽天監遣官一員卜葬，國子監生八名報訃各王府。御祭壇用牛犧羊豕，餘祭止用羊豕。太皇太后、皇太后、東宮、在京文武衙門各一壇，及封内文武衙各一壇，本國内禁屠宰三日，禁音樂嫁娶至葬畢乃止。英宗輟朝三日，遣官致祭，賜諡曰"獻"。敕葬緱嶺。妃張氏，端莊貞靜。先王薨，合葬緱嶺，即今遐齡山。

　　王降生洪武丁巳，建文元年己卯，永樂元年癸未，洪熙元年乙巳，宣德元年丙午，正統元年丙辰，十三年戊辰九月十五日巳時薨，十四年己巳葬。身事六朝，享壽七十又二。有材略，多智數，博綜技藝，尤好鼓琴。其在邊境，屢立大功。王自撰《化域碑》云："統封疆九十余城鎮，龍朔三千餘里，逐單于於陰山，拒契丹於遼水。翰海肅清，疆域寧謐，父皇太祖高皇帝有詩以壯之，慨夫一世之雄也。"

　　及居江右，深自韜晦，宮廷無丹彩之飾，瓴甋不請琉璃，晚節託志黃冶，自號臞仙。敬禮士大夫，無問遠近。博學好古，於諸書無所不窺。王著書百有三十餘種，今不能盡錄。其他農圃、醫卜、養生、修煉之術，俱有思致。又造博山爐、古瓦硯、琴、阮、書燈等器，皆極精巧云。

《藩獻記》云："江右俗固質樸，儉於文藻，士人不樂聲譽。王乃弘獎風流，增益標勝。海寧胡虛白以儒雅著名，王以延爲世子師，七年告老而歸，王爲輯其詩文，序而傳之。凡群書有繫風教及博物修辭，人所未見者莫不刊布國中。所著纂數十種。經史九流星曆醫卜黃冶諸術皆具，古今著述之富無逾獻王者。"

《醫統》云："寧獻王天性穎敏，有過人之資，經史百家諸子之書，無不該覽。過門輒解奧旨而各造其妙。"誠哉，古今賢王宗室之白眉也！然尤以生物爲心而獨精於醫理方藥。嘗謂人稟化於天，君與人均皆同於榮悴之理，則人之有身，七情交集於內，六淫相蕩於外，而疾生焉。苟不濟於醫藥，則猶顛危而不知扶持也，其可乎哉！

所著有三十二種，皆行於世。

嫡子磐烒洪武二十八年乙亥九月一日……（以下缺）

（青雲譜藏本《盱眙朱氏八支宗譜》卷首）

註：①《盱眙朱氏八支宗譜》所收《寧獻王事實》未標明作者。此書名已見《錢遵王書目》。註"國朝抄本"，也未標作者。乾隆《南昌縣志》錄朱統鐳傳，載其著作有《寧獻王事實》，當即此文。

②朱統鐳，字時卿，封奉國中尉。朱權八世孫。

淨明宗教錄·涵虛朱真人傳

明高皇帝十四子。錫名權，號涵虛。初封寧夏，因其智謀，寵錫岩疆，鞏固邦國也。

真人自言前身乃南極沖虛真君降生，不樂藩封，棲心雲外。一日顧左右侍臣曰：爵祿空華，勳名泡影，每思仙道，住世長年，在昔常聞龍沙有讖，師出豫章，欲往求之。侍臣進曰：疆土重任，未便遠遊。忽而布袍草履，掛冠宮門，飄然雲水。至豫章天寶洞，結茅爲室，疊石爲床，侶煙霞而友麋鹿矣。有一老人授以淨明忠孝之微言，日餌陽和，以樂其天真。成祖文皇帝屢召其就國，不赴。乃以其世子，即於豫章襲藩封，加封真人爲涵虛真人，號臞仙，日與張三丰、周顛仙詠歌酬唱。

一日，三豐以腐鼠擲几上，衆惡之，須臾化爲白藕。衆駭然。三豐拂袖而去。真人追至南關，見三豐高入雲中，因建望仙樓，即今望仙鋪，其芳蹤也。乃修丹灶，笑傲雲煙，不與時貴通音問焉。

久之，忽命童子取水沐浴，端坐榻前，高聲言曰："烏晶之約，待之久矣。"異香繞室，天樂盈空，巍然而逝。有《洞天秘典》《太清玉冊》《神隱》《淨明奧論》《肘後奇方》《吉星便覽》諸書十餘卷，壽年七十有三，辭藩爵者三十有餘年，果然神仙中人。樂處岩穴，非急流勇退者之所可企而及之也。

（南昌青雲譜藏本卷六）

寧王壙志

王諱權，大明太祖高皇帝十六子。母楊氏。王生於洪武十一年五月初一日。二十四年五月十三日冊封爲寧王，二十七年三月二十三日之國大寧。永樂元年三月初二日移國南昌府。王天性敦實，孝友謙恭，樂道好文。循禮守法。皇上紹承大統，以王至親，恩禮加厚，而王事上，益謹弗懈。正統十三年以疾薨，享年七十又一。訃聞，上感悼，輟視朝三日，賜諡曰"獻"。遣中官致祭。先是預營墳園於其國西山之原。比薨，以正統十四年二月十四日葬焉。妃張氏，兵馬指揮張泰之女，先薨。子六人。長莊惠世子磐烒，次未名，皆先卒。次臨川王磐熮（註：他處作燁），次宜春王磐烑，次新昌王磐炷，次新豐悼惠王磐㷬。女十四人，俱封郡主。孫男八人。寧世孫奠培，臨川長子奠壏，宜春長子奠增，鎮國將軍奠墠、奠壘、奠堵、奠垸、奠壑。孫女十二人，封縣主四人，餘在室。曾孫十人，未封。

於乎！王意帝室至親，藩輔老成，進德之功，逾老不倦。敬上惠下，始終一誠。比之古昔賢王，殆不多讓。正宜屏藩朝廷，永膺多福。而遽至於大故，是故有命。然福壽兼全，哀榮始終，亦可以無憾矣。

謹述大概，納諸幽壙，用垂不朽云。謹志。

正統十四年二月二十一日

（《盱眙朱氏八支宗譜》卷首）

【二】南京宫中（1378—1393）

明實錄·太祖實錄（節錄）

〇洪武十一年壬申朔。皇第十七子權生。

〇洪武二十四年夏四月辛未，冊封皇子㮵爲慶王，權爲寧王，楩爲岷王，橞爲谷王，松爲韓王，模爲瀋王，楹爲安王，桱爲唐王，棟爲郢王，㰘爲伊王。

〇洪武二十六年正月癸亥。詔肅王楧、遼王植、慶王㮵、寧王權之國。初，命肅王都甘肅，遼王都廣寧，慶王都寧夏，寧王都大寧。指示：甘肅以陝西各衛調戍士馬未集，命肅王且駐平涼。廣寧以宮殿未成，命遼王且駐大凌河北。寧夏以糧餉未敷，命慶王且駐慶陽北古韋州城，以就延安、綏德租賦。惟寧王就國。

（中國臺北中央歷史語言研究所1982年影印本。下同）

【三】大寧時期（1393—1399）

明史・成祖本紀（節錄一）

　　丙戌，燕師援永平。壬辰，吳高聞王至，果走，追擊敗之。遂北趨大寧。壬寅，以計入其城，居七日，挾寧王權，拔大寧之衆及朵顏三衛卒俱南。乙卯至會州，始立五軍。張玉將中軍，鄭亨、何壽副之。朱能將左軍，朱榮、李浚副之。李彬將右軍，徐理、孟善副之。徐忠將前軍，陳文、吳達副之。房寬將後軍，和允中、毛整副之。丁巳入松亭關，景隆聞王征大寧，果引軍圍北平。

（卷五）

明史・成祖本紀（節錄二）

　　永樂元年春，正月己卯朔。御奉天殿，受朝賀，宴群臣及屬國使。乙酉，享太廟。辛卯，大祀天地於南郊。復周王橚、齊王榑、代王桂、岷王楩舊封，以北平爲北京。癸巳，命保定侯孟善鎮遼東。丁酉，以宋晟爲平羌將軍，鎮甘肅。二月庚戌，設北京留守行後軍都督府、行部、國子監，改北平曰順天府。乙卯，遣御史分巡天下，爲定制。己未，徙封寧王權於南昌。

（卷六）

明史·兵志三（節錄）

○（洪武）二十年，置北平行都司於大寧。其地在喜峰口外，故遼西郡，遼之中京大定府也。西大同，東遼陽，南北平，馮勝之破納哈出，還師，城之。因置都司及營州五屯衛，而封皇子權爲寧王，調各衛兵往守。先是李文忠等取元上都，設開平衛及興和等千户所，東西各四驛。東接大寧，西接獨石。二十五年，又築東勝城於河州東，受降城之東設十六衛，與大同相望。自遼以西數千里，聲勢聯絡。建文元年，文帝起兵，襲陷大寧，以寧王權及諸軍歸。及即位，封寧王於江西，而改北平行都司爲大寧都司，徙之保定。調營州五屯衛於順義、薊州、平谷、香河、三河，以大寧地界兀梁哈。自是遼東與宣、大聲援阻絕。

（卷九十一）

明史·兵志四（節錄）

按明世馬政，法久弊叢。其始盛終衰之故，大率由草場興廢。太祖既設草場於大江南北，復定北邊牧地。自東勝以西至寧夏、河西、察罕納爾，以東至大同、宣府、開平，又東南至大寧、遼東抵鴨綠江又北千里，而南至各衛分守地，又自雁門關西抵黃河外，東歷紫荊、居庸、古北抵山海衛，荒間平墊非軍民屯種者，聽諸王駙馬以至近邊軍民樵采牧放，邊藩不得自占。

（卷九十二）

明史·劉真傳（節錄）

燕師起，亨與劉真、卜萬守大寧，移兵出松亭關，駐沙河，謀攻遵化。

燕兵至，退保關。當是時，李景隆帥五十萬衆將攻北平。北平勢弱，而大寧行都司所領興州、營州二十餘衛皆西北精銳。朶顔、泰寧、福餘三衛，元降將所統番騎獷卒尤驍勇。卜萬將與景隆軍合。成祖懼，以計紿亨囚萬，遂從劉家口間道疾攻大寧。亨及劉真自松亭回救，中道聞大寧破，乃與指揮徐理、陳文等謀降燕。夜二鼓襲劉真營，真單騎走廣寧，亨等帥衆降，成祖盡拔諸軍及三衛騎卒，挾寧王以歸。自是衝鋒陷陣多三衛兵，成祖取天下自克大寧始。

（卷一百四十五）

明實錄・太祖實錄（節錄）

〇洪武二十七年十月己卯　冊武定侯郭英女爲遼王植妃，兵馬指揮張泰女爲寧王權妃。

〇洪武二十九年二月　寧王權言近者騎兵巡塞，見有脱輻遺於道上，意胡兵往來，恐有寇邊之患。上曰：胡人多奸，示弱於人，此必設伏以誘我軍。若我軍追逐，恐墮其計。於是上選精卒壯馬抵大寧、全寧，沿河南北覘視胡兵所在，隨宜掩擊，仍敕周王橚令世子有燉率河南都司精銳，往北平塞口巡邏。

（卷二四四）

〇洪武三十年春正月　是月以寧、遼諸王各據沿邊草場，牧放孳畜，乃圖西北沿邊地理示之，敕之曰：自東勝以西至寧夏、河西、察罕腦兒，東勝以東至大同、宣府、開平，又東南至大寧，又東至遼東，至鴨綠江，又北去不止幾千里。而南至各衛分守地。又自雁門關外西抵黃河，渡河至察罕腦兒，又東至紫荆關，又東至居庸關及古北口，又東至山海衛外，凡軍民屯種田地，不許牧放孳畜；其荒閒平地及山場腹內，諸王、駙馬極邊軍民聽其放牧樵采；其在邊所封之王，不許占爲己場而妨軍民；其腹內諸王、駙馬，聽其東西往來，自在營駐，因而練習防胡；或有稱爲自己草場、山場者，論之！特示此圖，吾子孫其世守之。

（卷二四九）

○洪武三十年五月　敕晉代燕遼寧谷六王：爾等受封朔土，藩屛朝廷，吾今略與爾謀：或今歲，或二、三歲，大軍未會，止是本護衛及都司行都司軍馬多不過一二萬。倘胡馬十數萬寇邊，不宜與戰。或收入壁壘，或據山谷險隘之處夾以步兵，深伏以待之。彼見我不與之戰，必四出抄掠，候其驕怠分散，隊伍不嚴，我以馬步邀截要道，破之必矣。若一見胡馬，輒以三、五千或一、二萬輕與之戰，豈特不能勝之，必至失利。

（卷二五三）

○洪武三十年七月　以寧遼諸王各據沿邊草場牧放孳畜，乃圖西北沿邊地里示之。敕之曰：自東勝以西至寧夏、河西、察罕諾兒，東勝以東至大同、宣府、開平，又東南至大寧，又東至遼東抵鴨綠江，北至大漠，又自雁門關外西抵黃河，渡河至察罕諾兒，又東至紫荊關，又東至居庸關及古北口，又東至山海衛，凡軍民屯種，毋縱孳畜牧放；其荒閒曠地及山場，聽諸王、駙馬及軍民放牧樵采；其在邊所封之王，不許占爲己場而妨軍民；其腹內諸王、駙馬，聽其東西往來，自在營駐，因而練習防胡；或有稱爲自己草場、山場者，論之！特示此圖，吾子孫其世守之。

（卷二五四）

○洪武三十一年四月乙酉　敕今上曰：邇聞塞上烽火數警，此胡虜之詐，欲誘吾師出境，縱伏兵以邀我也，不可墮其計中。烽起之處，人莫宜近，雖望遠者，亦須去彼三二十里。今秋或有虜騎南行，不寇大寧，即襲開平。度其人馬不下數萬，豈可不爲之慮？可西涼召都指揮莊德、張文傑，開平召劉真、宋晟二都督，遼東召武定侯郭英等會兵一處，遼王以都司及護衛馬軍悉數而出，出北平、山西亦然。步軍須十五萬，布陣而待。令武定侯、劉都督宋都督翼於左，莊德、張文傑都指揮陳用翼於右，爾與代、遼、寧、谷五王居其中，彼此相護，首尾相救，使彼胡虜莫知端倪，則無不勝矣。兵法：示饑而實飽，內精而外鈍。爾其察之。

○洪武三十一年四月戊午　敕左軍都督楊文曰：兵法有言，二心不可以事上，疑忌不可以應敵。爲將者不可以不知也。朕子燕王在北平。北平，中國之門户。今以爾爲總兵。往北平參贊燕王。以北平都司、行都司並燕、谷、寧三護衛，選揀精鋭馬步軍士隨燕王往開平隄備，一切號令皆出自王，爾奉而行之。大小官軍悉聽節制，慎毋二心，而有疑忌也。

（卷二五七）

續文獻通考（節録）

〔明〕王圻　編

○洪武十年詔諸王近塞者每歲秋勒兵巡邊。

○洪武二十年置北平行都司於大寧。

其地在喜峰口外故遼西郡，遼之中京大定府也。西人同，東遼陽，南北平。馮勝之破納哈出，還師城之，因置都司及營州五屯衛。至二十四年三月，以已置大寧都司及廣寧諸衛足以守邊，乃撤山海等處守關軍士，每處止存十餘人，餘悉令屯田。

臣等謹按：《兵志》言是時封皇子權爲寧王，調各衛兵往守。而先是李文忠取元上都，設開平衛及興和等千户所，東西各四驛。東接大寧，西接獨石。考文忠之取開平，事在洪武二年六月；藍玉之拔興和，事在七年四月，設衛及所當在此時。明初設此以控扼北徼。

○洪武二十二年五月置泰寧、朶顔、福餘三衛。

三衛地爲烏梁海，在黑龍江南，元大寧路北境，是時内附。帝即其地置三衛，俾部長各領其衆，互爲聲援。自錦義歷廣寧至遼河曰泰寧；自全寧抵喜峰口近宣府曰朶顔；自黄河窐逾潘鐵嶺至開原曰福餘。

臣等謹按，洪武時以塞外降人置此三衛，以爲大寧之屏障。後自永樂以烏梁海有功，畀以大寧而三衛遂滋不靖。

（明萬曆三十年刻本卷二十九）

明史紀事本末（節錄）〔清〕谷應泰

（洪武）二十九年春三月，寧王權言騎兵巡塞，見有脫輻遺道上，恐敵兵往來有盜邊之舉。上曰：狡寇多奸，此必示弱誘我軍耳。於是敕燕王選精卒抵大寧，沿河南北，覘北兵所在，隨宜掩擊。甲子，燕王率諸軍北至察察爾山，遇元兵與戰，擒其將索琳特莫爾等數十人，追至烏蘭和屯城，遇烏蘭鄂罕，戰敗之。

（《四庫全書》本卷十）

欽定熱河志（節錄一）

《金史·地理志》：北京大定府有七金山。《元一統志》：七金山在大寧縣北十五里，東西長十里，南北廣五里。山有七峰，因名。遼時嘗建三學寺於中。按遼金大定府，即今平泉州境之大寧故城。元大寧縣即遼金大定府屬之大定縣。今和爾博勒津山漢名與古相同，在老河（即古土河）東岸。西南距大寧故城不遠，知爲古七金山矣。《明一統志》稱烏梁海有七金山，應亦指此。

（《四庫全書》本卷六十六）

欽定熱河志（節錄二）

新城在平泉州北百里。明洪武二十年命宋國公馮勝等率師出松亭關。寨大寧、寬河、會州、富峪四城，留兵居守所築之大寧城即此。其曰"新城"者，以別於遼金元故城也。置新城衛。永樂初廢。《明太祖實錄》洪武二十二年，會寧侯張溫及北平行軍都司都指揮使周興奏修拓大寧等城，並上其規制。大寧城門五，城週三千六十丈，濠長三千一百六十丈，深一丈九尺。《明史·地理志》：距行都司六十里。今其城在喀喇沁扎薩克公旗界。週十里。東西三里有奇。南北二里。

（《四庫全書》本卷九十七）

唐愚士詩（選錄）
〔明〕唐之淳

大　寧

遼時昔有國，憑陵我中華。中華豈無人，豢養如龍蛇。

噬膚尚靡顧，稱謂殊等差。皮幣歲不足，視之若塵沙。

峩峩大寧城，蕭后之所家。晚節穢中冓，牝雞鳴日車。

秦國乃猶子，貴寵莫與加。作嬪帝王室，而乃事毗耶。

範鐘創塔寺，祝壽期無涯。迨今四百秋，變滅隨雲霞。

碑文蝕土翳，隧道生蓬麻。萬室無一廛，安能恤其他。

空餘壞雉堞，日夕啼寒鴉。仰懷慶曆間，躑躅以興嗟。

（《四庫全書》本卷一）

大寧雜詩

一

正月丹符出紫宸，三軍萬里淨邊塵。天垂平野星辰近，四入皇圖雨露新。

二

已見城池開道路，早聞禾黍變荊榛。燕然剩有摩崖石，留待班生頌聖明。

三

邊頭極目正漫漫，隨處平川似海寬。地勢北來通白霫，塞城西去接烏桓。

四

冰霜山名千秋雪，風露衣裳六月寒。故國老親知念我，憑誰傳語報平安。

五

城郭迢遙雉堞危，新添四面壯威儀。日華暖映青油幕，雲氣時分赤羽旗。

六

塞口古河非禹跡，塚邊荒寺有唐碑。正南回望家山遠，掛席三江未可期。

（同上卷二）

塗陽八詠

金山積雪

積雪不知年，炎天生晝寒。南人初出塞，渾作玉屏看。

富谷晴雲

溶溶谷中雲，西來復東去。雲歸人未歸，朝朝望雲樹。

蕭寺曉鐘

朝聽蕭寺鐘，暮聽蕭寺鐘。當年鑄鐘者，臨雲起秋風。

玉川秋草

川上王孫草，秋風幾度黃。太平休戰伐，邊樹射黃羊。

溫泉暖浪

玉女來浴時，丹光落秋水。到今尚溫溫，暖浪因風起。

土河夜雨

混漾復瀠渟，分明見底清。塗山一夜雨，流水惠州城。

西峰夕照

西峰含積陰，落日載暝色。照見獵歸人，揚聲下砂磧。

東崦春風

雲破始見日，雪消微露嵐。馬頭春夢裏，驚道是江南。

（同上）

別大寧 七月十五發大寧

十二城中百日留，來逢初夏去逢秋。塗山今夜團圓月，猶送清光照馬頭。

（同上）

註：朱權初封大寧。爲王事功卓著，然一生著作中卻絕少出現"大寧"字樣，卻多有"塗陽"地名。"塗陽"不見於地理史志。唐之淳（1350—1460）字愚士。曾任翰林侍讀。洪武二十年（1387），馮勝、傅友德、藍玉等大將出關征納哈出，并修築大寧城。唐之淳以幕僚隨行。後居大寧數月。有有關大寧之詩作十餘首。此選錄數首，據以考之，"塗陽"即大寧別稱。朱權以"塗陽"代指大寧，事出有因也。

【四】靖難時期（1399—1402）

明實錄·太宗實錄（節錄）

〇（建文）元年八月　丙寅。初，谷王橞遁還京師，齊泰等慮遼王植、寧王權爲上之助，建議悉召還京，惟植至，遂遣敕削權護衛。

（卷三）

〇（建文）元年九月　壬辰。上議攻大寧，諸將咸曰，攻大寧必道松亭關。今劉真、陳亨守關，先破真等，然後可入。而關門險塞，猝恐難下，遲留日久，李景隆必攻北平，恐城中不安，莫若回師破景隆，徐取大寧，萬全之計也。上曰：今從劉家口徑趨大寧，不數日可達。大寧將士悉聚松亭關，其家在城，皆老弱者居守，師至，不日可拔。城破之日，撫綏其家屬，松亭之衆不降則潰矣。北平深溝高壘，守備完固，縱有百萬之衆，未易窺也，吾正欲使其頓全兵堅城之下，還師擊之，如拉朽耳，諸公第從予行，無憂也。

（卷四上）

〇（建文）元年十月　戊戌。師至劉家口。路極臨險，人馬單行可度。守關百餘人。諸將欲破關門而入。上曰不可。攻之則棄關走報大寧，得預爲計。乃命鄭亨領勁卒數百，卷旆登山，斷其歸路，而從後攻之。悉擒守關者，師遂度關。壬寅，師抵大寧。城中不虞我軍驟至，倉卒關門拒守。上引數騎循繞其城，適至西南隅而城崩。上麾勇士先登，衆蟻附而上，遂克之。獲都指揮房寬，撫綏其衆，頃刻而定。城中肅然無擾。遣陳亨家奴並城中將士家屬報亨，劉真等引軍來援。軍士聞家屬無恙，皆解甲。時寧王三護衛爲朝廷削奪者尚留城中。至是皆歸附，上悉以還寧王。……甲寅。拔大寧之衆及寧王皆歸北平。乙卯……以大寧歸附之衆分隸各軍。丁巳，師入松亭關。

（卷四上）

〇（建文）元年十一月。上還北平休息士馬，以前所上書不報，復上書於朝："……蓋今諸王之中，臣爲序長，周、齊、代、岷五王已去之矣，獨臣未去，臣去則楚、蜀、秦、晉諸國不難去矣。寧王無罪，比又削其護衛。譬諸人身，手足皆去，孤身豈能全活乎？

（卷五）

〇洪武三十五年（建文四年）七月　乙巳。賜周、楚、齊、蜀、代、肅、遼、慶、寧、岷、谷、韓、瀋、安、唐、郢、伊、秦、晉、魯、靖江二十一王各黃金百兩，白金千兩，綵幣四十匹，錦十匹，紗羅各二十匹，鈔五千錠。

（卷十下）

〇洪武三十五年（建文四年）秋七月　庚戌。賜書寧王權曰：吾到京師即遣人將書來迎，不意奄豎胡伯顔邀至兗州，虐害不勝，至擊去其齒，焚所賫書，竟不得達。已將奄豎置之極刑。尚慮盜賊未息，路途猶梗，是以來迎之使近日方發。今聞已啟程。如行未遠，可暫還，待秋涼與宮眷同來。如已行遠，途中凡百謹慎，早至相見，以慰兄懷。

（卷十下）

〇洪武三十五年（建文四年）八月　戊午。寧王權遣人奏請封國，欲得杭州。賜書報之曰：杭州，昔皇考嘗以封第五子爲吳王，後考古制，天子畿内，不以封侯，遂改河南。建文不遵祖訓，封其弟允熥爲吳王，衆論非之。往者嘗許弟自擇封國，吾未嘗忘。今博諮於衆，咸謂建寧、荊州、重慶、東昌皆善地，弟可於四郡内自擇一郡，遣人報來，庶好經營王府。

（卷十一）

〇洪武三十五年冬十月　壬子。寧王權來朝。
〇辛酉，改江西布政司治爲寧王府。
〇丙辰，宴寧王權谷王橞於華蓋殿。
〇丁巳，寧王權奏故妃張氏之歿。適際兵旅多事之際，迨今未葬。命工部給明器儀仗，令所在有司營葬事。

（卷十三）

註：永樂時修《太宗實錄》，靖難期間，不書建文年號。朱棣即位當年爲建文四年，稱"洪武三十五年"以代"建文"年號。

○永樂元年二月　己未。以大寧兵戈之後，民物凋耗，改寧王府於南昌。是日遣王之國，賜一萬錠，親製詩送之。丁卯，改南昌左衛爲南昌護衛，隸寧王府。

（卷十七）

註："隸寧王府"原作"隸寧夏王府"。衍"夏"，刪。

○永樂元年三月　己卯。賜寧王鈔一萬錠。

（卷十八）

姜氏秘史（節錄）
〔明〕姜清

（建文元年十月）甲寅，靖難兵襲執寧王權，三衛官軍總兵官都督劉貞遁還京師，守將都指揮朱鑒死之，行軍都督陳亨等降，以其衆歸。

或記曰：文廟初起，兵猶未盛，聞景隆將進攻北平，患之。先是高廟末年嘗命文廟巡邊，大寧軍隸護衛官軍，相與歡甚。大寧領朵顏三衛，多胡人精銳，不靖；而戍卒皆中州遷徙之衆，北方苦寒，日夜思歸。文廟知之，至是命仁廟嬰城固守，獨率千餘倍道趨大寧。遺書寧王，告以窮蹙，求爲和解。寧王信之。遂單騎入城，執手大慟，祈請甚切。寧王爲之草表陳謝。居數日，情好甚篤。從官稍稍入城，陰結諸胡，並思歸之士皆許之。既行，寧王餞送郊外，伏兵擁寧王偕行，招諸胡及戍卒皆從，大寧城空，靖難兵自是愈盛矣。

世傳文廟善戰，寧王善謀，一時章檄多出其手。嘗有"事成中分"之約。後京城平，寧王欲建國，遂上奏迄巡視，許之。寧王出，以飛旗諭有司治道。

文廟聞之大怒，詔禁飛旗，治有司罪。寧王不自安，悉屏從兵，與老弱中官數人偕往南昌，稱疾臥城樓，乞封南昌。詔即布政司爲府，屋舍無所更。歷武廟，殿閣尚黑云。寧王既得請，遂放志神仙，以善終。

貞，合肥人。洪武中，寧獻王封大寧，貞爲總兵官。北平兵入大寧，寧王盡以護衛官軍之北平。意貞亦降，籍其家，下之獄。俄而貞由海道自福建還京師，家人遂得釋。大寧在喜峰口外，古惠州地。國初設大寧行都司，與遼東、宣府二鎮相爲聲援。自後棄大寧與朶顏諸虜，都司遷保定，而東邊遂失一藩籬矣。貞女爲文廟昭順德妃。

（民國胡思敬編《豫章叢書》本卷二）

國朝典故紀聞（節錄）
〔明〕鄧士龍

建文元年壬辰，吳高等聞上將至，盡棄輜重，遁回山海，上遣輕騎追之，斬首數千級。俘降者稱是。盡散遣之。

上議攻大寧，諸將咸曰："大寧必道松亭關，今劉真、陳亨守之，破之然後可入。關門險塞，猝亦難下。遲留日久，李景隆必來攻北平。恐城中驚疑不安，莫若回師破賊，徐取大寧，萬全之計也。"上曰："今取劉家口，徑趨大寧，不數日可達。大寧軍士聚松亭關，其家屬在城，老弱者居守，師至不日可拔。城破之日，撫綏將士家屬，則松亭關之眾，不降則潰。北平深溝高壘，守備完固，縱有百萬之眾，未易以窺。正欲使其頓兵堅城之下，歸師擊之，勢如拉朽。爾等第從予行，勿憂也。"

乙未，師行，敕太子嚴爲守備，賊至慎勿戰。十月丁丑朔。戊戌，師至劉家口。路極險隘，人馬單行可渡。守關者百餘人。諸將欲攻破關門而入。上曰："不可。攻之則彼棄官，走報大寧，得以爲計。"乃命鄭亨領勁卒數百，卷旆登山，斷其歸路，從後攻破之。悉擒其眾，師遂渡關。

壬寅，抵大寧，城中不虞大軍驟至，倉促閉門據守。上引數騎循繞其城，適至西南隅，城忽崩，上麾勇士先登，衆蟻附而上，遂克之，獲都指揮房寬，撫綏其衆，頃刻而定，城中肅然無憂。遣陳亨家奴並城中將士家屬報亨，劉真等引軍來援，軍士聞其家屬無恙，皆解體。時寧王散護衛爲允炆削奪，至是悉來降。上盡遣還寧王。

丁未，劉真陳亨回至亂塔、黃崖，亨與營州中護衛指揮徐理、右護衛指揮陳文議曰："觀於天命人心，成敗可見，不如從順。"理曰："此正我意。"夜二鼓，亨等襲破真營，真單騎走廣寧，亨等率衆來降。

李景隆聞上征大寧，領軍來渡蘆溝橋，意氣驕盈，有輕視之志，以鞭擊馬鞁曰："不守蘆溝橋，吾知其無能矣。"直薄城下，築壘九門。遣別將攻通州。時太子嚴肅布置，整飭守備，城中晏然，不知有兵。數乘機遣勇士縋城，夜斫其營，殺傷甚重。賊營中驚擾，或自相踐躪而死者。賊攻麗正門急，時城下婦女皆乘城擲瓦石以擊之，賊勢益沮。壬子報至，上語諸將曰："李九江懸軍深入，敵衆趨利。兵法曰：'不知進退，是謂糜軍'，今其祇自投死耳，孺子何能爲也。"

甲寅，援大寧之衆與寧王皆回北平。

（北京大學出版社1993年本卷一）

明史紀事本末（節錄一）
〔清〕谷應泰

谷應泰曰：聞之周南始化，二公分陝。及其東遷，晉鄭焉依。以故衆建諸侯，分王子弟，屏藩天室，拱衛京師。勢縶重也。高皇帝大寶既定，剪桐論封。燕王居北平，代王居代郡，寧王居大寧。棋布星羅，屹然重鎮。揣其深謀，不特維城之磐石，抑亦北門之鎖鑰耳。惟是并州警備，多蓄重兵，馬邑防秋，得專節制。鄭京城實危莊公，晉曲沃實弒孝侯。大都耦國，禍之本也。又況秦晉四府，湘岷六藩，莫不帝制自爲，偃蹇坐大。藉神明之胄，挾肺腑之尊。揚水以粼粼而興，周道以親親而弱。變所從來，非無故矣。況乎沖齡御極，主少國疑；強宗亂家，視同掁獻。斯時賈生抱哭，即召吳楚之兵；主父設謀，便啟晉陽之甲。將使三家盡分公室，餘地悉入虜延，正所謂養虎貽患，畜癰必潰者也。故論者以建文之失在於削諸藩，而予則以諸藩者，削亦反，不削亦反。論者又以建文之失在於削強藩，而予則以不削強藩者。燕王最強，最先反；寧王次強，必次反。毋怪齊泰、黃子澄輩拊膺屑火，握手闔門，次第芟除，計安宗社。然而忠則竭矣，算亦稍絀焉。考其時：周王、岷王都被掩捕，齊藩、代藩並皆幽廢。寧邸護衛見削，湘王闔宮自焚。數月之內，大獄屢興。案驗未明，葛藟不芘，必有託蒼天以報仇，生皇家而勿願者。況又中涓入燕，逮繫官屬，幾於十王並戮，七國行誅。釁起兵端，非無口實矣。

以予論之，方太祖小祥之時，正諸藩遣子之日。宜於大內置百孫院，因而留之，仍擇名臣傅之禮義。四小侯就學於漢，即長安君入質於秦也。而又分命洪武舊勳，以撫綏爲名，開閩通州，分屯河濟；仿亞夫之堅壁，立辛毗於軍門。仍賜溫綸，躬行德化。梁王罪狀，咸悉燒除；吳王不臣，錫之几杖。則天潢諸嗣逆節雖萌，反形猶戢，而稍俟諸子弟年各冠婚，即以尺一之詔分裂其地，國小則永無邪心，內割則未遑外事，天下亂絲可徐理而解也。獨奈何葉居升之奏被譴於高皇，而方孝孺之謀不行於嗣主。比齊黃輩分道徵兵，直出無策；而石頭被詔，激變蘇峻；江陵蒙討，逼反桓玄。謀之不臧，誰執其咎哉！逮至燕兵南下，建業合闉；而谷、穗獻門，安、楹首附。周、齊列藩以次復爵。同惡相保，理固然也。獨是蜀王之賢無與興廢之謀，超然評論之外。雖河間之書，集博士而畢讀；東平之樹，望咸陽而俱靡，何以加焉。

（中華書局 1977 年本卷十五）

明史紀事本末（節錄二）
〔清〕谷應泰

（建文元年）壬申，燕軍援永平。諸將請守盧溝橋。王曰：方欲使九江困於堅城之下，奈何拒之？燕師猝至永平，吳高不能軍，退保山海關，燕兵奔之，斬首數千級。燕王曰：高雖怯，行事差密。楊文勇而無謀，去高、文不足慮也。乃遣人貽二人書，盛譽高而詆文。帝聞之，削高爵，徙廣西；獨命文守遼東。耿瓛數請攻永平以動北平，不聽。

冬十月，燕兵趨大寧。

初，太祖諸子：燕王善戰，寧王善謀。洪武間，燕王受命巡邊，至大寧，與寧王相得甚歡。

大寧領朵顏諸衛，多降人，驍勇善戰。燕王既起兵，謀取之。而朝廷亦疑寧王與燕合，削其三護衛。燕王聞喜曰："此天贊我也。取大寧必矣。乃爲書貽寧王，而陰率師兼程趨之。"諸將曰："劉貞守松亭關急，未易破，李景隆兵方盛，不如還師救北平，以爲後圖。"燕王曰："今從劉家口逕趨大寧，不數日可達。大寧將士悉聚松亭關，其家屬在城，皆老弱居守。師至，不日可拔。城破之日，扶綏其家，松亭之衆，不降且潰矣。北平深溝高壘，縱有百萬之衆，未易以窺。吾正欲其頓兵堅城之下，還兵擊之，如拉朽耳。諸公第從予行，毋憂也。"乃自徑道卷斾登山，從後攻度關。至大寧，克其西門，獲都指揮房寬，殺卜萬於獄。都指揮朱鑒戰死。劉貞、陳亨引軍還援。陳亨竟襲破貞，率其衆降。貞單騎負敕印走遼東，浮海歸京師。大寧既拔，燕王駐師城外，遂單騎入城會寧王。執手大慟，言北平旦夕且破，非吾弟表奏，吾死矣。寧王爲草表謝，請赦。居數日，情好甚恰。燕王銳兵出伏城外，諸親密吏士稍稍得入城，遂令門結三衛渠長，及閒左思歸士，皆喜，定約。燕王辭去，寧王出餞郊外。伏兵起，執寧王，諸騎士卒一呼皆集，遂擁寧王入關，與俱歸。燕兵既得朵顏諸衛，兵益盛。分遣薛祿下富峪、會川、寬河諸處，於是寧府妃妾世子，皆攜其寶貨，隨寧王還北平。

（同上卷十六）

通鑒綱目三編（節錄）

冬十月，棣誘執寧王權，奪其衆及朵顏三衛，歸北平。

權國大寧在喜峯口外。東連遼左，西接宣府，爲巨鎮。所屬朵顏三衛騎兵，皆驍勇善戰。燕兵起，朝廷慮權與燕合，召權及遼王植歸京師。植泛海還，權不至，坐削護衛。棣聞之喜，爲書貽權，至是以單騎入大寧，詭言窮蹙求救，執權手大慟，求代草表謝罪，而陰令吏士結三衛部長及諸戍卒，乃辭去。權祖之郊外，伏兵起，擁權行，三衛彍騎及諸戍卒一呼畢集，守將朱鑒不能禦，力戰死。寧府長史石撰每以臣節諷寧王，城陷，憤罵不屈，支解死。都指揮卜萬，都督劉真、陳亨帥兵扼松亭關。亨欲降，畏萬不敢發。燕行反間，貽萬書，盛稱萬詆亨，亨執萬下獄死，籍其家。亨降，真由海道遁還京師，王府妃妾世子皆隨入松亭關歸北平。棣以其衆分隷各軍，大寧城爲空。

（《四庫全書》本卷二）

太和正音譜·知音善歌者（節錄）
朱權

（一）

李良辰，塗陽人也。其音屬角。如蒼龍之吟秋水。予初入關時，寓遵化，聞於軍中。其時三軍喧轟，萬騎雜遝，歌聲一遏，壯士莫不傾耳，人皆默然，如六軍銜枚而夜遁。可謂善歌者也。

（《太和正音譜箋評》中華書局2011年本卷上）

註：此寫靖難初，朱權隨靖難軍入松亭關寓遵化聽歌情景。

（二）

　　蔣康之，金陵人也。其音屬宮。如玉磬之擊明堂，溫潤可愛。癸未春渡南康，夜泊彭蠡之南。其夜將半，江風吞波，山月銜岫，四無人語，水聲淙淙。康之扣舷而歌"江水澄澄江月明"之詞，湖上之民莫不擁衾而聽。推窗出戶，見聽者雜遝於岸。少焉，滿江如有長歎之聲。自此聲譽愈遠矣。

　　　　　　　　　　　（《太和正音譜箋評》中華書局2011年本卷上）

註：此爲朱權寫其受封南昌后由南京乘船溯江而上入鄱陽湖夜半聽歌情景。蔣康之，寧王府琴生。見朱權《神奇秘譜序》。

【五】南昌時期（1403—1448）

明實錄·宣宗實錄（節錄）

〇宣德元年冬十月。寧王權奏男女待婚，未有居第，請免護衛軍士屯種，並力作之。從之。

〇宣德元年冬十月賜寧王權樂人二十七户。

（卷二十二）

〇宣德二年二月癸亥，以寧王：

第三女清江郡主配西寧衛指揮陳東弟逸。
第四女奉新郡主配贛州同知王宗旭子爽。
第五女金溪郡主配右軍都督韓觀弟輔。
第六女泰和郡主配鄱陽縣民汪彥誠子湛然。
第七女彭澤郡主配龍驤衛指揮王剛姪質。
第八女廬陵郡主配贛州衛指揮田晟弟昱。
第九女新喻郡主配贛州府照磨胡羽子光霽。
第十女新城郡主配留守中衛指揮李俊子璇。
第十三女南豐郡主配江西都指揮張祥子雯。

〇宣德二年二月寧王權奏已賜樂工，而樂器衣服之類未給，上命行在工部製之。

〇宣德二年二月乙丑給寧府清江郡主及儀賓陳逸歲祿共八百石。奉新郡主及儀賓王爽、金溪郡主及儀賓韓輔、泰和郡主及儀賓汪湛然、彭澤郡主及儀賓王質、廬陵郡主及儀賓田昱、新喻郡主及儀賓胡光霽、新城郡主及儀賓李默南、南豐郡主及儀賓張雯皆如之。俱於江西布政司倉庫內中半支給。

○宣德二年二月己巳，寧王權以子女婚娶者十二人，請於封內自選取婦女給之使令。上不聽，遣中官送婦女八十四人往賜之。

○宣德二年二月乙亥給臨川王磐燁歲祿二千石，內米五百石。餘折鈔於江西布政使司支給。

（卷二十五）

○宣德二年七月壬子，封寧王長女為永新郡主配金鄉衛舍人高鶴齡。第二女為玉山郡主，配都督舍人方景輝，第十一女為浮梁郡主，配龍江右衛舍人俞致淵。命鶴齡等，俱為儀賓，賜之誥命。

（卷二十九）

○宣德二年七月癸丑，給寧府永新郡主及儀賓高鶴齡歲祿共八百石。玉山郡主儀賓方景輝、浮梁郡主及儀賓俞致淵如之。俱於江西布政司倉庫內米鈔兼支。

○宣德四年三月，江西新建縣儒學教諭王來言，寧王府每年祭祀社稷山川取府縣學生員習樂舞供祀。今生員有定額，務求成效。而以供應王府祭祀，預先演習，動經旬月，有妨學業，宜令於附近道觀選道童充用。命在禮部議。從其言。如選不及數，則於本府軍士餘丁內選端謹者。詔從之。命各王府，皆准此例。

（卷二十九）

○宣德四年夏四月丙子朔。寧王權奏曰：

臣竊念祖宗積德之厚，父皇創業之艱，立法垂訓以傳萬世，錫子孫保全之福，為宗室久安之計。宣德元年八月，江西布政司移文謂"太祖高皇帝子孫以祿米定品級"，臣不勝惶懼。伏惟祖訓所載，祿米蓋親親次序，無有品級。誠以子孫皆祖宗一氣之分，不與異姓同。至今四代，乃定品級，臣恐萬世之下謂自今日始也。

昔聞父皇在位時，靖江府將軍比正支減一等，亦無比品。凡朝賀、祭廟皆與諸王同班，駙馬、儀賓有比品。駙馬比從一品。而冠服與侯同班，列侯下。郡君、儀賓比從四品，常服亦用麒麟玉帶，班列都督之前，蓋亦以至親，不以品級論也。

又父皇嘗謂靖江王世子兄弟做將軍，但異姓相見還行君臣禮，其衣服且著穿素，二十年後，諸孫有冠者，袍用四爪龍，冠用唐帽，蓋不欲與外人同也。今定品級，則列於外官之下。聖子神孫，皆祖宗遺體。

臣不避斧鉞之誅，甘冒天聽。伏望赦免，誠宗廟之福，骨肉之幸也。

上覽奏謂侍臣曰：朕自即位以來，恪遵成憲，蓋祖宗聖智，立法精審，以維持萬世，非後人所可輕議。昨以祿米定品級，皆出舊制，非出自朕。今行之三年，忽有此語，其意蓋未可量。若不明白，則蓄疑積讟，事將不測，朕當有以復之。

（卷二十九）

○宣德四年四月戊寅日復寧王權書曰：

承諭以"祿米定品級非舊制"，忿切之情，溢於言表。再三披閱，駭愕良深。蓋事有非然，理應明白。所言"太祖高皇帝子孫舊無品級"之說，今考《祖訓錄》內，凡郡王之子授鎮國將軍，三品；孫輔國將軍，四品；曾孫奉國將軍，五品；玄孫鎮國中尉，六品；五世孫輔國中尉，七品；六世孫以下，世授奉國中尉，八品。是郡王子孫未嘗無品級也。

又云："靖江王府將軍比正支遞減一等，亦無比品，凡朝賀、祭廟皆與諸王同班。"必若此言，則諸王兄弟子姪同為行列，是無尊卑之分，曷為而可？

又云："太祖高皇帝於郡君、儀賓比從四品，常服用麒麟玉帶，班列都督府，蓋以親親，不論品級。"今考《祖訓錄》《皇明祖訓》及禮制，皆無明文可稽，今之所云，未審載於何典禮也？

又云："高皇帝嘗謂靖江世子兄弟做將軍，衣裳且著穿素，而郡君、儀賓既比從四品，則令用麒麟玉帶。如此即是抑族屬而重外親，疏戚倒置，於禮可乎？"

又云："高皇帝謂靖江世子兄弟做將軍，但是異姓相見還行君臣禮。"今考《祖訓錄》《皇明祖訓》及禮制，並無明文可徵。但有洪武二十九年十二月欽定《靖江王庶子鎮國將軍與郡王相見禮儀》云："鎮國將軍凡與駙馬、儀賓、公侯相見，將軍居左，駙馬等居右，皆再拜。與文武一品官至三品官相見，將軍居中，各官拜將軍，答拜。與四品以下官相見，各官拜將軍，坐受。凡遇將軍於道，駙馬、儀賓、公侯讓左並行，文武一品至三品引馬側立，四品以下者下馬。凡傳其言曰"鎮國將軍爵旨"，稱呼之曰"官人"。此皆有明著，而別無行君臣禮之說。若必如所云"行君臣之禮"，是教子孫越禮犯分，不知有君矣。且群臣於靖江府將軍前皆行君臣之禮，是天下紛紛多君也。《春秋》之法，天無二日，上無二王，家無二主；聖人之道，尊尊親親，各有攸當。故知此語決非太祖高皇帝所言。

今郡王庶子以下品級，則載於《祖訓錄》。靖江府將軍與群下相見之禮，則載於洪武二十九年《欽定禮儀》。此皆太祖高皇帝所製，以垂範子孫臣民，所慮者甚遠，所定者甚精，皆非一朝一夕之所成也。

至洪武三十五年八月，太宗皇帝臨御之初，即令禮部申明舊制行此數事。太宗皇帝當時見《祖訓錄》內鎮國將軍等品級與歲祿不相應，遂加鎮國將軍從一品，輔國將軍從二品，奉國將軍從三品，鎮國中尉從四品，輔國中尉從五品，奉國中尉從六品，今行之二十有八年矣。

予自嗣位以來，恭體祖宗之心，恭循祖宗之法，非敢毫末有所增損，況於諸叔祖、諸叔及諸兄弟？上念祖宗之重親親之意，未嘗敢薄，亦未嘗敢有咈逆之事。

往者逆賊高煦在太宗文皇帝時屢造大罪，及予嗣位，加厚待之，而包藏禍心，終謀不軌，然求朝廷之過未得，輒妄稱太祖高皇帝時未嘗頒給群臣敕諭，以為擅改舊制，具本指斥，遂舉兵反。及被執至京，出洪武中諸司職掌示之，逆煦俯首無言，愧悔不及。

今叔祖輒有"不避斧鉞，乞爲赦免"之說，宗廟神靈在上，何冤何抑，而忿恨不平？予覽畢以示公、侯、伯、五府六部文武大臣，咸謂叔祖意非在此，蓋託此爲名耳。不然何以宣德元年之事，而今始發也？予已悉拒群臣之言不聽，尚望謹之。或復不謹，非獨群臣有言不已，天下之言皆將不已，是時予雖欲全親親之義，有未易能。今故畢陳本末，惟叔祖虛心聽察，庶幾君臣之分定，尊卑之序明，而所議品級又何繫於輕重，何幸於禮法哉？若以謂族屬之長，必誣執爲朝廷之過，天理人心不可周也。惟叔祖亮之。

（同上）

○宣德四年五月丁巳書與寧王權曰：

所諭欲得灌城一鄉田土與庶子耕牧，朕不吝惜。但於民無損，於禮無違，足爲朝廷經久通行之法也。今戶部言灌城之田共一千六百一十七頃六十餘畝，鄉民所賴以足衣食，別非荒閒之田。況庶子郡王自有歲祿，稽之祖訓，亦無撥賜田地之例。若從叔祖所言，百姓必歸怨朝廷，亦必歸怨叔祖矣。今叔祖爲諸王表率，使諸王皆仿叔祖所言，豈不皆違祖訓而損賢德？故撥田之諭，不能曲從，惟叔祖亮之。

（卷五十三）

○宣德四年六月，丁丑，敕寧王權奏"鎮國將軍以下應有品級，郡君儀賓應服麒麟玉帶。上既引太祖皇帝禮儀復書喻之，權自知非是，具奏深陳悔過之誠"。上復權書曰："向者所喻，必出一時匆促，不及考究，長史又不能以禮開說，今叔祖深自引咎，足見虛己從善之心，夫事理既明，譬之春冰既消，湛然無跡，更不用芥蒂於心也。"

（卷五十五）

明實錄·英宗實錄（節錄）

○正統三年二月，寧王權請豫造墳塋，上許其請，命江西三司經營之。

（卷三十九）

○正統四年春正月戊戌，寧府信豐王磐㸅薨。王，寧王庶第五子。母尤氏。永樂十九年生。宣德七年冊封。至是薨，年十九。訃聞，上輟視朝一日。遣官致祭，諡曰悼惠。命有司營葬。

（卷五十）

○正統四年閏二月己卯。寧府信豐王妃劉氏薨，九江衛指揮僉事瑛之妹，正統三年冊封。至是，以王薨自經。訃聞，上深嗟悼。遣中官致祭，諡曰貞烈，與王合葬。

（卷五十二）

○正統四年三月辛亥，寧王權奏府中子女眾多，遇有疾病，缺醫治療，乞撥醫使用。上令禮部撥醫生二名，仍遺書致意。

（卷五十三）

○正統四年夏四月癸未，賜寧府莊惠世子庶子三人名曰奠壘、奠堵、奠墍，臨川王嫡子一人名曰奠堬，宜春王嫡子二人名曰奠坫、奠垸。

（卷五十四）

○正統四年五月，封寧府莊惠世子庶子奠埠爲鎮國將軍。

（卷五十五）

○正統六年十一月，寧王權以子女俱長欲令護衛屯田軍士造房居住乞優免子粒。上命户部撥屯軍三之二與王用工，免徵子粒。完日如舊屯種。

（卷八十五）

○正統七年七月丙辰，封寧府莊惠世子，庶三子奠壘、第四子奠堵、第五子奠墍俱爲鎮國將軍，賜誥命。

（卷九十四）

○正統七年九月，寧王權奏於遐齡山陵所創屋五間祀南極真人。蒙賜名曰"南極長生宮"。於附近宮觀擇道童克修戒行者，給度牒住持。上命從之，後不爲例。

（卷九十六）

○正統九年四月，給寧府鎮國將軍奠壘等祿米歲各一千石。俱米鈔中半支給。

（卷一一五）

○正統十年九月丙子，命歲給寧府靖安郡主並儀賓葛盱祿米八百石，高安縣主並儀賓郭琦、瑞金縣主並儀賓程燾各祿米六百石。從寧王奏請也。

（卷一三三）

○正統十年十一月乙未。初，南京守備豐城侯李賢言：寧王第四子磐炷已擇南京孝陵衛指揮使葛覃女爲妃，長孫奠培濟川衛指揮使郭謙女爲妃，既而寧王又奏第十六女靖安縣主選覃之子盱爲儀賓，莊惠世子磐烒第三女高安縣主選謙子琦爲儀賓。然寧王先奏擇儀賓，上命於南昌府衛官員軍民家擇之。不於南昌而於南京，蓋由覃等以王妃親故，私與王府交通結親，請治其罪。上命覃、謙答陳結親之故。覃、謙等奏：先各與妻往寧府成婚，盱與琦俱隨送。蒙王問，其年與縣主相等，皆許以婚，遂輒從之，罪不容逃。上命禮部審其情，至是尚書胡濙等言："婚事雖出王之自許，覃謙亦宜奏請；今乃恣意妄行，於理未當。請行南京都察院究治，仍行寧府長史司啓王知之。上曰：覃、謙既認罪，姑宥之。支令隨操，不管衛事。其婚禮既成則止。今後各王府奏事，禮部務斟酌行之。

（卷一三五）

○正統十二年六月辛酉朔。寧府莊惠世子磐烒妃俞士（氏）卒，遣中官賜祭，命有司營葬。

○正統十三年九月癸巳，寧王權奏本府蒙賜醫士張時成馬文禎病故，亢霖年老。時成男榮、文禎男睿、霖男得潤俱曉脈藥，乞賜代役。從之。

（卷一七〇）

○正統十三年九月戊戌，寧王權薨。王，太祖高皇帝第十六子，母楊氏。

洪武十一年生，二十四年因封之國大寧。永樂元年遷江西南昌府。至是薨，享年七十有一。訃聞，上輟視朝三日，賜諡曰獻。遣官致祭。命有司營葬。王天性穎敏，負氣好奇，績學攻文，老而不倦，方之古賢王，逮不多讓。所著有詩賦、雜文及《天運紹統》，錄醫卜修煉琴譜諸書，又有博山爐古製瓦硯，皆極精緻云。

（同上）

古今儲貳金鑒（節錄）

宣德元年，漢王高煦反，帝親征……。帝至樂安，高煦降，帝以廷臣劾章示之，令爲書，召諸子同歸京師。築室西安門內，謂之逍遙城。並其諸子錮之。以預謀誅死者六百四十餘人，戍邊者一千五百餘人。後數年，寧王權上書請赦高煦，不從。一日，帝往視之。高煦伸足勾帝仆於地，帝大怒，命昇銅缸覆之，缸重三百觔。高煦頂負之輒動。乃令積炭於上，燃之逾時，火熾銅鎔，高煦死，諸子亦死。

（《四庫全書》本卷六）

四庫全書總目提要・寧藩書目

《寧藩書目》一卷，浙江范氏天一閣藏本。不著撰人名氏。初，寧獻王以永樂中改封南昌，日與文士往還。所纂輯及刊刻之書甚多。嘉靖二十年，弋陽王世子多焜求得其書目，因命教授施文明校刊行之。所載書凡一百三十七種，詞曲院本、道家齋醮諸儀俱匯焉。前有多焜序及啟一通。後有施文明跋。多焜啟中所稱父王者，乃弋陽端惠王拱樻，以嘉靖初受命攝寧府事。多焜後亦襲封，諡曰恭懿。

（雍正）《江西通志》（節錄）

　　張綮，字宗禮，新建人。少業儒。多病，因精於醫，療人有奇效。未嘗責報。遇貧困輒施金遺粟，賴以活者甚衆。寧獻王賢之，舉爲良醫，年七十三卒，胡頤庵爲之銘。子升繼其職，行誼尤著。官教授。孫元椿進士，任知府，元龍亦舉於鄉。

（卷一百〇六）

（同治）南昌府志・名跡（節錄）

　　明寧王府即今察院官署，正德末以宸濠謀逆廢（《江城名跡記》）。在城内舊布政司。永樂初寧王徙封江西，即司建府，改四門：南曰"端禮"，東曰"體仁"，西曰"遵義"，北曰"廣智"。五世至宸濠以叛逆伏誅，府廢。嘉靖間即其基改建兩院並各道衙門。（《南昌》《新建》兩志並載）

　　明臨川王府　　在普賢寺後。
　　明宜春王府　　在進賢門内
　　明瑞昌王府　　初毀於兵。嘉靖二年遷新開路，沒官地重建。
　　明樂安王府　　在永和門内
　　明石城王府　　在永和門内
　　明弋陽王府　　舊在通仙坊毛家橋，正德間毀，遷城東。
　　明鍾陵王府　　在南昌衛右
　　明建安王府　　在高士橋東（按同治《南昌縣志》在廣積倉東）
　　明新昌王、信豐王俱再傳而絕，府廢，失其處。（同治《南昌縣志》）
　　明匡吾王府　　建安鎮國將軍朱多某之居。子謀㙔，字尚卿。能爲五七言近體。追琢不遺餘力。刻有《深柳居》《種園》諸草。（同治《新建縣志》）

按舊志跋云：《明史諸王表》及寧府列傳無"匡吾"之號。又云"建安之後，無封鎮國將軍者。亦無多某、謀㙳名。今據同治《南昌縣志》考，王士禎《居易錄》：奉國將軍隱之，名謀㙳，號厭原山人。博雅，精六書之學。則史氏失書可知也。

（卷七）

（萬曆）南昌府志·天寶洞

天寶洞在府城西八十里，西山最勝處。洞門有石泉，狀如水簾。宋嘗使投金龍玉簡於此。楊傑詩："天寶洞中如不到，西山原是不曾來。"

（卷三）

註：朱權曾於天寶洞構建精廬。

（同治）新建縣志·緱嶺

緱嶺，隸遊仙鄉。在靈峰西，與鶴嶺對峙。陳宏緒《寒夜錄》云：宋王迪（熙寧中人）為洪州司理，有仙術，跨鶴歷諸峰而去，姓同子喬，而跨鶴又同，因以洛中緱山名之。

（卷五）

註：朱權墓在緱嶺。

（同治）新建縣志·黃源

在城西南五十里。隸忠信鄉蕭峰下，瀠流六十里，合蜀水入牙潭。明寧獻王臞仙《遐齡洞天志》曰"仙源"即此也。其地有洞。

（卷七）

（1991年）新建縣志・跑馬窩

　　跑馬窩，位於石埠鄉西北部，處縣紅林林場境內，南北走向，長二百米，東西長一百五十米，面積四十五畝。

（第二章）

註：民間傳此跑馬窩爲當年寧獻王閒時跑馬之處。距朱權別墅不遠。

西山志略・天寶洞
〔民國〕魏元曠

　　天寶洞，洞門有泉，自崖飛瀑而下，狀如玉簾，名玉簾泉。

　　王咨臣註云："天寶洞，一名天寶極元洞，距南昌市六十里。"杜光庭《洞天福地記》云："十二洞天，屬洪州西山。周圍三百里。天寶極元之天，真人唐公成之。按杜光庭所言，天寶即西山，蓋總以西之千岩百巘胥統焉。俗僅以遊仙鄉之玉簾天當之，失洞天之實矣。世傳生米潭爲天寶南門，石鼻（鄉）爲天寶北門，其東抵吳城鄱陽之滸，其西抵錦江松湖之濱。環西昌之山，皆天寶也。

（江西人民出版社2002年王咨臣校註本）

註：南昌西郊西山天寶洞，爲道教三十六洞天之十二洞天。朱權所構精廬位於此。

江城名跡（節錄一）
〔清〕陳宏緒

　　寧王府，即今察院官署。正德末以宸濠謀逆遂廢。
　　始封寧獻王諱權，高皇帝十六子，生而神姿朗秀，白皙，美鬚髯。始能言，自稱大明奇士。好學博古，諸書無所不覽。洪武中冊封大寧，文皇帝踐阼，改封南昌。所居宮庭無丹彩之飾，覆殿瓴甋，不請琉璃。構精廬一區，蒔花藝竹，鼓琴著書其間，晚節益慕沖舉，自號臞仙。建生墳緱嶺之上，數往遊焉。所著《通鑒博論》一卷，《漢唐秘史》二卷，《史斷》一卷，《文譜》八卷，《詩譜》一卷，《神隱》《肘後神樞》各二卷，《壽域神方》四卷，《活人心》二卷，《太古遺音》二卷，《異域志》一卷，《遐齡洞天志》二卷，《運化玄樞》《琴阮啟蒙》各一卷，《乾坤生意》《神奇秘譜》各三卷，《採之吟》四卷，其它註纂數十種，經子九流星曆醫卜黃冶諸術皆具，古今著述之富無逾王者。又作《家訓》六篇，《寧國儀軌》七十四章。寧靖王女安福郡主，能屬文，尤長於詩。配孔景文亦善吟，居常聯章賡和，積成卷帙。主號桂華軒，有《桂華軒集》四卷，五七言詩一百七十餘首，聯句三之一。新喻胡憲副榮云："予觀集中《夏景詩》：'炎炎赤日景偏長，宮院無風亦自涼。安得片雲彌太宇，清陰幕幕遍遐方'，與唐詩'綠樹碧簷相掩映，無人知道外邊寒'者異趣矣。"主尤善草法。今集中數幅，筆勢遒俊，無花骨欹斜之態。

（《四庫全書》史部四卷二）

神隱志（摘錄）
朱權

　　九轉靈砂　愚人以爲火候太熱傷人，孰不知有神化妙理在焉。一錢靈砂，加朱砂、琥珀、珍珠、石菖蒲各一錢，棗肉爲丸，如黍米大。每服九丸，人蔘、石菖蒲湯下服之，其藥性徑至丹田以固元氣。此靈砂之功也。其壽若無百年，必過九九之數。謂陽氣不絕，不能死也。予常服之。

（明刻本卷上·攝生之道）

知命聽天 但人常要知止知命。老子所謂"知止不殆，可以長久"。生萬物，各有定分，切不可奇求。任爾用盡心力，便求的來做的成，終不長久。莫如且靜觀物我，巧者爲而拙者看，任他求奇，莫如抱拙。老夫祇是順命聽天。以樂此生足矣。

（明刻本卷上·攝生之道）

地窖 南方卑濕，不可用。營州遼陽彼處皆有，予昔封鎮於此。有撅其窖者，其窖於兵後以來二十□年矣。避兵之家所藏糧食以泥築，藏如山地之狀，而人莫識。開之，其穀穗帶桿，草成把。縛之，儼然如故。是知北方之地土無有濕氣土氣，又善能養五穀，又是莊稼一等好處。（下略）

（卷上·卜築之計）

對人鼓琴 宜對道流儒士有德義尚清致者、其龍鐘古老知古今之事者、尚黃老之學者。此數等人心清於物，而無塵俗之氣，是以不玷聖人之器，而有太古之風故也。俗謂"道人鼓琴，不清亦清；俗人鼓琴，不濁亦濁。況俗夫乎！若粗俗之夫，勇悍之士，喪門之人，惡疾之徒，有嗓腋之氣者，大宜忌之。是厭穢清物觸瀆玄音故也。

（卷上·草堂清興）

阮制 阮之制失於五代，而世無傳者久矣。予因觀畫有抱阮者，體其像而制之，另成一家，故今世方有阮焉。其絃品而自取音調爲之，亦可與琴瑟之並音也。造法：以桐木爲之，或梓木爲面則太重，莫若純用桐木者佳。背後亦立其名如琴之制。其渾身皆題其名贊，以快吾志，可又爲一代之制也。其尺寸制度，皆見予所制《琴阮啟蒙譜》。嗚呼！阮之失者，將八百年，而予又繼而成之，豈非物有盛衰，必因人而興也！

（卷上·草堂清興）

笛 龍虎山仙岩中所出竹，節長，一節可作一管。其聲又清遠可愛。予近

61

得鑌鐵笛一枚，清夜吹之，有裂石穿雲之聲，又比常笛不同也。

（卷上·草堂清興）

蒲草 西江天寶洞天、洪崖丹井二處所生石菖蒲九節者，種之一年。至春，剪洗一發，愈剪愈細，栽於石山亦可。若種炭上，炭必用有皮者佳。置一盆於几上，如夜間觀書，則收煙而無害目之患。若夜置於星月之下，至旦，取葉尖露珠以洗目，大能明目。久則白晝可以見星。

（卷上·草堂清興）

養猿 本是清物，道院中可置一枚。祇是不敢放出，必須鎖其項於籠中，則大殺風景。蓋猿形類人，而鎖其項，不亦醜乎？況又置於籠中，不亦悶乎？莫如不養。

（卷上·草堂清興）

養神龜 龜者，壽物。養庭檻中，可以愛玩。惟攝龜可養，腹下殼能開合，俗謂之夾蛇龜是也。此龜啖蛇，蛇甚畏之。庭檻中養此龜，則蛇不復至以致累。圃中多畜之，大能避蛇。予嘗養此龜於庭院間。一日大雨，雷電作，其龜於雨中以腳撐立，以頭向天，噴水如線，二三尺高，雨愈緊而噴愈急。是知靈物與天地之氣相合也。祇宜在道院書房內養，人家宅室院內置之。其子孫多致蹣跚之形，雖不足信，亦可忌之。如養綠毛龜，用膠泥、馬糞、蚯蚓糞同鱔魚血拌勻，塗擦龜背，置陰溝處，久即生毛。

（卷上·草堂清興）

幅巾深衣 時有不同，事有所宜。若文公家禮之制。今人有用之者，反以爲市井之笑。官府謂之妖人，往往見責，被其捶辱，可謂時風不古，衣冠反爲罪人，誠可歎也。今予之所製幅巾者，內不用梁冠，止一小束髮冠，外用一幅紗或綾絹，約三尺許。前貼一層爲邊，若網巾樣。用環二枚，以大帶二條，穿線於後，以帶仍又繫之於髻前，則更其製曰臞仙巾。深衣與道衣同制，上衣下裳，而作袖大不過一尺。邊用本色緣。使人觀之不吒其目，故不得罪於官長，亦不取笑於市人，謂與道人衣製相似也。就中之製，大不同焉，甚是高古好看。使軒皇之風再見於今日，非老夫其誰歟？更其製曰臞仙服。

（卷上·道具之屬）

天皇至道太清玉冊（摘錄）
朱權

清規儀範章
宮觀職名

南極長生宮新增十五職

藏史	管藏殿經籍。
知院	管道院一切事。
僉院	同前。
主翰	職專修撰文章，教授道童讀書。
訓師	管教訓道童齋法科教。
司籍	管錢糧簿籍一應文書。
直殿	管殿宇廊廡一應房屋。
直堂	管齋堂飲饌直事。
知賓	陪迎鸞儔鶴之事。
司廩	管一應糧儲。
司戶	管門戶出入之事。
司工	管修造之事。
司圃	管藥菜園菓園之事。
司牲	管犧牲畜養之事。
社主	管莊田春種秋收。

（《續道藏》本卷上）

宮殿壇墠章

閣　《韓詩外傳》曰：黃帝時鳳巢於阿閣。閣亦肇於黃帝也。世有祀天帝宮觀，建通明閣、紫虛閣、玉皇閣等名。此閣之始也。余於長生宮建壽星閣、天皇閣，爲民祈壽、祈穀。

天關 天關之名自余始之。余於南極長生宮建玉宸天關，左右列四天帝君：一曰承天輔教青靈帝君，一曰安邦柱國皓靈帝君，一曰保鎮國祚丹靈帝君，一曰制御萬神玄靈帝君。關之前有兩楹，有對曰："閶闔雲開來三界朝天之仙侶；穹窿日霽列四靈輔弼之神君。"

天門 《皇圖要紀》曰，軒轅造門户。然則門户之制，其在上棟下宇之後，晨昏啟閉以禁除暴曰門。古制有用二龍虎君者，有用二天丁者。今余所製，凡有天丁龍虎君者，爲之天關，無者爲之天門。以其祀上帝二清之所，乃太羅玉清之境，故以天門稱之。世俗不明理者，呼爲山門，又曰三門，去道遠矣。

缽堂 其堂乃四方鸞儔鶴侶棲真之所。自古名山仙跡之所有之。余於南極長生宮建造缽堂，名曰"棲真館"。揭其名於門楣。對曰："世間雲水皆居此，天下全真第一關。"

堂之前軒"華靈隱靄"之額。軒柱對曰："闡中國聖人之大道，襲上天仙子之遺風。"軒之中立啟關閉關之牌，中祀王重陽真人像。案設金木水火土，以相五行造化；及金蓮七朵，以表七真玄機，供列於前。中立全真缽架，下列水鼎，上懸五鈴一缽架，有對云："五鈴齊振弘開太極之關，一缽暫停再入泰玄之室。"兩旁對列坐龕一十四單，以"鉛、汞、子、丑、寅、卯、辰、巳、午、未、申、酉、戌、亥"爲號。

堂之柱對句云："默朝上帝升金闕，靜守中黃閉玉關。"左右有二廂房，左曰"鶴巢"，右曰"麟藪"。內設雲床一十四。坐臥事身品具齋饌器用等物，悉皆周備，以俟雲水全真棲息之用。世之作缽堂者，體此爲法。

庵 匡續，夏禹之裔，弟兄五人，生而神靈。長曰續，周武王時，與老子同爲柱下史。受老子之道，隱於潯陽。三人結廬於天池之峰，二人結廬於虎溪。道成沖舉，故名齊山曰匡廬。漢武帝封爲大明君。國朝改"君"爲"公"。此庵之始也。後遁世之士潛修至道者，結茅於岩壑之間，亦其事也。余故體其制結茅於遐齡之南峰，其地產靈芝，故名之曰"芝庵"。書其對曰："我居方外當離俗，誰信庵中別有天。"其庵內對曰："一室斗大寸心天寬，默坐凝神妙思玄造。"庵之下建白雲之丹室，書其對曰"棲白雲而煉大還，避紅塵而爲小隱"，以俟有道者居之。其路自飛升臺之南、地（註：當作遐）齡峰之西，有松杉之徑，周回曲折，而至其處。其徑中有額曰"白雲深處"。書其對曰："一壺天地小，無限野雲深。"將至庵所，其徑有額，曰"紅塵不到處"。書其對曰："靜裏日月長，閒中天地闊。"

　　臺　古之修道之士，有功成道備沖舉者，必隱名山仙地而上升。余於是立飛升臺於遐齡洞天遐齡峰之上，以俟成道仙儔，必躋臺上而沖升矣。臺上石柱有對云："九轉丹成舉步高奔紫極，大還煉就騰身直上青旻。"

（卷下）

天樂儀仗章

　　天真皇人曰：昔元始天尊演法，靈寶玄妙，超度法門，會集群仙於虛皇天寶之臺。諸天隊仗紛紜，日月星宿，璿璣玉衡，靈獸鸞鳳，丹輿綠輦，旛蓋霓旌，來朝天行道之士，開建壇陛，亦遵上天之儀，以度下世兆民者也。余嘗於空中見天人之羽幢絳節，龍旗鸞輅，乃體其制，改其古法，創爲仙杖，其像如左。（圖略）

冠服制度章

　　結巾　余始製也。以玄色爲之。冬夏各有二樣。不拘紗帛，自成一家制度，不同於俗。非王者不宜用。

　　雪巾　余始製也。以玄色苧絲爲之，以天鵝皮爲裏，凡雪天嚴寒，皆用之以護腦。

　　通天冠　余所製也。內用束髮，冠頂用三臺，前南斗，後北斗，左右用日月，上用卷雲之冠，以纓繫之，衣通天服則戴之，謂之主冠，非王者不敢用。

　　通天服　余所製也。服用玄色黃裏，上衣下裳。胸前用朱雀，背後用玄武，左肩用青龍，右肩用白虎。以表四靈，皆用織金。前用龍虎二帶。下裳用十二幅以應十二月。用邊襴，所以取範圍之象，乃帝王得道飛升沖舉之冠服也。及奉天祀神用之，非常人所宜也。

　　震靈杖　其全真皆用淨鏟，爲便於除糞也。甚鄙之，太俗。余乃以銅爲如意，其竿長六尺，下用鐵鑽，有鈎，搭掛包於其上，上掛藥壺丹經於如意之上，自余始之。

朝修吉辰章

　　五月初一日　延生節。太上老君傳三天正法付漢天師。天帝游東井。南極沖虛妙道真君下降。

註：五月初一，朱權生日。

　　十二月二十一日　諸天真入朝，元始三清五獻下降。南極沖虛妙道真君遇仙。

　　十二月二十七日　北極北斗下降。真武下降。南極沖虛妙道真君受道於普度真君。

（卷下）

註：朱權在《天皇至道太清玉冊》中記述其所建南極長生宮中之設置、制度等，多与其生平、道教信仰、道教思想觀念相關。選錄如上。

南極長生宮碑記
〔明〕胡儼

　　南極長生宮在豫章西山之仙源。峰嵐奇聳，蜿蜒盤礡，沖氣之所鍾，靈秀之正脈也。

　　西山乃道家三十六洞天之十二洞天，而仙源之水出自蕭峰，瀠洄六十餘里，湊筠河而會大江，山川環合，天造地設，非尋常山水之可擬倫。然造物者隱秘久矣，必有大福德而後當之。寧王殿下建壽宮於兹，豈偶然也哉？蓋神之所相，龜筮之協從也。

其壽宮之前創造琳宮一所，以祀南極。於是請命於朝，奉敕賜額曰"南極長生宮"，親親之眷遇隆矣。王乃命儼爲碑以記之。儼既奉王命，悚息不遑，乃秉翰而書之。

《漢志》云：西宮瑤池，其東有大星曰狼，狼下四星曰弧直、弧北。地有大星曰南極，常以秋分之旦見於丙。見則治平，主壽昌，此南極之主壽徵者尚矣。

是宮之建，前殿曰"南極"，後殿曰"長生"，左曰"泰元之殿""沖霄之樓"，右曰"璿璣之殿""凌漢之樓"。"長生"後是爲"壽星閣"，閣之前置石函以記修真之士六十年之期，遂於遐齡峰頂建飛升臺以俟沖舉者。

宮之前曰"遐齡洞天"，中門曰"壽域"。宮之門曰"敕賜南極長生宮"。宮門之外有"醉亭"，以爲群真樂道燕享之所。閣之左有圜室焉，以居雲遊修真之士。又築神丘於宮之側，蕭仙坪之下。而宮之制，地位高明，規制宏敞，美哉輪奐，超出塵氛。近拱以層巒，遙挹乎飛翠，金芝瑤草，遠邇苾芬，白鶴珍禽翺翔上下，靈光發舒，隱見莫測，誠所謂仙真之窟宅，靈秀之攸鍾也。

其創造也，經始於正統戊午之孟秋，告成於正統甲子之季秋。凡是邦得於瞻仰者，咸謂猶方壺蓬嶠飛落青天，煙雲縹緲，不可得而親也，唯有讚歎而已。儼乃再拜，復推本而爲之言曰：

> 昔太祖高皇帝龍飛淮甸，杖黃鉞，秉白旄，掃群凶於艱危之際，救生民於塗炭之中。誕膺天命以撫方夏，恩覃萬類，功德大矣。是以垂裕子孫者，永之無極。而王乃高皇帝第十六子也。聰明雍肅，本於天性；敬慎威儀，出於世表。端居靜念，默契神明。嘗告儼曰："初，永樂壬辰仲夏之月，精神感通，若有天真告曰：'南極九十宮之位，即爾位也。可以蕭仙坪曰緱嶺者建南極宮，求有道之士住之。其宮若成，世之人白髮扶杖者多矣，亦可爲爾終焉之計。'此宮之所以作也。"於戲，神哉！

儼每觀真誥陶隱居所錄楊、許諸君，與群真接待授受之事，意謂修真之士超見得道者固如此，隱居之錄必不虛也。今王高出世表，其神明之友蓋未易淺近窺焉。既書其本末示後世，乃爲之銘曰：

大江之西，山川盤礴。斗牛之墟，昭茲方嶽。維王更封，式佐家邦。維藩維屏，永世無窮。王克敬恭，荷天百祿。時庸展親，茂膺百穀。維王端居，默通神明。天真告祥，是曰靈微。靈微維何？徵在壽宮。郁草茂林，緵嶺蕭峰。沖和之會，靈秀攸鍾。左環青龍，右踞白虎，玄武迴旋，朱雀翔舞。金精融液，實虛上元。惟德是君，事豈偶然。王不自專，請命大廷。南極長生，敕賜之名。維王拜賜，受命於天。王曰：噫嘻！作善降祥，壽考斯延。以保子孫，無替厥服，於萬斯年。

（民國魏元曠《西山志略》卷四）

秋鴻曲
〔明〕胡儼

朔風天雨霜，肅肅鴻雁行。銜蘆惜遠別，出塞更高翔。蕩漾煙波遠，飄飄雲路長。歲晏無繒繳，時豐多稻梁。呼群下彭蠡，列陣渡瀟湘。歷歷鳴遵渚，依依影隨陽。弟兄幸無恙，各在天一方。抱琴對明月，哪能奏清商。

（《頤庵文選》卷上）

註：胡儼（1361—1443）。字若思，號頤庵。洪武十三年（1380）以舉人授華亭教諭。永樂元年（1403）擢翰林院檢討，歷遷國子監祭酒。《太祖實錄》《永樂大典》皆為總裁官。晚年致仕歸南昌。受成祖託，規勸朱權。此詩與《神奇秘譜》中所收《秋鴻》曲相關。見以下朱權作《秋鴻》。

斗南老人集（選錄）
〔明〕胡奎

三月二日陛辭欽蒙賜賚
賢王開國大江西，侍從朝辭白玉墀。曙色飛回雙闕鳳，春聲唱徹五門雞。

煙霏縹緲凝丹宸，天語從容降紫泥。慚愧微臣蒙賜賚，姓名親向御前題。

（《四庫全書》本卷三）

註：胡奎（1335？—1408），字虛白。浙江海寧人。永樂元年（1403）隨朱權之南昌，五年後辭老還鄉，三年後去世。以上三首及以下《扈王駕出都城》皆寫於胡奎受成祖命爲寧王世子磐烒師，隨寧王就藩南昌之時。《斗南老人集》爲胡奎晚年返鄉後輯，臨終前遣其子送往南昌，朱權爲作序，寧王府爲之刻印出版。《四庫全書》集部收。原書按文體編排，本集改按寫作時序先後列。

扈王駕出都城

三月三日天宇晴。千官扈從出瑤京。桃花水動黃龍舫，柳絮風揚翠羽旌。
寶曆萬年宗社固，金城百雉瘴塵清。白頭奔走慚何後，載筆題詩紀遠行。

（《四庫全書》本卷三）

次徐指揮韻

賢王開國樹旌幢。上將西來鎮大江。天上麒麟今有幾，斗間龍劍本成雙。
歌回金縷風生席，讀罷青編月到窗。賴有麻姑酒價賤，興來何惜玉爲缸。

（《四庫全書》本卷三）

註：據詩意，題中之"徐指揮"，當爲寧王府護衛軍指揮，隨寧王赴南昌者。

五月一日千秋節

鳳曆紀初元。龍飛御九天。賢王開大國，宗社鎮長年。東井回羲御，南風入舜絃。
階蓂晴散雨，宮樹曉晴煙。樂奏彤庭上，班齊紫殿前。鳴珂穿柳過，清漏隔花傳。
律應蕤賓節，星當翼軫躔。菖蒲浮玉醴，葵萼照瓊筵。自愧龍鍾老，叨陪雁序聯。
願言安社稷，餘慶福綿綿。

（《四庫全書》本卷三）

註：五月一日，朱權生辰。

敬進寧王殿下仙人好樓居三章

仙人好樓居，乃在青雲中。金窗洞然開，咫尺與天通。上有太古音，被以龍門桐。
左招廣成子，右揖浮丘公。憑虛覽八極，呼吸凌洪濛。壽與天地並，逍遙樂無窮。

仙人好樓居，乃在蔚藍天。東西九萬里，日月相周旋。上有飛霞佩、五鳳何翩翩。
左招王子晉，右揖洪崖仙。含和煉金魄，至眞洞玄玄。無爲以清淨，寄傲羲皇前。

仙人好樓居，下瞰凌虛臺。雞鳴海色動，萬里雲霞開。上有白玉虯，騎之上蓬萊。
左招梁園客，右引鄒與枚。吹笙弄明月，八鸞以徘徊。俯視一泓水，終古無纖埃。

（卷一）

註：南昌西郊西山爲道教、佛教聖地，傳有仙人蹤跡。朱權曾建別墅於此。

學古軒

張公志於學，古貌又古心。尚友古之人，自言古猶今。古人不復作，古道良可欽。
齋居古以樸，悠然澹冲襟。手援綠綺琴，中有山水音。願揚太古調，一洗里耳音。

（卷一）

註：參見後《奉張公子歌》註。

朱鶴

煉得丹砂頂漸紅。養來馴狎不須籠。桐門立轉三更月，尚想聲回碧落風。

（卷三）

註：朱權《神奇秘譜·鶴鳴九皋》解題云："予嘗畜二鶴於琴院竹林之間。或顧影而對舞，或雙飛而交鳴，必有時焉。"

題敬賜內侍竹溪道人蔣康之詩卷

昔聞蔣詡開三徑，今見此君臨一溪。月色倒流天上下，秋聲多在屋東西。
路從翡翠巢邊過，詩向琅玕節下題。好約仙人吹鳳管，高開長共碧雲棲。

（卷三）

註：蔣康之及以下李吉之、蔣怡之等，皆寧王府敬賜內侍兼琴生。曾參與《神奇秘譜》之編製。參見朱權《神奇秘譜序》。

題敬賜內侍桂岩道人李吉之天香深處手卷

吹君玉龍管，酌我金螺杯。聽我歌天香，天香何處來。廣寒宮闕高崔嵬，黃金布地瓊作臺。吾不知當時老桂樹是誰親手栽。但見月圓則榮月缺則摧。九十萬里顧兔東西走不息，歲歲花從天上開。請君花下飲，一笑舒君懷。百年此興能幾回。霓裳歌，羽衣舞。足踏虹橋上天府。天香吹人千萬古，願持此香蘇下土。

（卷四）

題敬賜內侍蘭谷道人蔣怡之詩卷

有美人兮山之阿，牽白雲兮被女蘿。抱鳳凰之綠綺，濯冰絃於絳河。倚丹崖兮飲山淥，采幽芳兮結纕服。挹清風於九畹，彈《廣陵》之一曲。思美人兮不可招，何以報之瑛瓊瑤。含奇芬兮承湛露，期永好兮同逍遙。（卷四）

題敬賜內侍鞠大亨梅花洞天詩卷

我聞羅浮古洞天。縞衣玉骨皆神仙。南枝北枝自冷暖，古月今月同清圓。開元供奉酒一斗，孤山先生詩幾聯。青鳥窗開莫啼夢，且容老子弄嬋娟。

（卷四）

奉張公子歌

戚里張公子，古貌又古心。面若一尺玉，心如百煉金。碧樹陰陰繞茅屋，不惜黃金買書讀。有時夢到羲皇前，河洛圖書看不足。白晝呼童掃落花，高開真似野人家。堂上靈椿八千歲，彩服裁為五色霞。白頭邂逅洪都市，令我見之心即喜。今人容貌古人心，一曲長歌吾老矣。

（卷四）

註：稱戚里張公子，當為寧王張妃戚屬。張妃父張泰時任贛州兵馬指揮同知。家居南昌。

余辭老還家作中秋見月歌一章留別張公子

我行鍾陵道，五見中秋月。明月流中天，既圓還復缺。月圓月缺可奈何，今年照見病維摩。舉頭見月發大笑，白髮較比來時多。來時黑髮今盡白，玉兔有丹醫不得。百年三萬六千朝，願照年年好顏色。張公子，留侯孫。臨風共爾傾一樽。今古乾坤有清氣，此趣勿與它人論。明當載月東吳去，掛在海門山頂樹。唯有相思一寸心，夜夜莫忘看月處。

（同上）

寄柴野愚（二首）

（一）

野愚釣者近如何。占得西山雨一蓑。茶竈筆床天上坐，往來渾不怕風波。

（二）

野愚釣者近何如。不寄雲中錦字書。誰信兩潮東海上，老夫日日候雙魚。

（卷五）

註：柴野愚，明初江西新建人。不見他處記載。朱權《太和正音譜·樂府三百三十五章》收其北曲三章。

老至

今晨對明鏡，始知吾老矣。五年寓洪都，思家二千里。
江流直如絃，風帆疾如矢。西山有白石，可以礪吾齒。

（卷一）

除夕

五年為客在洪都。紅燭花前酒滿壺。今日還家筋力倦，笑看兒女進屠蘇。

（卷五）

辭世頌

先生易簀之際作是頌，命其子書而進之，頌畢而終。此可見忠愛之心始終無替也。

臣有一寸葵，扎根空谷間。中有向日心，炳如九還丹。日照葵在地，葵傾日在天。由來忠義者，存歿無不然。臣心願如葵，日照千萬年。

（卷一）

註：此詩係胡奎臨終作以獻寧王者。詩前小序疑爲朱權作。

續書史會要（節錄）
〔明〕朱謀垔

　　嚴肅，官翰林院學士。寧獻王評其書"神怪莫測，如雲霧輕濃之態，頃刻萬狀"。

　　鄭孟宣，寧獻王評其書"如龍劍躍水，天馬馭雲。惜乎罕見耳"。

　　莊麟，字文昭，京口人。官縣尉。寧獻王評其書"如霓旌煙駕，碧落空歌，飄然有凌雲之氣"。

　　左贊，字時翊，江西南城人。自幼穎異，學《春秋》於姚太宰大章，學書於程太常南雲。未冠，博極群書。寧獻王聞其名，使賦玉界石，援筆立就。王稱賞曰：秀才詞翰雙美，不易得也。以所作草書賜之。天順丁丑登進士，歷官至廣東右布政。

（《四庫全書》本不分卷）

玉芝堂談薈・書畫鑒賞好事（節錄）
〔明〕徐應秋

　　書畫有賞鑒、好事二家，其說舊矣。若求其人。則自人主、侯王、將相以至方外衲子，固宜有之。張彥遠云："有收藏而不能鑒識，能鑒識而不善閱翫，能閱翫而不能裝褫，能裝褫而無詮次，皆病也。賞鑒家：漢武帝、元帝、明帝、靈帝、魏高貴鄉公……元文宗、趙承旨孟頫、虞學士集、柯博士九思、倪山人瓚、楊提舉維禎、明寧獻王、周憲王……。好事則唐張侍郎昌宗……。若唐李、王，宋之楚、蔡，明之毛、陸、朱，可微兼賞鑒。若乃寧庶人宸濠，嚴逆人世蕃，蓋富貴貪婪之極，而旁及於此，固不可以言好事也。

（《四庫全書》本卷三十）

遵生八箋（摘錄）
〔明〕高濂

　　圜室　臞仙曰：圜室之制，人各不同，予所志者取法於天地範圍之理，上圓下方，經一丈，有二中隔。前後二間，前間開日月圓竅於東西，以通日月之光。後間於頂上孔開窗撐放，以取天門靈氣。艮上塞戶令不通達，以閉鬼戶之意。此余所製也。

（《四庫全書》本卷七）

　　書枕　臞仙製。用紙三大卷，狀如碗，品字相迭，束縛成枕。頭枕上卷。每卷綴以朱籤牙牌，下垂一曰"太清天籙"，一曰"南極壽書"，一曰"蓬萊仙籍"，用以枕於書窗之下，便作一夢清雅。

　　仙椅　臞仙云：默坐凝神運用，須要坐椅寬舒，可以盤足。後靠椅製後高扣坐身作荷葉狀者，為靠腦。前作伏手，上作托頦，亦狀蓮葉。坐久思倦，前向則以手伏，伏手之上頦托。托頦之中，向後則以腦枕靠腦，使筋骨舒暢，血氣流行。

　　臞仙異香　沈香檀香（各一兩），冰片麝香（各一錢），棋楠香、羅合、欖子、滴乳香（各五錢）"九味為末，煉蔗漿合和為餅，焚之以助清氣。

　　臞仙曰：江上一蓑，釣為樂事。　釣用輪竿，竿用紫竹，輪不欲大，竿不宜長，但絲長則可釣耳。豫章有叢竹，其節長又直，為竿最佳。竿長七八尺，敲針作鈎，所謂"一鈎掣動滄浪月，釣出千秋萬古心"。是樂志也，意不在魚。或於紅蓼灘頭，或在青林古岸，或值西風撲面，或教飛雪打頭。於是披蓑頂笠，執竿煙水，儼在米芾《寒江獨釣圖》中。比之嚴陵、渭水，不亦高哉！

披雲巾　踏雪當置臞仙雲巾，或綿或氈爲之。區巾方頂，後用披肩半幅，內絮以綿或托以氈，可避風寒。不必風領暖帽作富貴態也。（同上卷八）

臞仙"琴壇十友"　冰絃，玉軫，軫函，玉足，絨刷，琴薦，錦囊，琴床，琴匣；替指，以鶴翎造，火烙爲之。

琴譜取正　琴師之善者傳琴傳譜。而書譜之法，在琴師亦有訛者。一畫之失，指法即左，以訛傳訛，久不可正，琴調遂失真矣。故琴非譜不傳，譜非真反失其傳也。近世以寧藩《神奇秘譜》爲最，然須得初刻大本。臞仙命工挍訂，點畫不訛，是爲善譜，可寶。若翻刻本，不足觀矣。又《立風宣琴譜》亦可。外此何止數十家刻譜，無不訛者。余自燕中得故家琴譜，抄錄精細，調法俱善，欲刻未得。若欲求譜勾剔字法全備，並手勢形像飛動，在臞仙所刻《太古遺音》一書，最爲精到。奈坊中僅存翻本，使人恨不多見。臞仙留心音律，無不窮奇索隱。若詞曲之《太和正音譜》，按律正腔，知音孰能過之？宜乎琴譜之精，莫之與並也。

（同上卷十五）

明儒言行錄（節錄）
〔清〕沈佳

張元禎，東白先生，字廷祥，江西南昌人，天順庚辰進士，仕至吏部左侍郎。公生而靈異，五歲出語驚人，寧獻王聞其名召見之，命爲韻語，回應無窮。有"心定萬事定"之句。王驚曰："異哉！斯童他日必爲國家偉器。"都御史韓雍得其文，奇之，以爲有"千里長江"之勢。

（《四庫全書》本卷五）

註：《藩獻記》云："江右俗固質樸，儉於文藻，士人不樂聲譽。王乃弘獎風流，增益標勝。"《續書史會要》所記及前後文所及之張元禎、張槃、胡奎、柴野愚等皆屬之。

集方環山齋題明寧獻王畫
〔清〕厲鶚

寒齋延明曦，壁訝數峰接。其下松檜陰，鬭水穿石折。岩扉中有人，停琴展幽牒。侍立雙玉童，衫袖空翠裛。我疑盧鴻一，期仙蹤可躡。諦觀出寧藩，珍重墨林笈。高皇十七子，龍種可躞躞。晚年慕沖舉，自抑金川捷。幸非七國敗，思與八公揖。此圖寓意耳，深蘿神隱愜。渾如匡廬雲，尚裹草堂頰。太息南昌城，空宮填落葉。

（《四庫全書·樊榭山房集》續卷四）

構精廬
〔清〕龍文彬

東遼左，西宣府。幽都形勝膴可鹽。家令倘肯發智囊，朵顏三衛餘勇賈。密謀攻守牽北軍，安得縱橫躪南土。齊黃不來燕王來。兄弟握手淚滿懷。帶甲百萬車六千，單騎簸弄如嬰孩。縱遜周公破斧斨。豈輸梁孝畫睢陽？"中分天下"竟何在？一椽精廬老南昌。控制猶沿卓敬策，四傳乃有蛇唊室。

（《明紀事樂府》清光緒十一年永懷堂刻本）

註：龍文彬，江西永新人。著有《明會要》。

過宸濠故居弔婁妃
〔清〕李紱

女智莫如婦，吾常聞斯言。不用婦言敗，宸濠無乃顛。聽言及蒭蕘，況乃妃匹賢。戰敗悔心出，無端為禍先。有來告妃烈，若杵投深淵。拱手謝虔撫，先生勿棄捐。是嘗苦口諫，規琠吾之愆。吾聞婁一齋，理學承薪傳。賢淑見諸孫，大節光逆藩。陽明昔志道，婁公啟先鞭。於妃宜敬恭，世講名淵源。髹櫬葬以禮，彼昏徒拳拳。寧封自太祖，獻王尤光前。至濠忽然歿，人也匪由天。分胙失茅土，窈窕鬱黃泉。遺宮作官廨，草茂寒秋煙。炯戒千萬年，忠孝宜弗諼。

（《穆堂類稿》轉引同治《南昌府志》卷一）

註：婁妃，宸濠妃。名素珍。理學家婁諒女孫，婁性女。宸濠欲反，婁妃力諫，宸濠不聽。反叛失敗，婁妃赴水自盡。李紱，清江西臨川人。康熙時歷任吏部禮部戶部侍郎及巡撫、提督等職。

江西新建明朱權墓發掘報告
陳文華

朱權墓在新建縣西山垾里鄉黃源村西約500米的緱嶺東麓，距南昌市八一橋約30公里。江西省文管會於1958年10月29日—11月20日，進行了發掘工作。墓外表爲一大封土堆，長約50，寬約15米。封土之前有一道用青磚砌的攔土牆，封土堆的頂部又有一道用石塊砌的攔土牆（後經發掘知磚牆下面即墓門，石塊牆下即墓之後室）。在兩道攔土牆之間以及石塊攔土牆後面，保存有一些牆基和柱礎，地面及土中散有磚石及琉璃瓦飾殘片。

在磚砌的攔土牆前面爲一平地，地面有柱礎六列，分布整齊，證明當時曾有建築物。平地的左、右、後三面有牆基，後牆基之外尚有柱礎三個，似乎說明這座建築物的後面還有廊子。平地前面又有方形平地向前突出，可能是月臺的遺跡。月臺之前，有磚砌的礓磜。據明國史總裁胡儼《敕封南極長生宮碑》一文的記載，現有柱礎的地方是當時的長生殿，而左右前三面的牆基，在前面的爲南極殿，在左面的爲泰元殿及沖霄樓，在右面的爲璿璣殿及凌漢樓。

在南極殿廢基前十餘米處，有碑座一座，碑座前數十米亦有廢屋基及琉璃瓦片，證明當時這裏也有房屋。胡儼說"宮門外有醉仙亭"。這裏可能就是亭的遺址。再前數十米有單孔小橋，橋面橋上均爲泥土壅塞，成一涵洞。橋前左右各有八棱形的石華表一個，高6.9米，每面寬0.26米。頂上各有石獅一隻。華表各面均刻符籙。在北的一個，正東一面刻有"紫清降福天尊永劫寶符"。符形之下有文云："此宮之作，因極降靈，今建是宮爲生民祈壽，於是奉聞大廷，敕封南極長生宮，上祝聖壽萬年，宗支悠久。"在南的一個，正東面刻"青華丈人護世長生真符"。符形之下有文曰："皇明天曆正統柒年歲在壬戌拾二月拾陸日，南極沖虛妙道真君立，永鎮是宮，與天長存。"石華表前數十米的水田中，左右各有石碑座一，相對陳列，惟無碑身。

一、墓室結構

該墓埋在封土堆下面，墓頂離表面約5米。全部用素面青磚結砌而成，祇有少數地方使用石料。

墓坐西朝東。墓門外面左右兩側各有磚牆一道向前伸出，兩牆相距1.6米，兩牆之間有礓磜，自牆的前端牆頂下0.6米處起，逐漸向內下斜以達墓門之外。發掘時，在礓磜之上，兩牆之間發現一土臺，臺上鋪方磚，磚上置壙志一方，壙志之上又鋪以方磚。在建築上，這副壙志與墓室無關。

在兩牆之間，自礓磜的下端起，砌兩道封門牆，高與兩側牆同。

墓門寬2.2，高2.6米，門板爲插板式，用寬各2.4米的青石板三塊上下相接，高及閘的拱頂相齊，而左右兩端插在立於門拱兩側的石柱槽溝之內。中間一塊石板，已經斷裂爲二。

門內爲前室，寬3.3，深2.2，高4.55米。

前室之後爲二道門，爲雙扉樞軸式。各用大青石板一塊製成，表面磨製光滑，門上各有鋪首。門扉後面用一石柱斜撐着。此石係將下端放落在槽裏，上端依靠門板上，自外關門，石即自動落下，外面無法推開，即所謂自來石。

二門門內爲次前室，寬3.5，高4.5，深4.3米。

次前室後爲三門。三門構造與二門同，但門後未用自來石，祇掩闔而已。門外有踏跺二級。

三門門內爲中室，深5.9，寬4.6，高4.5米。

中室左右各有券門可通左右耳室。耳室地上靠後半部分，各有一棺臺。

中室之後也有券門以通後室，後室即本墓主室。

深10.18，寬4.58，高4.3米。後室中有棺臺高0.45，長3.3，寬2.4米。左右兩壁距棺臺的左右前角不遠之處，各有一圓拱形壁龕。深0.65，高1，寬1米，龕底距地面0.7米。後牆正中距地面1.05米也有一壁龕，龕兩旁用紅石作八棱柱，柱下有礎，柱上有正心枋，枋上有斗栱以支持出簷。簷椽、飛簷椽、瓦椽及正心枋均用紅石雕成，線條剛勁，雕工精美。

該墓自礓磋的前端起到後室壁龕後牆爲止，全長31.7米。自左耳室後牆至右耳室後牆通寬是21.45米。除礓磋部分不算，包括大小六門構成一個平面。

十字形的大墓室（圖一）。各間俱爲券頂，地面鋪方磚，牆基全用長方形石塊。各間地面及牆壁表面都有一層自牆外滲透而來的石灰質粉末，潔白如雪，疏鬆輕脆。

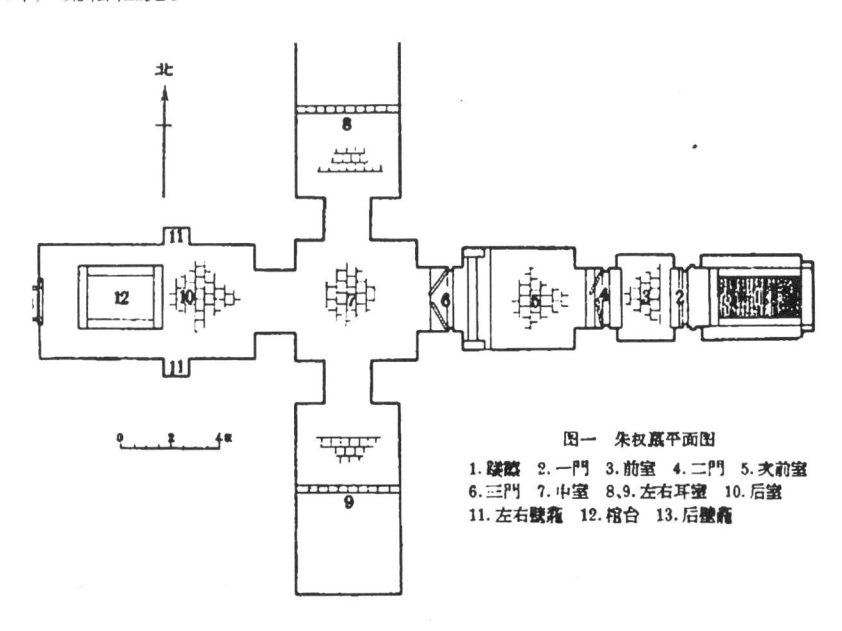

图一　朱权墓平面图
1.礓磋　2.一門　3.前室　4.二門　5.次前室
6.三門　7.中室　8,9.左右耳室　10.后室
11.左右壁龛　12.棺台　13.后壁龛

二、隨葬器物

此墓雖大，但器物不甚豐富。前室、次前室及右耳室空無一物。中室地面上散布著一些腐朽了的木俑和木俑手中所執的器物，如刀、小宮燈等。後

室棺臺上僅放朱權棺木一具，已腐朽潰裂，僅可看出兩頭用大杠朱漆，顏色鮮豔。棺蓋、底和兩側的末端刻有折曲，即俗稱荷葉頭的圖案。朱權屍體腐而未潰，手足伸直，仰身而臥。口內含一小金錢。屍體下墊有木柵，柵下有木屑，似爲檀木或柏木木屑。柵上鋪布帛，帛上排有大金錢二行，每行六枚。頭髮插有金簪，肋部有銀挖耳器，右手扶一手杖。腰圈玉帶，胸部有兩頂道冠。頭部亦戴漆製道冠。身穿金線雲紋道袍，但已腐爛如泥，衹剩殘片。

棺臺左前方地上有些殘碎漆皮，似爲一張七絃琴的輪廓。可能是朱權生前使用的樂器。

棺臺前地面上亦有腐朽的木俑。棺臺左右兩側放有6件木牌區，後室左壁龕放有5個白瓷罐，內有黃棕色液體，似爲油類。右壁龕內有銅質小暖鍋、湯匙、套杯等飲食用器。棺臺後面壁龕上放有小銅鏡、剪刀及錫製鎏金明器十餘件。

1. 金銀器

金錢13件。均無文字圖像。

金簪2件。呈釘形。

手杖1件。杖身已腐爛。杖上端有金飾，形如圓蓋，頂端有半球形藍色寶石一顆。手杖下端有銀質□，呈筒狀。

銀挖耳器1件。

2. 玉器

玉片20件。用白色羊脂玉製成，有長方形、心□形、小長方形、一端方形一端呈圓形數種。各玉片均出現於死者腰部，但次序零亂，已不成帶狀。各玉片背面每一角隅都有孔一對，一自左斜穿向右，一自右斜穿向左，兩孔相通，繫穿引絲帶之線孔。同時還出現一些木片，形狀與玉片相似，也是腰帶上的飾物，已腐朽如泥。

3. 錫器

此墓出土錫器較多，但都是特製明器，形體很小，高度和直徑多在5釐米以內，最大不超過10釐米，外表均鎏金。

鼎 4件。一件無蓋，其餘均有蓋。蓋旁各有二環，並有短鏈小提梁。

煮壺 1件。剖面爲凸字形，上端爲口，口旁兩耳，把較高。

有托茶杯 2件。托有喇叭形圈足。

高足杯 1件。有喇叭形圈足。

套杯 1件。裏面套有一杯，上有蓋。

燭臺 2件。足爲喇叭形，中間有盤，盤上有插燭管子。

燈檠 1件。足爲喇叭形。

板鼓 1件。周圍有小圓點表示鼓釘，受擊一面向上凸起，與現在打擊樂器中的板鼓相似。此外尚有爵1、盤11、碗2、筷子4、勺1、瓶4、茶杯2、壺4、盆1及一些小甲片。

4. 銅器

亦爲明器，形體甚小，如同玩具，外表多鎏金。

馬燈 1件。樣式與現在馬燈一樣，高祇3釐米。

鏡 2件。一大一小。大的出於棺內死者頭前，直徑18.2釐米。背面有蘆雁浮雕，並有一人披衣席地而坐，抬首遙望，一童子侍立其後。小的出於壁龕內，徑5.7釐米，無紋飾。

盤 1件。直徑12.2釐米。

剪刀 1件。與現在剪刀相似。

鑼 1件。與現在所用的平鑼相似。

箱飾 11件。爲小木箱上的銅飾，木箱腐爛，祇剩銅片。

斗形器 3件。銅片製成，下大上小，略如四方形的斗，不知何用。

此外，有銘旌頭、鎖、勺各一件。

5. 鐵器

匕首 6件。長16.5釐米。

鎖 2件。長9釐米。各有鑰匙。

不知名鐵器 4件。以30釐米長的鐵絲於一端繞成環形，中穿形如制錢的鐵片四個。推想可能是小宮燈的柄。

鐵環 4 件。每環之上有銅絲紐的小鈎四個，用途不詳。

6. 木器

木牌區 6 件。兩件已無柄。柄直徑 4.5，長約 118 釐米。上端有木板，寬 28，厚 1.3，長 40 釐米。兩下角成圓形，上橡成三尖狀。板面或繪雲紋或繪成"亞"字，或繪斧鉞，爲出殯時之儀仗。

木俑均已腐爛，不知數目。木俑殘跡旁邊有鐵匕首、小馬燈、小鐵環和小宮燈等器物殘件，推想當時這些木俑應有的執刀，有的騎馬，有的提宮燈，當爲儀仗、女使、武士等俑。

7. 瓷器

白瓷罐 6 件。五件出於左壁龕，一件出於後壁龕。係裝油類之用。出土時，罐內尚有黃色液體。

8. 壙志

志、蓋各一。用青石板製成。二者相貼，用二道鐵箍套着，置於門外礓磉上。志、蓋都是 91 釐米見方，四周有 6.5 釐米寬的花邊，以龍戲珠爲圖案（圖二）。蓋正中書"故寧獻王壙志"六個篆字。（註：壙志文見前，此略。）

9. 其他冠 2 件。

一件用絲麻織製，如古時的玄端。金梁金緣（皆用金紙），口呈橢圓。
一用漆製，與現時道士所戴無異。從棺內的衣服殘片觀察，知爲道袍。可知朱權入殮時是道家裝束，這與他晚年好道以及所謂"南極九十宮"之說有關。

關於朱權的生平，由於壙志的發現，可糾正史書上的幾個錯誤。《明史·朱權傳》稱朱權爲朱元璋第十七子。《朱氏八支宗譜》則說是十六子。壙志載明朱權是十六子。《朱氏八支宗譜》《寧獻王事實》都說朱權生於洪武十年，享年七十二。今壙志則說生於洪武十一年，享年七十有一。壙志應較可信。朱權至大寧之年，《宗譜》及《寧獻王事實》均作二十六年，壙志作二十七年。

朱權改封南昌之月，《明史》作"永樂元年二月"，《寧獻王事實》作"二月己未"。壙志別爲"三月初二"。

（壙志拓片略）

（《考古》1962年5期）

註：陳文華（1935—2014），福建省廈門市人。原江西省社會科學院副院長、首席研究員，第八、九屆全國政協委員等職。朱權墓發掘時任江西省考古隊隊長。

又：朱權爲十七子不誤。因第九子朱杞兩歲殤，不計則稱十六子。

第二卷 朱權作品選輯 含存世著作序跋文等及散佚作品

說明：朱權作品散佚甚多。有些詩詞曲作品，偶爾見於其他選本者，蒐羅於此，可與下卷《朱權著作述錄》參看。

【一】序跋輯錄

通鑒博論序

　　三鑒可昭乎盛世，六箴當出於明時。以銅爲鑒，可以正其衣冠；以古爲鑒，可以知其興廢；以人爲鑒，可以明其政治；舉丹扆之六事，可以葳其大寶。雖切於政治之一時，不能戒將來於萬世。徒知治天下之至難，而不知治天下之至易曰無爲；而知其至易，殊不知尤有至難者，曰在德。嗚呼，前言往行，聖不世出。道德寖乎九經，禮樂弛乎五典。必因聖主而興作，必用稽古以考文，斯則治道之良規，宗社之長策也。欽惟我　父皇繼天述治，懷寰區之元元，慮胤胄之膺期。乃命某爰輯韋編，芟其繁蕪，摭其興替，繩其妍媸，用加褒貶，啟迪後人，匡救其弊，永綏天祉，使其日習讀誦，爲子孫教誨之義方，知夫興亡之可懼也，善惡之可徵也。一以贊襄皇極，一以模範神裔。獻乎帝廷，

　　耀乎天府，暨乎無窮，爲　皇明一代之制作，又何下九齡千秋之寶鑒。某不愧譾材，自書引語，弁諸首章，不勝戰慄之至。

　　洪武二十九年五月初九日寧王頓首謹序。

（明萬曆內府本）

　　註：凡原書敬體提行處，本文皆以空格表示。下同。

進通鑒博論表

　　寧王　誠惶誠恐稽首頓首　上言：

伏以某聞孔子作《春秋》而亂臣賊子懼之，司馬著《通鑒》而聖帝明王法焉。典謨訓述，厥張堯舜之仁；《周》《召》二"南"，覃被武文之化。聿嚴治亂，綜覈鴻規，大業豐功，光昭簡冊。啟前聖之華勳，爲後人之高抬貴手。金縢載德，刀筆刑奸，汗簡無私，公言有正。

欽惟父皇陛下，龍飛淮甸，虎步中原。掃滌群雄，妥生民於壽域；膺天明命，隆宗社於昌期。擴四海之仁風，敷九有於寧謐。肇造區宇，奄有大明。德紹唐虞，道隆羲昊，尊從史典，稽古考文。每宵旰以天下爲憂，圖治道以寅躬爲畏。乃命某，纂述興亡，紀歷年之統緒；貶褒得失，公政治之否臧。殫惡揚休，爲萬代帝王之模範；扶衰救弊，作千載明主之良規。

某欽承聖訓，才非史職，僭冒蕪辭。謹按古史，用修成書。首自盤古，終及胡元。刪除僭亂，乃取正統。上下百千萬年，善惡瞭然可見。某學不足以擬太史之三長，亦庶幾有補於方來之一得。書成，目曰《通鑒博論》。謹再拜頓首，俯伏階下，隨表上進以聞。

洪武二十九年九月十七日寧王誠惶誠恐稽首頓首謹進。

（明萬曆內府本）

附：御製通鑒博論序

《通鑒博論》若干卷，高皇帝時寧王奉敕所編進也。

朕萬幾之暇，喜觀圖史。每思所以追隆聖喆，遠跡狂愚。顧其篇帙浩繁，敘述淆雜，勸戒或爽，觀省罔神。惟是書上始盤古，下迄胡元，靡不詳其世次，評厥廢興。蓋僅僅數卷，而上下數千年運祚之修短，君道之隆替，條分臚列，粲若日星。是誠人主之蓍龜，史傳之綱領也。

朕因是有感於帝王之傳世有盛有衰，其歷年有永有不永，然皆考信於圖讖，徵應於機祥，意數可前知，運有適會。神明之器，類有物以司之，而非一毫之人力所能與也。及跡其理亂，諦審所緐治，未嘗不基於明聖之朝，而亂未嘗不生於昏濁之季。有道之長，未嘗不繇於仁義禮樂教化之功；而失道之敗，則多起於任智用術，薄恩厚而急刑罰之報也。乃知吉凶不僭在人，天降災祥在德。明明赫赫，有感必通。餘慶餘殃，無往不復。其亦可畏也哉！

朕用是命所司梓之，傳示來哲，俾繹思我　高皇帝垂訓之意，相與兢兢圖理，守成業而無墜，綿景祚於無疆。殆是書也，其殆永命之符與？

（同上）

註：本序原未標明作者。據刊刻此書之時間推算，當爲萬曆帝朱翊鈞。

漢唐秘史序

盍觀夫史氏之書，紀歷代之廢興，明人君之治道，褒善貶惡之書也。何則？凡言治亂之端者，言必稱漢唐，而不言他朝。余嘗疑焉：豈漢唐政治果有可法歟？抑亦以漢唐之得失果可爲後世之戒歟？

蓋自三代已降，亂不生於郊，而生於肘掔之間者，始於秦。及於漢唐，而受禍之烈者，尤甚於秦焉，乃天地間非常之大變，人事之大亂也。此史氏論歷代得失所以每切切獨言於漢唐者，以其受禍之慘，莫甚於此代也。必原其所由，則知漢唐之所以傾覆者，其何人耶？蓋漢之不鑒於秦之亡於趙高，仍用鄭衆而梯亡漢之階於前，而曹騰之家篡漢祚於後矣。唐又不鑒漢之亡，而又用高力士而培亡唐之基於前，而相繼弒殺廢立於後，時以爲常，終爲劉季述所賣而唐又亡於梁也。故自有生民以來，禍天下之大者，莫甚於斯焉。余嘗檢閱史籍，見諸范蔚宗史論，司馬公之斷論，不勝戰慄，徒增憂憤而已，可不懼乎！

余乃取二代之事實，例以編年，標以甲子，於每年之下，直書其事，而善惡之跡，自昭然可見矣。

嘗謂史者，所以紀政治；鑒者，所以燭妍媸。今於漢唐史內，考其始終本末之由，書其大略，取其宏綱，命其名曰《漢唐秘史》，使觀者知漢唐得失之由，瞭然易知而易見。則知承平由於何人，亂亡由於何人；何者爲得，何者爲失；何者可法，何者可懼，何者可戒。信可爲萬世之高抬貴手也歟？抑觀《衍義》一書，亦以漢唐之失，慎防預政之理，齊家之要，明告於當時矣。後之觀余之是史者，又豈不深爲之預戒乎！誠能懼其所當懼，戒其所當戒，建萬世不拔之基，實有望於是史矣，實群史中之一利器也歟？何其偉焉！

當書之初作也，始自洪武之二十九年，於西宮浴堂內，親承聖訓曰："何漢唐之末，子孫皆爲人弒殺廢黜者，時皆以爲常。及觀胡氏斷內有曰：'唐室至此，豈非祖宗貽謀有未遂而至於此哉'，此數句必有可考。"乃命余備考漢唐史內帝王政治之本末。余於是大索群典，援引摭實，以編是書。乃因邊務繁冗，越二年而未成。至己卯兵下塗陽，從軍入關，又二年而書始完。噓！老子所謂大器晚成，不亦然歟！用序以紀其歲月云。

時在□□辛巳三月上巳之一日也。書於燕山之旅邸。

（《四庫全書存目叢書》史部影印明初刻本）

註：□□，原爲墨丁，據推當爲惠帝朱允炆年號"建文"二字。朱棣靖難，不書"建文"年號。

附：漢唐秘史跋　朱楩

是書之作。楩昔與兄等同於　西宮問寢之日，親聆玉音。令兄等講漢唐故事；既而又命考其始終得失之由，以類記之。今書既成，自丙子至今，歲月又更七載，其用心亦已難矣。今思曩昔面承聖訓之時，今則天高日遠，不復得聞玉音矣。楩反袂思感，故作數語，跋於卷首云耳。歲在壬午十二月既望，弟安王楩謹書。

（《四庫全書存目叢書》史部影印明初刻本）

註：朱楩，朱元璋二十二子。朱權同母弟。

隋唐得失論

原夫隋之所以亡，唐之所以興者，觀是書有不難見者矣。蓋隋之有天下，恃其混一，乘其富強，於國家全盛之日，侈靡無度，佚樂無厭，巡幸不已，土木肆興。竭天下之財，困天下之力，由煬至恭，積有年矣。民心思亂，盜賊蜂生。當是時，隋業板蕩，豪傑乘隙而起者宜矣。然古者有撥亂反正戡禍禦侮者，何獨不見於隋焉？蓋由其建邦立國，所重任者，不於血屬之親，而於他人，故亂至而無救者矣。且隋之晉陽，有帝室在焉，不任親支以守之，而託乎異姓，已失其本矣。故所以亡隋者，禍亂之源，非始於世民，而始於宮監裴寂也。

寂爲晉陽宮監，内豎之任也。亡隋之禍獨萌於寂，而作史者，未嘗明言其罪也。蓋自豎刁以來，累朝傾蕩國家者如寂等，固非一人，今止以寂之事究而論之，則例其餘，皆無不然矣。

嘗謂古今之危移社稷者，速莫速於刁牙之輩也。蓋禍由於外者，必延數十年而後敗，事猶未可必；機泄於内者，不逾期年而傾覆，有可必者矣。譬猶疾患，傷於股肱手足者，外疾也，其害命猶可視其緩焉；傷於心腹肺腸者，内疾也，其害命有不可測者矣。隋之有天下，混一南北，不二三傳而竟移於李氏，其敗亡之速何歟？非晉陽宮監裴寂而誰哉？在煬帝時，天下雖盜賊紛擾而猶未至於瓦解。當是時，有武夫健將唾手仗義而一清中外，猶有可爲，世民雖陰養士馬而未敢輕試。奈何裴寂以宮人事淵，交接深固，而恐宮人潛知其謀，乃日夕勸淵反。且對淵言：二郎欲舉大事，正爲我以宮人事公，恐覺必誅耳。於是淵父子旛然自取，隋室竟傾。所以患生於肺腸者，殞人之命爲尤急者，此也。

嘗觀《周書·冏命》之篇，深戒暬御巷寺之職，必得其人者，蓋周家之良法也。宦寺之於君主，爲擁扶保護之人，蹈水火，履鋒刃。君之有危，唯死是從，烏有絲毫交外之心哉？裴寂之誘進重臣，售奸賣國，當齏粉厥軀，而罪猶有餘耶。

或者曰：余言大過矣。當隋室之亂，天下騷動，窺竊神器者非一人，陵夷要郡者非一賊，勢在拉朽，朝不保夕。使裴寂不勸淵反，而天下亦未免傾覆，豈獨寂一人之罪也？余則曰：不然。當恭帝尸位，海内鼎沸，兵柄之重，獨在淵之父子。且久應圖讖，世民又生有異表，裴寂竊知李氏可爲，所以孜孜勸進，一則免目前之巨禍，一則圖異日之富貴。然殺身之罪猶小，而喪國之罪滔天矣。吁！豪傑縱橫，猶謂之乘隙變動；寂乃巷豎，托在腹心，貂璫彩服，出入屏帷。安可一旦棄君而移天位於他人歟？是知天下雖亂，而傾隋祚者，特在寂之一言耳。孔子曰："一言可以喪邦。"信乎可以喪其邦矣！使寂今尚存，天下人人得而誅之。其隋之亡、唐之興，始終本末之由，悉判於是書矣。

註：本文原附於《漢唐秘史》下卷首。

(《四庫全書存目叢書》史部影印明初刻本)

天運紹統序（殘）

歷代帝王自伏羲至五帝，編年雖載《外紀》，莫詳其實。譜系古未有之。其年壽世次皆不具，訛謬者多。其《春秋》及《通鑒》內，周之諸侯，年壽世次亦莫詳其實。□漢以下載諸簡冊，雖有可考，其間編年譜系世次，推詳重勘，校而正之；其未有譜系者，編其譜系，列其次序，紀其甲子，以續紹統，而紀天運。比之前代諸儒編者，亦已詳矣。

(明永樂四年寧王府刻本)

神隱志序

古有三隱，可得聞乎？藏其天真，高莫窺測者，天隱也；避地山林，潔身全節者，地隱也；身混世朝，心居物外者，名隱也。方朔有曰："自泰伯、虞仲以來，天下避地者鮮矣。"予謂嚴光、樊英，古之避言人也，而亦避其地，世稱高潔，出類離倫者也。予之所避，則又不同矣，各有道焉。其所避也，以有患之軀，遁乎不死之域，使吾道與天地長存而不朽。故生於黃屋之中，而心在於白雲之外；身列彤庭之上，而志不忘乎紫霞之想。泛然如浮雲，颷然如長風。蕩乎其無涯，擴乎其無跡。洋洋焉，愔愔焉，混混淪淪，而與道為一。若是者，身雖不能避地，而心能自潔，謂之"神隱"，不亦高乎？

乃學於抱朴子之術，予嘗得之矣。棄赫奕之朝華，避慎車之險路。酣笑蒼崖之間，而萬物化爲埃氛；怡顏豐柯之下，而朱户變爲繩樞；握耒甫田，而麾節忽若執鞭；啜菽漱泉，而太牢同乎藜蓼。泰爾有餘歡於無爲之場，忻然齊富貴於不爭之地。含醇守樸，無欲無憂，全真虛氣，居平味淡，恢恢蕩蕩，與混成等其自然。能如是，則可與之避地矣。

今以有限之光陰，而供乎無厭之欲；以無窮之心思，而役乎有形之質。致使心勞神役，不能須臾平察。靈氣消鑠，火候既寒；神水漸竭，藥苗已老。況復歲月埋於前，寒暑催其後；嗜欲攻其左，衰老奪其右。使心惶忽莫支而日與道相遠。自恨虛負此生。每懷驚鴻避影之思，則有破樊籠出塵網之志。乃取潔心、潔身、潔世之事，類其篇目，編之爲書，曰《神隱》，是爲林泉之志書。蓋有志於泉石，可與吸風飲露者道。觀者倘有愜於素志，飄然若乘白雲而遊乎帝鄉者也。莊子所謂"埋於民，藏於畔，其聲銷，其志無窮"者，於斯得矣。

壺天隱人涵虛子臞仙書。時在戊子也。

（明永樂寧府刻本）

神隱志目錄後綴題辭

世有斯道，乃有斯人。斯人者誰？子休列生。以德爲畔，以道爲耕。不逆流俗，不污其名。苟非巢由，其誰與並？誠能行之，飛升紫庭。是書之作，泉石之盟。宴於昏山，兆於辛酉。他日倘應，奏言太清。

（明永樂寧府刻本）

壺天神隱記

世有抱老氏之學，挫其銳、解其紛於廣漠之虛、空碧之野者幾人焉？員穹之高，方輿之廣，丘壑之深邃，林泉之幽僻，可以棲身遁跡者，又不知有幾焉。

人之處世也，憂樂之所不侔，適情之有同異，故予之所以異於人者，樂人之所不樂，而獨樂其所樂也。

自謂天地之有盈虛，萬物之有隆替，能知此者，可以語道。川流之長，江漢之大，泛溢之日幾何，無波之日固少。草木之有榮悴也：芬葩之枝，其日苦短；繁實之木，其枝必折。物之美者，不能自全；爵其大者，眾怨必至。山峭者崩，澤滿者溢。故君子不欲尚也。人生百年，得意日少，失意日多。蓋以物理推之：物成者，廢之始也；事成者，敗之終也；得之者，失之由也。日中則移，月滿則虧。天地尚不能遺萬物之情，況於人乎！是以知道之士，以身爲過客，以天地爲逆旅。以之高搴遐舉，以之割絕世累，將以脫身塵網，友天地而侶造化，與風月而爲酬酢，出陰陽陶冶之表，獨立而無愧者誰歟？

予生於疆宇宴安之日，值幽閒娛老之年，緬思曩昔經涉之務，勃然懲憒，是以心日已灰，志日愈餒矣。於是屏絕塵境，游泳道學，身雖泪於華袞，心已外於紘極。但日常飛神玄漠，出入天表，縱神轡，策罡飆，乘白雲，謁虛皇。穩岸天巾，振衣霄漢。長嘯則海天失色，謦欬則萬籟風生。俯視寰壤，渺焉一點青煙，半泓秋水。是時天地在吾腹，宇宙在吾身，造化在吾手。與人不同者矣。而能錯綜乎人我之場，吐吞乎大千之域，放乎其無涯，斂乎其無跡，芒乎芴乎而與世相遺，人莫我知，可謂神隱矣。於是入松關，由竹逕，渡鶴渚，至白雲更深之處，登於壺天。過醉鄉之深處，延石橋而造乎紫霞丹室，憩於神谷。其谷之東有寰焉，曰洞天深處。內有地一丈，有八構三椽之茅；鑿方丈之池，植松引流，栽蘭疊石，取象乎江漢雲山之趣。藥爐茶竈，一琴一鶴，誦經煮茗，以爲養修治生者焉。是謂置幽閒於天壤，遠人事於大塵，遁世以無悶也。噫！人之用世也，皆以富貴爲心；吾之處世也，獨以恬淡爲樂。故無袞冕之志，而有裘褐之心。

淮南子曰：古之人有居巖穴而神不遺者，有勢千乘而日戚戚者。謂聖亡乎治而在乎道，樂亡乎貴而在乎德，知大己而小天下者，則幾於道。吾於此得之矣，扁其室曰"神隱"。

（明永樂寧府刻本）

註：本文列卷首序之後。

上天府神隱家書

　　末弟南極沖虛妙道真君涵虛子某百拜端肅

　　奉書

兄瑤極玄宮天老閣下 弟自玉華範景，九光垂芒，五炁凝輝，嶽靈炳煥，於是誕膺
　　下土。自別

太清，久離

天闕，不覺幾更寒暑。滿眼故人，皆爲過客。逝者如斯，來之不已。人間虛幻，
　　徒爲一場大夢。緬思

玉京，此際

　　神風靜默，

　　寶氣沖和，

天府官僚，咸陪

宸御。班中老臣，獨某之不在，而舊之僚屬，可曾爲之念我耶？某自

太清初下

天闕之時，

　　群真送之，友愛之情，眷念不已。臨歧之囑，某尚不忘。自謂

天地間，近世與吾同道者，未遇一人，故緘口無一字可道。每思

天上群真，不能攜手一相笑耳。但日常仰瞻

南極，未嘗不爲之矯首興歎。自恨夙緣未斷，道力無成，於是留心泉石。數
年來

　　未有一人來爲報

天上消息，未知命何

天真來爲指示，以脫我於塵網也。每有棄屣沖舉之心，無由可得。今近有
　　青符使者自

太羅境來，致弟於辟香城之東門，其城蕭條，野蕪淒微，山川茫蒼，四顧
　　寂寥。彼時玄緘啟鑰，備言之矣。至今銘諸肺腑，未知果何如也。祇恐老

來跋　涉，不勝勞碌，他時但
　　望
眾真一挈，便是不忘舊也。可爲幸甚。某於是全身放下，提起曩時一個念頭，與
　　三島群真，便同一口氣也。然如是，
天上人間而無閒矣。乃作《神隱》一書，志在與青山爲鄰，白雲爲友，天地爲家，
　　　風月爲之故人，以快一世之情。故有志於辝昏。特爲
老兄發一大笑也。呵呵！知我者非
老兄其誰歟！書至，伏惟
天目亮矚不宣。
　　　年　月　日末　弟涵虛子　某百拜端肅
　　　上書

（明永樂寧府刻本）

註：①本文弁於《壺天神隱記》後。此處對本文祇加標點，空格、提行與抬頭頂格處俱遵底本原格式。

②辝昏：二字不見於字書，當屬道家特造的字。

神隱志下卷序

客有問於涵虛子曰：棄軒冕之榮而嗜蓑笠，厭華屋之廣而慕岩穴，舍千乘之貴而甘一農之賤，吾未聞也。而王何所欲乎？

涵虛子曰：吾嘗聞之，累榭洞房，珠簾玉扆，人之所樂也，猿鶴入而悚。懸瀬急灘，波濤洶湧，魚龍之所安也，人入而懼。雕籠玉食，人以爲悅也，鳥入而憂。犧樽青黃，人以爲禮也，乃禾之災。籩豆樽俎，禮至尊也，其牲見而栗。炮羔煎鴻，衆口之所嗛也，文王嗜菖蒲而厭八珍之味。《咸池》《簫韶》，衆音驟作，人以爲樂也，獸聞而振。《陽春》《白雪》，衆耳之所悅也，漢順喜山鳥之音而惡絲竹，魏文好錘鑿鑿聲而不喜金玉之和。春蘭秋蕙，

衆鼻之所芳也，海人謂之至臭。蟬鬢蛾眉，楨顏玉容，衆目之所歆也，羲皇愛嫫母之醜而好落英之貌。蓋人之好惡有所不同耳，爾安能知我所之所欲乎？

爾知乎桃中之蟲乎？其核也，内無分寸之寬而蟲恬然於其中，盤桓周旋，自以爲幾千萬里，謂物莫能傷，患何由至？一旦入於饞夫之口，食其肉，剖其核，而蟲死核碎，欲求得免可乎？處於勢利之地者亦然。昔王子搜被虎豹之皮，欲免剮剝之患而遁居丹穴，況爾者乎？今西山之顛，有廬存焉，可以藏吾之老；西江之曲，有田在焉，可以種吾之禾；壁間有琴，可以樂吾之志；床頭有書，可以究吾之道；甕内有酒，可以解吾之憂。能如是，泊其名，藏其形，銼其銳，解其紛，使天下嗤嗤莫能識，莫能知，是爲逃空虚、潔身於天壤之間。故有志於是書，使後之觀者則曰：涵虚子游方之外者也。豈不高哉？

客乃嚬然四顧，傍徨無據，曰："吾桃中之蟲耳，欲化爲螟蛉蜾蠃，翼而飛之可乎？"涵虚子曰："瘠驢跛鱉而姤青蠅之翼，望生六羽與鴻鵠同乎霄漢，大可笑也。誠能如是，爾之翼可生矣。"乃出是書而告之曰："是書有二：其一樂其志，其二樂其事。爾非樂志者也，而樂事焉。"乃以事示之，而紀於篇端云。

壺天隱人涵虚子臞仙書。

（明永樂寧府刻本）

註：本序原列《神隱志》下卷末。

原始秘書序

江漢之流，必有其源；黍稷之生，必有其植。金生於土，火生於木，造化出焉。然天無爲而萬物生，無爭而萬物成者，自然之道，非人力也。至若禮樂制度，文章典則，出乎人者也，必有所始。先聖製之於前，百王法之於後，開物成務，其功大矣。考其制則知其所始，法其制則知其所宜。故世之事物可得而知其原矣。夫天之至高也，三光列焉，萬象備焉。地之至廣也，草木鳥獸昆蟲動植之所育焉。人之至靈也，萬事萬物莫不由人之所成焉。且夫窮理盡性之妙，原本思宗之理,靡不有初,必有可考者焉。此木本水源之理見於此也。若是者,天道無不備,地利無不周,人事無不盡。三才之本,萬類之始,備見於是書也。

其書之作,始於洪武丙子,緝於塗陽,越四年而書未成。自己卯入於關中,居宛平,明年庚辰,首尾五載,是書乃成,錄其稿曰《庚辰集》。比之《事物紀原》,實相遼矣。但宋製多皺削而不取,事有不切於用者出之,人之所常知者損之,其他皆搜獵於筌中矣。凡帝王之德政載在史冊,惟善惟惡,皆有所始,必正其所始而書之。亦猶史筆,以公天下之道以匡輔王化,丕顯致治,以光聖賢之德。若建大冶,模範古今之寶物以為寶鑒,使人見之必能正其所不正也。將以釀成盛化,傳於無窮,法於後世。然事物之始有不得其正者,必明其道而戒之;可以為法者,必正其道而書之。若善言天者,必有徵於人;善言古者,必有徵於今。視日月者,則知眾星之篯也;仰聖人者,則知眾說之小也。不聞是書之言,烏足以知事物之始哉!故王者不讀是書,不能知歷代得失之由,政治可否之理;輔相不讀是書,不能為國家久安長世之計。蓋自有書契以來,未有如是書之載者。誠不刊之典也,永為家傳授受之秘,惟我子孫寶而藏之,慎勿外示,以傳非人。嗚呼欽哉!

時在□□改元之二年。庚辰十一月初九日,書於燕山之旅邸。

(《四庫全書存目叢書·子部》影印明刻本)

註:□□,當為惠帝朱允炆年號"建文",因朱棣靖難而避。

原始秘書識

予於是書用心有年,罄百家子史之書,無不窮盡其事物之始,無所不備。啟先聖之所未露,發先儒之所未言,比之古《事物紀原》,過亦遠矣。其"君臣""德政"二門,共三百三十二條,於治道至切,於人事極要,皆有褒貶,以匡王業,有功於治道也大矣。刪去一百一十六條,又於"內宦""中侍"等門刪去四百九條,其事物已泯於世矣。嗚呼!謹於言,慎於行,君子保之!

但惜乎事物之不備，以爲斷簡殘編耳。知我者，其惟是書乎！永樂九年九月初三日臞仙識。

（《四庫全書存目叢書·子部》影印明刻本）

天皇至道太清玉冊序

　　猗歟盛哉！余謂世有非常之人，而能爲非常之事。不然，則天道之幽玄，道源之深邃，孰能究其實哉？夫破白雲，攀蒼藤，躋翠阜，登層巒，涉萬仞之險，升泰嶽之顛，下視寰塊，自以爲高也；孰不知披天風，躡鴻毛，履長虹，跨蒼虬，遨遊乎太虛之表；捫日月，握星斗，舐青冥，俯視塵壤，其志又何其大也！自非咀三靈之華，吸九光之芒，漱紫瓊之腴，嚅元氣之真者，安能游神玄闕，駕景閬風，履空青而闡天道哉！

　　今是書之作也，若羲馭之出滄溟，杲日之破昏暝，可以滌凡塵之俗陋，藻太華之神英。是以駐心靈域，探至道於天津；默契太玄，握神樞於紫極。而曰嘗賾至真之神奧，究造化之樞機，亦有年矣。於是剖玄黃之未造，劉混茫於先天。泄泰鴻未露之機，明太素生物之始。上自溟涬之未判，下至人文之始著，自有道教以來，三皇建極，五帝承天，其奉道而修天道者，其教之事物有未備，言奧有未宣，制度有未傳，儀制有未正，余乃考而新之，非余則孰能爲焉？

　　於是三沐熏修，質於神明，告於天帝，大發群典，纘類分編，悉究其事，大宣玄化，其天地之始分，造化之始判，道統之始起；儀制之式，器用之備，衣冠禮樂之制，天心靈動之奧，道門儀範之規，立爲定制。舉道門之所用，皆載此書也。於是命其名曰："天皇至道太清玉冊。"

　　自開闢以來，至於今日，上下百千萬億斯年，有國有家者，莫不上奉天道，下修人事，所以建圜丘以祀天，立方丘以祭地，皆以天道爲尊也。凡誥命之端，必曰"奉天承運"，《周書》曰："上天眷命"，《湯書》曰："明王奉若天道"，未嘗不奉天道而承天運也。

吁！玄風之不振也久矣。余於是使道海揚波，再鼓拍天之巨浪；神光驟發，重開絕域之幽陰。正所謂望洪濤之暨天，非起於洿池之中；睹玄翰之汪穢，非出於章句之徒。余豈敢自矜者哉！

是書也，乃若叱吒風霆，鞭蒼龍而沛時雨。其宣道也，若翱翔天宇，駕黃鶴以凌空明；其制度也，若恍兮振靈籟於丹霄；其製物也，若豁兮發神飆於銀漢。一新玄造，何其壯哉！遂壽諸梓，使天下後世，知夫天皇之大道有如此之盛者，不亦偉歟？

皇明第二甲子正統之九年正月之九日也。

南極遐齡老人臞仙書。

（明萬曆《續道藏》本）

天皇至道太清玉冊跋

慨夫道運之否窒者久矣。異端起而大義乖者又有日矣。余嘗見滅道妖書，偽造惡言，攘中國而尊夷狄，故舉其道教而言之曰：

奈何世有下愚之徒，用黃帝之制，稱老氏之道，而又訾毀之。既毀於道而又毀於天，罟乎天地、滅其黃老，何也？蓋道門無匡輔之士，但以老子所謂"夫惟不爭，故天下莫能與之爭"之說，是以無一言以及之。吁！豈特爭而後能匡其道教哉！但能宣天之德，明道之化，然後發明黃老之教，使知夫自開闢生天生地生人生萬物者何物也。其文字衣服房屋器用，又誰之所始製也歟？厥初始之"道"之一字以爲名者，又果誰歟？然後知非天無以生，非黃帝無以成，非老氏無以名也。吁！孰能外此三者而獨立乎兩間耶？今堪輿內外圓顱方趾之衆，凡能言之物，日用常行之事，皆吾黃帝老氏教化之所及，斯又豈非出於吾中國之聖人黃老建極之教哉！

蓋嘗考之，五胡姚萇、石勒僭居以來，常忌有老子化胡之說，乃移老子生於周定王之日，移佛生於老子出關之前，謂在昭王之時。噫！何不思之甚也！

佛之生已載之儒典，梁武帝之《文選》；老子生於商武丁之時，儒典之所載，非周人也。豈不聞孔子稱老子爲商之賢大夫歟？且以其教論之：道之一字，乃老子始創之名，故世方有修道、學道之說，今胡人皆言修道學道，豈非修道之謂教，而爲老氏之徒乎！

其上古之時，無有文字，結繩以代政；無有房屋，巢居以穴處；無有衣裳，結草以蔽體；無有器用，汙尊而抔飲。黃帝始制文字，作房屋，制衣服、器用舟車之類，而人事始備。而老子始立"道"之一字，方有修道之名。今九流三教之中，四夷八蠻之外，舉皆用之而不可一日無也，是皆用黃老之教也。吁！既用其制，又稱道爲名，而舍道之一字則無以名矣，又豈非黃老之徒歟？茲恐後世之訛謬相承，棄師叛道，轉相詆擊，是用數語以示後世，梗化者其致思焉！

南極老人臞仙。

（明萬曆張進刻本）

原道

臞仙曰：稽夫道教之源，昔在混茫始判、人道未備，天命我 道祖軒轅黃帝，承九皇之運，乘六龍以馭天，代天立極，以定三才。

當是時也，天地尚未昭晰。無有文字，結繩以代政；無有房屋，巢居以穴處；無有衣裳，結草以蔽體；無有器用，汙尊而抔飲。我道祖軒轅黃帝始創製文字，製衣服，作宮室，製器用，而人事始備。今九流之中，三教之內所用之文字，所服之衣裳，所居之房屋，所用之器皿，皆黃帝之始製，是皆出於吾道家黃帝之教焉。

且夫老子謂生天、生地、生人、生萬物，必有所生者。曰"吾不知其名，強名曰道，強字之曰大"，故曰大道。其教曰道教，世方有"道"字之名。以是論之，凡言修道學道者，是皆竊老子之言，以道爲名也，豈非老氏之徒乎？又若老子所謂"玄之又玄，爲衆妙門"。"玄""妙"二字，又皆竊之爲名、用之爲經者，是皆用老子之言也。

又若莊子書曰："有大覺而後知聖人。"此"大覺"二字，乃莊子所立之名，徽宗取之而封金仙，其經皆用之。是皆出於我道家之書、黃帝老莊之教也。昔西伯以二童子侍老子，老子與其名，一曰"吉祥"，一曰"如意"，後人皆用之，是皆竊老氏之言也，豈非老氏之徒乎！

其黃帝之爲教也，創製萬物，以宣天道，爲治世首君，自謂觀天之道，執天之行盡矣。見乎《陰符經》。

老子之爲教也，按《爾雅》及《藝文志》曰：清虛以自守，卑弱以自持，人君南面之術也，合乎堯舜之克讓。《易》之《謙》謙，一謙而四益，此其所長也。故以國爲身，治國如治身，是謂貴以身爲天下。若可寄天下；愛以身爲天下，乃可託天下。皆修齊治平之道也，見乎《道德經》。此皆中國聖人之道也，故曰"正道"。

所謂正道者何？中國者，居天地之中，得天地之正氣。其人形貌正，音聲正。其教也：不異言，非先王之法言不敢言，是無翻譯假託之辭也。不異服，非先王之法服不敢服。所服者，黃帝之衣冠，是以有黃冠之稱也。不毀形，身體髮膚，受之父母，不敢毀傷，孝之始也。得其道者，白日上升，飛騰就天，以顯父母，孝之終也。不去姓，不忘其親，不滅其祖，人子之孝也。朝修有儀，行君臣之禮，臣事上帝，人臣之義也。讀聖人之書，行聖人之道，循乎禮義，儒道一理也。其道在天地未分之先所有，其教在三皇之世所立，又非孔子所謂後世有述焉，異端起而大義乖也。其徒，中國者列之於上，外夷者列之於下。教有先後之別，人有夷夏之分、貴賤之殊也。其女真之修道也，不出閨門，不群聚於宮觀，不藏匿於女男，衣裳有辨，教無邪僻也。不以因果報應之說惑世誣民也。不以舍身、捐資、布施爲福，逼人以取財也。不悖所生之天，不忘所生之土，生於中國，奉中國之道，不忘乎本，理也。反此道者，則不正矣。其教也，施諸四海，行諸天下，極天所覆，極地所載，日月所照，霜露所墜，凡有生之民，所稱之道，所用之字，所服之衣，所居之室，所用之器，皆吾中國聖人黃帝、老子之所製也。豈非皆出吾道教哉！

《周書》曰：域中有四大，曰道大、天大、地大、王大。三界之內，大無加於此也。孔子曰："生而知之者上也，學而知之者次也，困而學者又其次乎！"凡有修有爲之法，聖人之所不取，故不爲大，況非在開闢與天地並立而有者乎！是以道教以天爲主，曰天道者，何其盛歟！

余嘗見有滅儒道之書有云，其滅道也，"使大羅玉帝魂驚於九天之中，元始天尊膽落於三清之上"等語，惡言蜂生，難以筆述。其滅儒也，謂："孔子之教，治世少用，不達性命，惟說見世，止可稱賢人，不足稱聖。"又云："孔子名位同俗，不異常人；祖述先王，自無教訓。祇可修述，非爲教源。孔子所言，矯世法也。孟軻所言，疾專一耳。儒宗齷齪，但敘俗中之一物耳。"是皆用黃帝所製之文字而作書，反滅黃帝之教，詆孔老之學，毀天帝而自尊，不亦過之甚矣！

噫！老子曰："上士不爭，下士好爭。夫惟不爭，故天下莫能與之爭。"此聖人已有見於先也。

余年方十有一，在韶齔時遇一青衣老媼，謂曰："爾切勿忘夙念，六十年後方許開口。"余故直書其事曰：予昔在少昊之四十七年，當昭陽赤奮若之歲，奉太清之命，封河東冥京之主，至商武丁三十一年，柔兆崦茂之歲，一千二十九年，上升太清，特進南極沖虛妙道真君。居南極九十四宮之位，在天二千六百九十九年，太清授以蓬萊玉璽，太陽金符，令予下降人間，以匡天道，使振玄風，握靈樞而闡玄化也。於是立勳三界，註名天府，又何偉歟！乃作是書，發天地秘藏之奧，襲日月霄漢之光。彼磷火之縱橫，妖芒頓熄，令玄風之普扇，大道開通。使千載之幽陰，重開於化日，繼萬年之道統，再續於今時，以明吾中國聖人之道焉。謹執筆焚香告於高厚而書之。

南極沖虛妙道真君遐齡老人臞仙頓首書於遐齡洞天之望齡岡。

（明萬曆《續道藏》本）

救命索序

（殘缺）……荏苒歲月，每爲深恨，不過以待□夙望□□至也。未知道之可否，其何如耶？向□□得其旨，戊巳之藥，數嘗遇之。不知是□一遇則煙飛滿室，不爲神物之吹噓，致有脫兔之歎。自聞道以來，枯坐鵲橋，每守株而待之，願求一遇，不可復得也。今已元氣日耗，顛顱已白，龍虎癡呆，火寒水涸，心志日灰。非有望於前日，將何以爲後來計？不過飲恨自傷，抱膝欷歔，徒增衰朽。自謂遇師於歲暮，是遇之晚而成之難也。羈縻塵境，未可合道，蓋亦功行未著，數有不然，非力可也。乃編是書，以己之所得，爲同道者共焉。

或曰，好生惡死之心，人皆有之。欲求其說可乎？予曰：吾聞大道生吾身，陰陽運吾質。既有其形，則爲造化所梏，而不能逃乎生死矣。其生也，始以神化氣、氣化形，故有其死。得造化之機者，乃以形化氣，氣化神，爲之煉形，則無死矣。前□得天地運化之功，以坎填離，化爲純陽故也。其道不出《周易參同契》中，惟此一道，可以出乾坤陶冶之外，小則駐景延暉，大則憑虛沖舉，可以奪造化而長存焉。不然，必爲造化所死。既有其死，何爲得道？若欲修道，先須明心；若欲明心，先須煉形；若欲煉形，先須積行，不積何以成功？形不存何以明心？心不明何以修道？是以道家功夫最難，務要性命兼備，以修性爲息心之法也。《丹經》曰："修命不修性，心地少安靜。修性不修命，萬劫英靈難入聖。"故白樂天曰："人不能免其疾病生死之厄者，不爲得道；若得真道，必不爲造化所死。"東坡曰："世間無墳塚而瘞骨者，是爲至人。"張商英曰："便燒出十斛舍利，不免是死。全真多有之，不爲罕也。無死乃是天人。"此皆實論也。

凡人修道者，但無夢便是明心，不死便是得道。祇此二事便是實躋聖地工夫。其真奧閫域，備見《神農龍虎占經》內，設辭問答，上下二卷，學者當深究之。今錄初階、築基、煉己之法，以遺學道者，爲救命之索云。《丹經》曰："不能善攝生者，老之將至，若墜於崖，非一索不可活也。"豈不然乎？

或曰：向上一機若何？曰："但能一滴先天髓，穩駕翔鳶朝紫皇。"

時永樂庚子人日臞仙書。

（永樂庚子刻本）

貫經卷首（節錄）

臞仙曰：《外紀》所言，電之爲光也，昔天帝與天真投壺，偶貫其耳。天帝一笑，是爲電光。其說伏羲氏之前有之矣。是知投壺之禮，其來尚也。乃古聖人正心之器，君子樂道以養德，後世庸夫俗子汎然以爲常焉。予乃易其制度，取射禮之義，創製斯器，名曰"貫葦"，可以觀人心之邪正，使人盛德戒危者也。雖曰射禮之小，而其正心養德、精一執中之道，見於此也，於是定其譜式，明其大義，以示進德治心之道。蓋投壺之禮，乃古君子學道從政勤勞疲倦，必從容無息以養志遊神。故聖人製禮以節之。因以合朋友之和，飾賓主之歡，且寓其教焉。

貫葦亦射禮之小者也。古之君子射以觀德，爲其心平體正，端一審固，然後能中。夫審度於此而取中於彼，仁道存焉；得一失二，成功盡棄，戒慎明焉。故貫葦可以治心修身爲國觀人也，亦投壺之義焉。

（明宣德寧王府刻本）

臞仙肘後經序

龍噓氣成雲，油然穹窿，沛然滂沱，以蘇下土者，吾嘗知之矣。蜃吐氣而爲樓臺，輪囷糾結，鬱焉勃焉，燦然朝霞者，吾嘗見之矣。人出言而爲文章，上以宣天道之化育，下以述古今之致治，扶衰救弊、褒貶得失，律紀廢興，黼黻王道，匡輔皇猷者，吾嘗爲之矣。至於發天地之秘藏、泄陰陽之樞奧，盡羲文之神思、究蚩黃之星日，奪造化，探吉凶者，雖載於方冊，吾未見也。今則備見之矣。

人徒知擇吉日以利於事，而不知未嘗有一日無凶星神煞，如天地間未嘗一日無風雲也。是知陰陽消長之理，陰多陽少，理固宜也。天道尚爾，何況人乎！然人與天地之候，同其心也。靜日常少，亂日常多矣。其身也，安日常少，危日常多矣。世事亦然。此皆陰陽消長之道，又何惑乎？故動止營爲，必擇吉神以避其凶煞也。因觀諸家陰陽之書，其傍圖與起例皆顛倒錯亂，互相訛謬，久失其真矣。是以方術有不驗者，見於此也。

予於是博采歷代諸家陰陽之書，其日神星煞，盡收於圖内，不用起例，一覽可知，甚爲便利。其百忌之日，星煞皆不書，以爲不擇之日故也。凡切於人事之所當用者，皆入於斷例，使其知有如此之所忌，有如此之所宜，當擇其可否而用之。雖世無純吉之日，當以吉星生旺爲用，雖有所忌，亦無害矣。此前聖之擇術也。若先儒論宋仁宗之世也，朝未嘗無小人，而不足以勝善類之氣者，其理一也。天道人事，豈不然乎？故以周秦漢晉唐宋以來諸家陰陽曆數、星煞隱微幽顯之術數，備載於此矣。世事無不兼備，盡歷代選擇之書莫出於此經也。故曰是經成而其鬼不神，是經行而術士無術。是謂陰陽消長之道，吉凶生殺之理，在乎掌握，不在乎鬼神也。

比者，祇以《月令》一經行於世，獨此經以爲不刊之典，吝惜而無傳焉。又恐後世陰陽之家轉相申甲，不明天道，以誤後人，不得已而傳之。凡士農工賈儒道醫巫世俗之家，皆不可缺而得之者，誠不世之奇遇。敢不欽崇天道，以保厥身也。

涵虛子臞仙書於靜觀亭。

（《四庫全書存目叢書》影印明刻本）

活人心法序

昔在太昊之先，軒歧未曾有。太乙之王天下也，調泰鴻之炁，薄咀味，寡嗜欲，而修長生久視之道。其修養之法已有矣。有巢氏搏生咀華以和氣血，藥餌之說已有矣。陰康氏時，水瀆陰凝，民疾重墮，乃製舞以疏氣血，導引之術已有矣。故人無夭傷。太樸既散，民多疾厄。厥後軒轅氏作，岐伯氏出，而有醫藥之方行焉。故至人治於未病之先，醫家治於已病之後。治於未病之先者，曰治心，曰修養；治於已病之後者曰藥餌，曰砭焫。雖治法有二，而病之源則一，未必不由心而生也。老子曰：心爲神主，動靜從心。心爲禍本，心爲道宗。靜則心君泰然，百脈寧謐；動則血氣昏亂，百病相攻。是以性靜則情逸，心動則神疲，守眞則志滿，逐物則意移。意移則神馳，神馳則氣散，氣散則病生，病生則殞矣。雖常俗之語，最合於道妙。今述其二家之說，自成一家新話，編爲上、下二卷，目之曰"活人心"，謂常存救人之心。欲全人之生，同歸於壽域也，豈少補哉！然世之醫家，各家所編者，何暇千本？紛然雜具，徒多無補。但此書方雖不多，皆能奪命於懸絕，雖司命莫之神也。凡爲醫者，而能察其受病之源而用之，止此一書，醫道足矣；人能行其修養之術而用之，止此一書，仙道成矣，何況不壽乎。士之於世，不可缺焉。

前南極沖虛妙道眞君臞仙書。

（明嘉靖朝鮮安玹刻本）

延壽神方序

嘗聞天地開闢之初，神農嘗百草，立九候，以正陰陽之變化，以救生命之昏札，而爲萬世法。既簡且要。殷之伊尹宗之，得立法之要，不害爲湯液。漢之張仲景广之，得立法之要，不害爲確論。金域潔古老人派之，又得盡法之要，不害爲奇註。噫！宗之廣之，雖有不同，其所以得立法之要則一也。觀潔古之說，則知仲景之言；觀仲景之言，則知伊尹之言，皆不出於神農矣。但自古諸方，歷歲浸遠，難可考據。此奇方最爲衆方之祖，誠大聖之所作也。

昔唐宋以來，謂之名醫者，王叔和、葛洪、孫思邈、范汪、胡洽、朱奉議、王朝奉、錢仲陽輩，其詳論紛紜，千狀萬態，不越此方。其醫之玄妙，通陰陽內外，動靜周環，可以奪天機造化之功，知氣數消長之理。所謂上醫醫國，下醫醫人也。故達之者，有以知四時八節，天地風寒暑濕，各執其證，通便用藥，以調和血脈。藥有萬般之奇味，能濟萬種之疾厄。夫道全德備者，餐靈藥以煉仙道。愚者雖得藥，不能通靈，故爲庸醫。往往療人不痊，而誤乎人矣。故吾惻然於中，發胸中之善，广濟人之心，招四方之賢士，聚集神仙應效之方，參互考訂，果得其驗，名曰"延壽奇方"，命工鋟梓，以廣其傳。使天下之人，無夭於世。其方之奇，且神且妙，至簡至易，可爲急救之備用。與醫家群數之藥，大不侔也。故推此心，而與世之爲有仁心者共之。又恐人不能辯其證，附以審脈之大略，察證之玄微，穴道之圖狀，諸瘡之形證皆備，載之而無遺。誠天下第一之妙用。凡居家出外，皆不可缺也。故不敢秘，表而出之，以示四方之業於醫者。使依方用藥而不率，易以療疾，俾人人咸躋仁壽之域，而無夭札之患云。

（明崇禎元年青陽閣重刻本）

註：《延壽神方》即"壽域神方"，見下《朱權著作述錄·壽域神方》。此序取自崇禎青陽閣本《延壽神方》本。文字有部分與元王好古《湯液本草序》同。關係待考。又據本序稱書名作《延壽奇方》，然不見於其他版本或著錄。

運化玄樞序

爰有奇器，是生萬象。有奇器必有奇事，有奇事必有奇說，有奇說必有奇書，有奇書可以奇其道。其道既奇，則知奇之爲奇大矣。故以我之奇而能明天地之奇，明天地之奇而能明陰陽之奇，明陰陽之奇而能明造化之奇，能知造化之奇，而我之奇奇矣。《陰符經》曰："聖人以奇其聖，我以不奇其聖。今以不奇之聖爲奇之聖者也。奇乎！奇乎！非予之好奇也。而彼以造化奇我，我固以奇奇之。故天地之候以奇而通，陰陽之理以奇而明，人事以奇而安，興居以奇而盛。"

黃帝曰："食其時百骸理，動其時萬化安。"是知月十有二而更歲，其盈虛消長之息有差，候氣之運各異。善攝生者，履中和之真，飲食起居必順天道以寧化育，否則傷生。不爲不奇。士之於世，不可不知。於是纂生平昔所奇者，爲日用攝生之道。置諸枕中，以備月覽，可謂奇矣。

或曰：敢問奇？曰：盜天地之機，竊陰陽之化。以之修身，以之治人，而天地在乎手，萬化生乎身，孰曰不奇？予曰：法象轉蓬可以爲車，法象浮葉可以爲舟。苟非奇其事者，雖聖智莫能得也。

關尹子曰："有奇人必有奇事。"今是書之作，可謂奇矣！於是剖造化之秘藏，隨天罡之所指，神動天隨，體與道合。辟陰陽之房以奪其精；括元氣之囊以韜其光，運靈旗而招和氣。與天地同乎一息。使天下萬世人皆得以牧玄化之野，而棲天視之室，此之師轉蓬浮葉者，大亦奇矣。雖不能盡窮神知化之妙，其探髓索隱之理，庶幾有以彌倫造化而見天地之心也。

《陰符》所謂聖人以奇其聖者，若此也耶？未知識者以爲奇耶？不奇耶？觀者或奇其奇，或不奇其奇；或奇其不奇，或不奇其不奇。或聖其聖，或不聖其聖；或聖其不聖，或不聖其不聖。聖也，不聖也；奇也，不奇也。知道之士，奇其奇，不奇其不奇；聖其聖，不聖其不聖。如知其聖不聖、奇不奇之説，或者有以爲笑，不笑不足以爲奇。

時崴在閼逢之攝提格月在窒皋二日戊寅西江老人涵虛子臞仙書於壺天之神谷。

（明宣德九年刻本）

神應經序

唐虞之紀官，非郯子不能以明其制；羲軒之製樂，非師襄無以審其音。是以聖人師之。醫道之學，吾未能也，故有"吾不如老農"之歎。然人之有身，血氣所醉，嗜欲所汩，寒暑所搏，萬慮所攻，鮮有不至於疾者，非至人曷能安之？是以聖人因之，而製砭焫之方出焉。

昔在太樸之世，未有藥物，獨用砭焫之道，活生民於掌握，此醫道之大者也。予喜其無藥物咬咀之勞，而能回生於指下，可謂易矣。乃求其術於醫者，久而得之者十有餘家。獨宏綱乃遇信卿席真人所授之術，故其補瀉折量之法，其口訣指下之妙，與世醫之所不同。出於人者，見於此也。其徒二十四人，獨劉瑾得其指下之秘，故能繼宏綱之術而無墜也。

予謂干將雖神，使之補履，莫若一錐之能；良藥雖衆，至於劫病，莫若一針之捷。藥以氣味而達之，故其宣利經絡也遲；針以剡劇而取之，故其疏通血脈也速。況加以冰臺，灼以神燧，助其真陽，逐其陰邪，而元氣充矣。奚何病之有哉！若人遇夜，或在路，倘有微恙，藥不可得也，惟砭焫之術可以應倉卒之用。士之於世，欲治生者，不可不知。予故愛而學之。

乃命醫士劉瑾重校其師宏綱先生所傳《廣愛書》十卷，予祇取其穴之切於用者爲一卷，更其名曰《神應經》。內五百四十八證，計二百一十一穴。又擇其劉瑾之經驗者六十四證，計一百四十五穴，纂爲一冊，目曰《神應秘要》。而以此心推之與衆庶，不負宏綱"廣愛"之仁也，此書世所未有，用於傳世，今命刊行，以紀於首章云。

時在洪熙乙巳四月二十一日書。

（1995年上海科技出版社本）

茶譜序

挺然而秀，鬱然而茂，森然而列者，北園之茶也。泠然而清，鏘然而聲，涓然而流者，南澗之水也。塊然而立，晬然而溫，鏗然而鳴者，東山之石也。癯然而酸，兀然而傲，擴然而狂者，渠也。以東山之石擊灼然之火，以南澗之水烹北園之茶。自非吃茶漢，則當握拳布袖，莫敢伸也。本是林下一家生活，傲物玩世之事，豈白丁可共語哉！予嘗舉白眼而望青天，汲清泉而烹活火，自謂與天語以擴心志之大，符水火以副內煉之功，得非遊心於茶竈，又將有俾於修養之道矣。其惟清哉！

涵虛子臞仙書。

（明抄梅純《藝海匯函》本）

註：梅純，明太祖寧國公主駙馬梅殷玄孫。

爛柯經序

蓋棋之爲制，初非人間之事。始出於巴邛之橘，穆王之塚，復出於石室，再見於商山，乃仙家消閒中歲月之物也。今是經乃以"爛柯"爲名者，獨取乎石室爛柯之義，而不混於世俗之流也。信乎，仙家之歲月與塵世迥不同者，於此又可見矣。余嘗謂棋可以延歲月，可以忘世慮。竹樓磐石，泉畔松陰。終日相對，悠悠何心。余將攬赤松，拉王質，挽四皓，呼九老，竟日較勝負於武陵桃源之外。且不忍獨得其樂，而必欲與世之慕仙者共之，乃援筆而爲是序。

南極遐齡老人臞仙書。

（明正德間刻本）

瓊林雅韻序

夫治世隆平，人心和樂，心聲之發，自然成文，率多寓於詠歌。而有詞曲樂章之作，不能無音韻。故曰"聲成文謂之音"。然而遠夷殊俗，缺舌異音，不能循律蹈呂者多，於是有卓氏著爲《中州韻》。世之詞人歌客，莫不以爲準繩久矣。予徐覽之，卓氏雖工，然頗多舛誤脫落。一日，因琴書清暇，操翰濡墨，審音定韻。凡不切於用者去之，舛者正之，脫者增之，自成一家，題曰《瓊林雅韻》，庶使作者有所持循，而不失之衍遠也。蓋詞章猶車也。善御車者，必範其馳驅；善爲詞章者，故必正其音韻。猶以詭遇御車，其不能行遠也審矣。此韻之設，如使王良造父之御，而射者自無不中。詩不云乎："不失其馳，舍矢如破"，此之謂也。於是乎書。

（《四庫全書存目叢書》影印明刻本）

西江詩法序

詩不在古而在今，非今不能以明古之意；法不在詩而在我，非我不足以明詩之法。是以老狂畏逢掖之文。不足以張其志，乃以己之所得，取其法之所有，而自爲之序曰：

猗歟盛哉！古詩所謂詩之志者，爲天地寫真，爲山川出色，爲萬家增輝。可以泣鬼神，可以播造化，與《靈光》《景福》之相頡頏也。然人志不同，其言各異，則見其涵養自得之如何耳。故詩可學而性情不可學，法可學而興趣不可學。其詩法亦曰："法度可學而神氣不可學。"又曰："語不驚人死不休。"要皆自胸次流出，不可強學而能也。又知其志之不可學也，但無塵腐之氣，出語神奇，無所剽竊，足見其志矣，豈特投門下受教而有所規哉？使詩可法，則爲之志之學宜矣；使志可法，觀史者必無屠夫矣。如文江詩人黃裳《詩法》二篇，予初以爲迂之甚也，後徵而得之，深有理趣，極其精妙，則見其詩之爲志，大不凡矣。

然人之志，若志好侈麗者，則樂於華屋鐘鼓；若志尚清逸者，則樂於林泉琴鶴；若志在豪邁，則樂於酣歌雄飲。足見其人之志，有所不同也。是法也，雖不能襲其志，實足以鼓其志；雖不能法其詩，實足以法其法。鼓其志，懦者可以效其勇；法其法，曲者可以繩其直。效其勇者妬其氣，繩其直者導其理。理順則脈絡貫通，氣慨則襟懷磊落。貫通則風度好，磊落則膽氣粗。若爲人傳神，雖非其真，亦仿佛似之耳。誠爲詩家之模範，大有所得也。

今又得元儒所作詩法，皆吾西江之聞人也。其理尤有高處，乃與黃裳《詩法》互相取舍，芟其繁蕪，校其優劣。自謂不由乎我，更由乎誰？除文法及詩宗正法不取外，擇其可以爲法者，編爲一帙，使知吾西江人傑地靈，氣勁趣高，有如此之才人，有如此之詩法，使高明孰不拱手而歸之也。其何偉焉！其何偉焉！於是左執鯨杯，右操毛穎，揎臂大叫而言之曰：西山朝來有爽氣。未知有眼孔者其何如耶？遂擲而起。

宣德五年後臘一日涵虛子臞仙書。

(《全明詩話》齊魯書社 2005 年本)

賡和中峰禪師詩韻序

蘭之生於幽谷，猶草也，其清芬秀口而異諸草；玉之生於岡陵，猶石也，其溫粹潤澤而貴於石。蓋人生於兩間，其稟受之不同，有若蘭之與玉，故能於世施諸才而顯諸用。其若文華亹亹，斐然成章，燁然煥乎千載之下者，庶不負大丈夫立身於天地間也。有若草之於石，塊然無以自顯，醉生夢死於榮辱之鄉，屍行肉走於廣廈之下，雖有百斛之珍，萬鍾之粟，未足貴也。矧中峰妙濟禪師雖居方外，其天資異俗，慧性圓通。亦若蘭之於草，玉之於石，其清芬潤澤，自然成彰。故學士馮海粟知有異智，特以梅花百詠作詩百篇，欲扣詰之。方出卷，師曰："欲爲老僧和，再此戲兒輩也。緣其百題，而立意尤易；其韻不一，而用心非難，況絕句乎？"於是取筆作詩，一韻百篇，不日而成。海粟深異之。乃再拜床下，始稱弟子。於是名播華夏，光噴泉石，終古不泯。逮及於今，將僅百餘年矣。其天下文人才子，彬彬然莫敢企跋。

今年孟春之三日，晴雪初霽，麗日和融，予乃抱琴於膝，絃歌自娛。忽覺幽香襲人，遂推琴而起，乃與毛公穎、陳公泓、楮公潔、陶公泓四客乘興往觀焉。令一童子抱琴，一童子攜酒，登梅月幽香之亭，徜徉般礴，鼓琴詠歌而樂焉。少間，與客共酌，慨然有所雅適，暢然有所曠達。且飲且歌，再欣再喜。楮公乃出中峰之詩，浩然而歌。予因觀蓬軒道人之序曰："師之詠梅花，若非天賦之聰，穎悟之慧，雄才特達者，孰能及焉？"予撫掌而笑曰：

"今豈無人耶？何言之過也？"

遂不覺酒闌興發，亦賡是韻，掃筆成三十餘篇。值明月方升，天宇澄寂，時將夜矣，客乃告歸。□夕再造於門曰："酬夕之詠，百篇可就矣。"於是相對大笑。脫綸巾而坐花，倒壺觴而共酌。飲酣，喟然而歎曰："愚道雖不能擬於中峰，而詩亦可以並價矣。"客乃吐舌而走。

(明嘉靖三十二年安簡王曾孫靜觀重刊本)

註：① 中峰禪師（1263—1323），法名明本，俗姓孫氏，錢塘人。朱權和中峰詩一百零八首。

② 馮海粟（1257—1327），名子振，號瀛州客、怪怪道人。攸州人。曾仕爲承事郎集賢待制。詩人，散曲作家。其《梅花百詠》，收入《四庫全書·集部·總集類》。

太和正音譜序

猗歟盛哉！天下之治也久矣。禮樂之盛，聲教之美，薄海內外，莫不咸被仁風於帝澤也，於今三十有餘載矣。近而侯甸郡邑，遠而山林荒服，老幼瞶盲，謳歌鼓舞，皆樂我皇明之治。夫禮樂雖出於人心，非人心之和，無以顯禮樂之和；禮樂之和，自非太平之盛，無以致人心之和也。故曰"治世之音安以樂，其政和"。是以諸賢形諸樂府，流行於世，膾炙人口，鏗金戛玉，鏘然播乎四裔，使鴂舌雕題之氓，垂髮左衽之俗，聞者靡不忻悅。雖言有所異，其心則同。聲音之感於人心大矣。余因清宴之餘，採摭當代群英詞章，及元之老儒所作，依聲定調，按名分譜，集爲二卷，目之曰"太和正音譜"；審音定律，輯爲一卷，目之曰《瓊林雅韻》；搜獵群語，輯爲四卷，目之曰《務頭集韻》。以壽諸梓，爲樂府楷式，庶幾便於好事，以助學者萬一耳。吁！譬之良匠，雖能運於斤斧，而未嘗不由於繩墨也歟！時歲龍集戊寅序。

(民國《涵芬樓秘笈》影印藝芸書社藏本)

太古遺音序

　　孰謂大道在天而人遠，孰不知道之於人者尤近矣。且夫人生兩間，稟乾坤之氣，得陰陽之精，可以奪造化，搏陰陽。故聖人製琴以養性。

　　琴之爲物，得天地之正音，可以感神明而合造化之妙。是以有道之士得之於心，應之於手，發乎絲桐，爲音聲以合神明之德。俯仰宇宙，含情寄意，慨古感今，釋懷伸志者，皆不形於語言而付之絲桐者，何也？蓋不爲人知而爲神達矣，何其大哉！

　　於是乎予乃抱三尺之桐，神遊於千古之上，回淳風於指下，發遐想於胸中。是以放浪形骸，怡悅性情，故不爲世之所隘，飄飄然出乎造化之外，俯八紘而遊乎蒼茫，吸元气而飲沆瀣，縱神響於太虛，弭璃節於天府。此刻心與道契，氣與神合者也，豈非道之在人爲近者歟？

　　然是書也，乃芝翁田君所纂，目曰《太古遺音》，集爲三卷。至嘉定間，祖雲楊君目爲《琴苑須知》，表而進之於朝，以爲一代之佳製也。於今僅二百餘載矣，今罕得其傳。予昔得於塗陽，多有脫落；後至江右，數見有之，皆未盡善，亦非舊本也。故常爲之歎息。於是從考校正，無益者損之，脫落者補之，定爲二卷，仍名曰《太古遺音》，俾好事者有所助焉。

　　時永樂癸巳十一月望日序。

（明嘉靖金臺汪氏《新刊太音大全集》）

神奇秘譜序

　　粵自蒼精之君，按五行之德以定五音，乃製琴瑟，始有琴焉。赤精之君，削桐爲琴，繩筋爲絃，而又繼其制也。軒皇以遞鐘之琴，會神靈於西山，以歆神明之德。此三聖之所兼備也。

　　然琴之爲物，聖人製之以正心術，導政事，和六氣，調玉燭，實天地之靈器，太古之神物；乃中國聖人治世之音，君子養修之物，獨縫掖黃冠之所宜。奈何俗澆道漓，淳風斯竭，致使白丁之徒，負販之輩，娼優之鄙，夷狄之俗，惡疫之類，一概用之，曾無忌憚，乃使妖氣侵淫，厭毀神物，斯琴之不祥，物之不幸，貴物賤用，道有不古者矣。

劉向曰："貴物不加於臣下，禮樂不陳於四夷，況其琴乎？"予乃惻然興慨，每爲痛惜。於是振頹風於既往，追太樸於將來，故作是序以正之，使師之所授者，必擇其人而傳焉。故無訛毀於玄造，而皇大音之妙也。

然琴譜，數家所載者，千有餘曲，而傳於世者，不過數十曲耳。不經指授者，恐有訛謬，故不敢行於世以誤後人。予昔親受者三十四曲，俱有句點，其吟猱取聲之法，徽軫之正，無有吝諱，刊之以傳。後學觀是譜皆自得矣，非待師授而傳也，誠爲萬金不傳之秘。止上卷《太古神品》一十六曲，乃太古之操，昔人不傳之秘，故無點句，達者自得之。

是以琴道之來，傳曲不傳譜，傳譜不傳句，故嵇康終其身而不傳，伯牙擲其琴而不鼓，是琴不妄傳以示非人故也。

予謂琴操抿於世者多矣，遂命琴生桂岩李吉之、蘭谷蔣怡之、竹溪蔣康之、玄圃何勉之、靜庵徐穆之五人，屢更其師而受之，而琴道乃正大概。其操間有不同者，蓋達人之志也。各出乎天性，不同於彼類，不伍於流俗，不混於污濁，潔身於天壤，曠志於物外。擴乎與太虛同體，泠然灑於六合，其涵養自得之志，見乎徽軫，發乎遐趣，訴於神明，合於道妙，以快己之志也，豈肯蹈襲前人之敗興而寫己之志乎？各有道焉。所以不同者多。使其同，則鄙也夫，細之甚也。

今是譜乃予昔所受之曲，皆予之心聲也。其一字、一句、一點、一畫無有隱諱。其名鄙俗者，悉更之以光琴道。故不凡於俗，刊之以傳於世，使天下後世共得之，故不致混於後學。屢加校正，用心非一日矣。如此者十有二年，是譜方定。庶幾有補於萬一，以回太古之風，再見羲皇之化，葛天、無懷之世，又將有待於今日也，得之者，可不珍襲而秘焉。

時洪熙乙巳三月一日臞仙書。

（1956年中央音樂學院民族音樂研究所影印明刊本）

神奇秘譜・秋鴻解題

　　臞仙曰：琴操之大者，自《廣陵散》而下，亦稱此曲爲大。蓋取諸高遠遐放之意，遊心於太虛，抱異世之學，與時不合。知道之不行，而謂道之將廢，乃慷慨以自傷，欲避地幽隱，恥混於流俗。乃取喻於秋鴻，凌空明，干青霄，擴乎四海，放乎江湖，潔身於天壤，乃作是操焉。故爲之賦曰：

　　有鳥之能賓秋兮，知其時而南翔。決雲漢以上征兮，聲嘹喨以渡江。避祝融之方北徙兮，倏木落而驚霜。乃引群以入塞兮，徒區區於稻粱。何關河之云遠兮，而不忘乎故鄉。亙萬里之匪遙兮，獨不過乎衡陽。信不失於山川兮，義不背乎他邦。禮有倫而自列兮，奚有序而有行。健翮舉矣，秋空是將。下歷江漢，上摩彼蒼。向空明之一碧，杳沖破於蒼茫。或稽棲於南浦，或遠落於瀟湘。或入雲以避影，或銜蘆以自匡。志不侔乎燕雀，仁可類乎鸞凰。眼何空於四海，量何大於八荒。矧取喻於高士，善出處其行藏。慨高翔以遠引，恥趨赴於炎涼。嗟世途之擾擾，豈混俗乎庸常。因重其志之高遠，乃作是操以頡頏。故製之於徽軫，養吾以浩然之耿光。或問製作者其誰，苟非老於琴苑，孰能爲之揄揚。乃西江之老懶，誠天胄之詩狂。羌扶醉以寫興，故謦咳於是章。

　　　　　　　　　　　　　　　　　（同上《神奇秘譜》卷下）

註：朱權輯《神奇秘譜》收琴曲六十餘曲，每一曲前有朱權所寫解題。最後一曲即《秋鴻》，其解題涵賦一首，異於他曲之解題，當有朱權之人生寄託。或有據此以爲此曲係朱權所作者。

化域碑（殘句）

　　統封疆九十餘城鎮，龍朔三千餘里，逐單于於陰山，拒契丹於遼水。瀚海肅清，疆域寧謐，父皇太祖高皇帝有詩以壯之，慨夫一世之雄也。

　　　　　　　　　　　　（《盱眙朱氏八支宗譜》朱統鎀《寧獻王事實》）

（鮑恂）大易鈎玄序

建陽城之表者，則必擬乎土圭之法；定方隅之體者，則必正乎指南之規。是知造化以假物，而《易》之爲書又必因人而明焉。按神農《重卦》說云：羲皇得河圖始畫八卦。後人因而重之，是爲六十四卦。王嗣輔以爲宓羲，鄭元之以爲神農，孫盛以爲夏禹，史遷以爲文王。《乾鑿度》云：垂皇策者□用著在六爻之後，是羲皇已重卦矣。"書契取諸夬"，是羲皇之時已有夬卦，其重明矣。羲皇乾上坤下，立天地之位也；《歸藏》先坤後乾，尊萬物之母也。《連山》乾始於子，坤始於午，以明先天之道；《周易》尊乾卑坤，其體乃定。其間鈎深索隱之理精微之奧，渺□而無間焉，讀《易》者□可得而明矣。然《易》之精者，獨鮑氏得其所傳之妙，而勿行於世。

先生崇德人，姓鮑名恂，字仲孚，元乙亥進士也。深得太易之旨，乃作是書以宣太易之道，名曰《學易舉隅》，而授之連山陳先生亮，亮授之建安趙先生志道，志道授之黃州程先生伯昌。先生名蓍，生於至元十七年丁酉。生而英爽超卓，穎悟且奇，貫通三氏之學，深得太易之旨，而合乎神明之德，出於人也大不凡矣，可謂奇士也。於是重加訂正，以明聖人作《易》之心。十年間屢欲刊行而事不果。□非造化之秘而不然乎？噫！然鮑氏之書，非先生不足以發其蘊。今先生之傳非予不足以光先生之旨，傳於方輿，繼於萬世，使先生之德，與是書同其耿光於無窮焉。其有功於《易》也大矣。惜乎《易》之學者不能造其閫域，得其傳者，莫過經學之大□，儒者之門庭耳。入室之言，未聞一語，此《抱樸子》所謂 "在紗幌之外，不能察軒房之內" 者也。徒揣淵妙於不測，推神化於虛誕。今觀是書，則造其閫域，有是望矣。乃命壽諸梓以示後學，更其名曰 "太易鈎玄"。

時歲旃蒙單閼月在修玄朔有二日涵虛子臞仙書。

（《續修四庫全書》影印本）

註：《大易鈎玄》，元鮑恂作。《浙江通志》：恂字仲孚，崇德人，徙居嘉興西溪。三領元江浙省鄉試，薦爲翰林不就。洪武初召至京師，命爲文華殿大學士。

（胡奎）斗南老人集序

是詩者，斗南虛白胡先生之詩也。其序也，涵虛子臞仙之所作也。

凡欲舉其事，必先昭揭其文以發揮之，務在輝煌炫赫，以光厥績。然有其詩而無其文，如舟之無水，不能以行遠。今先生之詩，又非艙艇之比，乃萬斛之舟焉。非巨浸不能以達江海。莊子所謂："夫水之積也不厚，則負大舟也無力。"予之文，實不足以比巨浸之厚；而先生之詩實不侔乎艙艇之小。故借予之文，以假巨浸，庶幾可以達於江海，通於天下，是有望於斯文也。乃呼中書君、即墨侯而告曰：

詩之行於世者多矣，而作詩者又多矣，而無一人與焉。雖孩提之兒亦能言之，而童顛沒齒者不能作也。是知人之爲詩者易，而不知詩之爲人者難。難易之說，非窮微至妙而不能以窺其徼也。苟非酌天和飲玄化而得性理之端倪者，曷足以觀於此哉！

先生，浙之海寧人也。生於元至順乙亥（按：至順無乙亥，當爲元統）。及長，師事於參政貢師泰之門，因客與師泰評古詩，有"太行積雪都消盡，船到舒州水正高"之句。師泰曰："太行在何處？舒州在何處？紕謬太甚。"時先生方十有二歲，在旁笑曰："太行雪消時，莫不天下雪都消盡耶？"泰奇其神童，曰："此子日後必能作詩。"後歷元三朝，聲譽聳於京臺，詩名振於淵藪。我朝國初，以儒學授教授。予求爲王門師，居豫章七年。予憫其衰老，遣使送歸海寧。明年卒於家，時年七十有五。

先生以詩鳴於世者久矣。然生而穎悟，天性不凡，其胸次之量，又是一般涵養，與人不同之處多。但託興於詩酒，隱化淪景，有出世間語，非神仙中人，莫能及也。白玉蟾有曰，"收入酒生涯，擁出詩世界"，蓋有得於此矣。鴻飛冥冥，弋人何慕；籬下燕雀，徒啾啾耳，豈不然乎？其高處若披太華之朝霞，叫天門之閶闔，泛泛者莫能及也。駑駘之競駸驥，愈望愈遠，不過伏櫪俯首而已。其幽深邃遠者，飄然如凌霄之鶴，雖鄒衍相如，不足以形容其高；其雄傑豪邁者，凜然如嘯風之虎，雖季子張儀，不足以張皇其大；其咀嚼道妙者，雖邵子种放，不足以研襲其蹟；其游方之外者，雖子休列生，不足以摹寫其真。酌酊造化，盤礴宇宙，鬼神爲之駭矚。兩稱"斗南"之名，可謂異矣。

昔宗哲徐將軍居西山，有道士過訪。飲間，童子以蕨獻於几上。道士指之曰："一拳打得地皮穿，握住東風不放拳。祇待杜鵑啼血後，展開鳳尾始朝天。"問其所作，以箸書"斗南一人"四字於几上。時先生未有是稱。宗哲曰："昔狄仁傑稱'斗南一人'，莫非仁傑之詩乎？"道士但搖手大笑，俯而不答。少頃酒酣，失其所在，宗哲異之。後得先生詩稿，方知先生詩也。其道士，仙也。先生之詩，鬼神亦嘗取矣。稱爲"斗南一人"，豈非神仙中人耶？及先生歸海寧，泊於鄱君之望湖亭，見碑上有東坡詩曰："黑雲堆墨未遮山，白雨跳珠亂入船。卷地風來忽吹散，望湖亭下水連天。"先生賡其韻曰："鷗外清波雁外山，望湖亭下繫歸船。夜深起坐占風信，龍在珠宮月在天。"書於壁間。久之，或有老人，狀貌甚奇，觀其詩曰："幾六百年無此詩矣。爾非斗南老人耶？"乃爲長揖。舉首，不知所往。因是以"斗南"爲其號。時人皆稱之爲詩仙，信不誣矣。故命壽諸梓，以傳無窮焉。

涵虛子臞仙書。

(《四庫全書》集部《斗南老人集》)

附 《四庫全書·斗南老人集》提要

臣等謹案：《斗南老人集》六卷，明胡奎撰。奎字虛白，海寧人，生元至順間。嘗遊貢師泰之門。明初以儒學徵，官寧王府教授。是集前有寧王權序，稱其晚年泊舟鄱陽望湖亭，見石刻東坡"黑雲堆墨未遮山"詩，次韻和之。俄見一叟來誦其詩，曰："子非斗南老人耶？"因以自號。其事頗怪，疑好事者附會之，莫由詰其真妄也。朱彝尊《靜志居詩話》稱："吾鄉雲東逸史曾手錄其稿，舊藏項氏天籟閣，繼歸高氏稽古堂，後爲華山馬思贊所藏。案今世所傳奎集皆出天籟閣抄本，止有四卷。前有項元汴題識，而無寧王原序。此本爲明初寧王府文英館所刊，見於《寧藩書目》。昆山徐氏傳是樓又從原刻影抄，實分六卷，凡詩一千九百餘首，與項氏所藏互校，乃知彼多所脫佚，不爲足本。觀寧王序中又載：宗哲徐將軍居西山，有道士過訪食蕨，道士吟一絶句云：'一拳打得地皮穿，握住東風不放拳。祇待杜鵑啼血後，展開鳳尾始朝天。'問其所作，以箸書'斗南一人'四字。"時先生未有是稱。後得先生稿方知先生是也。與望湖亭和詩一事文相連屬。而朱彝尊《靜志居詩話》獨未採錄，知彝尊所見惟天籟閣殘本，其記望湖亭事，亦從都穆《南濠詩話》攟入耳。奎詩不事雕飾，往往有自然之致。彝尊謂其功力既深，格調未免太熟，誦之若古人集中所已有者，其言誠不爲過。然春容和雅，其長處亦不可掩。視後來之捃拾摹擬者，固有間矣。乾隆四十六年四月恭校上。

（胡儼）頤庵文選序一

登崇山則知喬木之衆也。既而入巴蜀，登岷峨，見梓檀焉。小者合拱，大者千尺，枝干層雲，根盤巨壑，經千萬歲而風霜不能凋，斤斧不能加者，則知其材矣。其於人也亦然。見歐陽公以爲幸也，及見曾南豐、蘇子，則又知其人焉。今士之於世也，可以立身，可以行道，而不棄於當世者，有如歐、蘇、南豐者乎？其文章之作，有比於三子者乎？抱貫道之器，而馳騁乎廟堂之上，游泳乎六經之中，規矩乎政治，繩墨乎綱常，醞釀成太平之業，其道將以傳乎萬世之下者，非老於文學，曷能行其道哉！

是書者，豫章頤庵先生國子祭酒胡公之文集也。觀先生之文，則則知先生之德、之行、之才、之志出於人也尚矣。蓋文可以觀人，可以取士。故聖王之所以得人，未有不由於斯。自漢唐以下，得其文之優者，獨稱韓、柳二人，而繼之以歐、曾、蘇三君子而已。文豈易言哉！

今先生之文，其辭雍容，而其氣洋溢，藹然蔚然之意，見乎言義之表。故其文幽深混涵，人莫可測。仰而視之，若匡廬、華嶽，巍然有層巒疊嶂，莫能躋其分寸；俯而察之，若彭蠡、洞庭，浩乎洋洋，莫能得其蠡測；臆而思之，若空明之灝瀚；味而咀之，若玄酒之與太羹。其高處，若躡層霄，挽牛斗於星河之上；其妙處，若郢人之斫堊，凜乎其不可犯，而又得之。其妍麗也，若桃源春曉，霞舒霧卷，旭日初旦也；其抑揚也，若天馹脫羈，振鬣一鳴，而萬馬皆喑；其壯也，若橫槊西風，揮戈指日；其清也，若老鶴之巢松，孤猿之叫月。其幽深思遠者，若幽蘭之發乎深谷，但聞其芬馥，而莫測其所從來，非有眼力者，曷能識也？是知文章於得人也難矣。

先生始以文學魁鄉貢，三任黌宮之職；再擢縣令，以寄百里之命；遂入翰林，以掌絲綸，出納帝命於明堂之上；再拜春坊，爲青宮諭德，輔贊皇儲。未幾，舉天下道德文章之士，取才德之優者，獨先生一人耳。以繼宣聖之道，爲國子祭酒，師範天下，可謂貴矣，榮矣，如是者幾四十年。先生以老疾辭祿告歸，天子不忍其去國，再拜太子賓客，歸豫章之城南，卜築以居，可謂介爾眉壽，錫爾景福，以老此生。士之於世，行之仕途，而得榮歸故里者，雖古之明哲，鮮能及矣。

其莆田方伯靜者，好學之士也，嘗得先生之文稿焉。一日，予以文學自論，伯靜乃出是書而獻之。其間文理皆出人言意之外。或一篇之中，一句之內，有得性理之奧者，有出於神奇之妙者，不覺心與妙融，且驚且愕，未嘗不爲之掩卷興歎，慨然自釋，便覺胸中有所自得。若《述志》《感寓》《歸休》之賦，《別墅》之文，《聽雪》之記，大有過於人矣。其楚辭也，如《謁文丞相祠》及《石鼓》《毀壁》《秋風》等篇，皆深得騷體。其意趣高古，而人所形容不至者。而皆得之矣。又若《友竹》《友桐》之序，皆能摹寫造化而得物之性情，可謂盡其神矣，豈庸腐可得而想象哉！至於詩詞樂府之作，如《述古》《雜詠》之詩，大能感發人之情興，又可慨也。其碑銘、墓志也，如《溫忠武公廟碑》之作，皆能昭述前烈，以繼後世萬古一日也。若是者，實文章之歐冶，可以陶鑄後學。

嘗謂文章乃天下之公器，其高下淺深，有不可掩者矣。故君子欲成人之美者，豈無一言以述之乎？是謂桴布鼓於雷門，擊瓦缶於宣室，誠可愧耳。

宣德壬子正月十六日涵虛子臞仙書。

（《四庫全書》集部胡儼《頤庵文選》）

（胡儼）頤庵文選序二

按《六書故》曰：儒者講六藝之文，明先王之道，經緯天地之理也。詩，六藝之一也。詩言乎志，有諸中而形諸外，則知其人矣。故詩所以道性情、該物理、敘風化者，志之所發也。孔子刪《詩》以明教化，是使異端邪說不得以害正道，其功大矣。後濂、洛諸儒而又發明其理，以開萬世至中至正之道，而學者得其宗焉。如唐韓子爲浮圖文暢送行之序，柳子首倡其事以告韓子，韓子乃爲文以告之曰：有以儒名而墨行者，正爲柳子言也。有以墨名而儒行者，爲文暢言也。其間未嘗有一字爲送行之說，蓋以聖人之道正之耳，其旨微矣。近世儒者有作浮屠詩文碑記，張皇詖誕之說以諂其徒，以隆其事，以爲博學，以墮名教。孔子所以尊吾道而斥異端者，安在乎？宋太宗所謂孔門之罪人，宜矣。今是詩五百三十餘篇皆得詩人之體，而其言無一字爲浮屠之說，得儒者之正。孟子曰："我知言。"吾故於是詩喜而有取焉。使後之作者不流於淫詞詖說，則亦可以思無邪矣。故爲之序。

宣德壬子正月十九日涵虛子臞仙書。

（《四庫全書》集部胡儼《頤庵文選》卷二）

註：胡儼《頤庵文選》卷二爲詩選。

重編海瓊玉蟾先生文集序

且夫夷牟之作矢也，非揮氏之爲弓，雖有扶拾，不能發也。雖有砮銳，不能以威天下。故一舉而兩利焉。今以我而成是書，猶矢之得弧也，審矣。與先生非有夙契仙靈，曷能續是書於既絕？於是焚香祝筆而爲之敘曰：

儒者謂出入三氏，籠罩百家，非世俗所能也。余自乙亥於江浦遇純陽，明年於樂安與先生邂逅一遇，兩載之間，兩遇天真，倏爾四十七年矣。近自甲寅得三峰張真人信，知先生上居太清職司，運會間忽下游塵境。去歲夏忽又復遇先生於豫章，自稱王詹，乃知即玉蟾之隱名也。與余相對，謦欬一笑，人莫能識。自是別後，莫知所往。秋乃得是書，皆先生平昔所作之詩文數十萬言。昔先生囑其徒鶴林輯之行於世久矣，歲月湮沒而無所傳。今偶得是書，如親師面。誦之再三，油然心與妙融，恍然置身於太清之境。苟非大羅之霞客，曷能語於世哉！

蓋原本篇敘不一，《上清》《玉隆》《武夷》三集內未入者皆收之。今重新校正，定爲八卷，附錄一冊，乃霞侶奉酬之玄簡，仍綴諸卷末，摹寫成集，而壽諸梓，以永其傳焉。使先生之有知，必不棄我於塵寰也。將有望於竊瓢笠，負琴劍，同遊於太清者焉。

時在正統壬戌孟秋一日也。南極遐齡老人臞仙書。

（明嘉靖刻澹安居圈點本）

（陳繹曾）文章歐冶序

世之奇者，奇莫奇於是書。而所奇者，幾近道矣。汶陽陳繹曾，演先聖之未發。泄英華之秘藏，撰爲是書，名曰"文筌"，可謂奇也。然出乎才學，見乎製作，規模又可謂宏遠矣。孟子所謂能與人規矩，不能使人巧，要在天性明哲之何如耳。得之者，可以宣天地之化育，拯綱常以匡道德之學，安世治民，以明仁義之教，方謂之文。不知體製，不知用字之法。失於文體，去道遠也。孰不知文章製作五十有一，各有體製。起承、鋪敘、過結皆有法度。稍失其真，則不爲文。其間取捨輕重之法，囊括蘊奧精微之旨。有不可形容而舉者，若海天澄澈，萬象倒影。仿乎其有形，擴乎其無跡，看周秦漢之文章，則得之矣。有祇用一字以明萬世之功，一字以正萬世之罪者，有下一字不言罪而莫大乎罪，不言功而莫大乎功，有諸中而不形乎外。若此者，皆作文之法。能知此者，可以語於文矣。

嘗謂《國語》不如《左傳》，《左傳》不如《檀弓》。《晉獻公》"申生"

之章，蓋其文混涵。申生辭狐突數句反覆救互，義理極切，便可見用文之法。如《老子·謙德》章云"或下以取，或下而取"，"以"字是上取下，"而"字是下取上。此二字乃用字之法，妙在入神。是謂一夫當關，萬夫莫敵。故《檀弓》內有"君安驪姬"之句。"安"字乃是用字之妙。其用法與《老子》同。非有眼力者莫能見。

是以古人作文，一篇之中，有關鍵縝密，理固而不可攻者；有作六七段，拆開而不失義理者；有祇以一字，生出百千字者，是知作文難而用字尤難。與夫《文章精義》校而論之，彼以宏辯而簡，此則矜式太隆。但繹曾所評諸賢，皆出於一己之見。故不足以公天下。若評太白之才，變化不及子美之類是也。予以爲不然。乃重判二賢之體而正之。然其書有可法者，故取之。乃命壽諸梓，以示後學。使知夫文章體製有如此法度，庶不失其規矩也。更其名曰"文章歐冶"。以奇益奇，不亦奇乎！

（明朱權刻《文章歐冶》本）

註：陳繹曾，元天曆至順前後人，官至翰林院編修。著有《文筌》《文說》《古文矜式》等，皆論行文之法。今存有明初刻《文筌》八卷本，改書名爲《文章歐冶》，卷首陳繹曾序前另有一序，無署名，但序尾有朱權慣用之連體字"中和"花押及"昭回雲漢之章"，因知此序爲朱權作。序中稱此書名係此次付刻時所改。按《四庫全書總目》朱謀㙔《續書史會要提要》列朱權著作目錄（含朱權加工與刊刻之他人著作）中亦列有《文章歐冶》。

【二】散佚詩歌輯錄

日蝕

光浴咸池正皎然。忽如投暮落虞淵。青天俄有星千點，白晝爭看月一弦。蜀鳥亂啼疑入夜，杞人獨走怨無天。舉頭不見長安日，世事分明在眼前。

（清錢謙益《列朝詩集》順治九年錢氏絳雲樓刻本）

註：錢謙益《列朝詩集》註《日蝕》云："史稱王怨望不遜，以《日蝕》證之，信矣。"

囊雲詩

蒸入琴書潤。粘來几榻寒。小齋非嶺上，弘景坐相看。

（清錢謙益《列朝詩集》順治九年錢氏絳雲樓刻本）

附： 錢謙益《列朝詩集》註《囊雲詩》

臞仙每月令人往廬山之巔囊雲以歸，結小屋曰"雲齋"，障以簾幕。每日放雲一囊，四壁氤氳，如在岩洞。昔陶弘景行山中，聚雲囊內，遇客輒放之為贈。臞仙風致不減弘景也。余觀周憲王有《送雪》詩。臞仙"囊雲"，憲王"送雪"，此宗藩中佳話，可屬對也。

送天師

霜落芝城柳影疏。殷勤送客出鄱湖。黃金甲鎖雷霆印，紅錦韜纏日月符。天上曉行騎隻鶴，人間夜宿解雙鳧。匆匆歸到神仙府，為問蟠桃熟也無？

（明增補本《千家詩》）

註：天師：東漢張道陵創立道教，被尊爲天師，世代相傳，稱張天師。爲正一派道教領袖，該派以江西鷹潭龍虎山爲福地，至今已傳六十餘世。按時間推測，此天師當爲四十二代天師張宇初（？－1410）。宇初字子璿，別號耆山。

早行吟

跳上金鞍著一鞭。馬蹄輕快思茫然。露垂草上珠還重，月掛松梢鏡未圓。遠寺僧敲三棒鼓，隔江人喚兩開船。錦囊未審詩多少，分付奚童健着肩。

（《盱眙朱氏八支宗譜》）

大道歌

大道生吾身，陰陽運吾質。寄身天地間，死生平經歷。死生中有門，門路各分別。一門陰靜中，於中有靈寂。修成陰中神，此是西胡術。別有陽中道，妙秘在仙籍。徑指天地根，此根號真一。生於天地先，天地因而闢。令人採取精，煉爲庚辛室。邀取木中龍，合之令契密。忽然爲夫妻，漸生男與女。十月男女多，卻化爲金液。金液作神丹，餌之天地畢。盡情告同人，何妨留意覓。日月速如風，三萬六千日。光陰既如是，胡爲不勉力。人能修是道，壽可超無極。

捧出一輪紅日，照徹大千世界。於中勘破玄機，萬里碧天尤邁。

（《盱眙朱氏八支宗譜》）

證道歌

我今製此《救命索》。畏死之徒當謹學。此是初乘入道門，更有一般不死藥。不在山兮不在川，神州赤縣宜修合。教君煉己築丹基，須向蓬壺求罿籥。生煞機中倘有逢，先後之天氣可奪。若能服氣更伏氣，頓使積陰盡銷鑠。尤防火候最艱關，九載功成須脫殼。一身能化百千身，個個昂然會騎鶴。海桑陵谷幾更遷，坐視鴻茫辨清濁。他年煉就體純陽，方敢人間露頭角。

始知我命不由天，造化五行安可搏。如果無緣事不然，也要殷勤守鄞鄂。
一朝降下紫皇宣，穩駕龍輦升太漠。試問誰人作此歌，乃曰臞仙爲君作。

（永樂庚子本《救命索》卷末）

梅花百詠（百八首選二）

一

詩有玄機花有神。於中勘破解吾真。吟成風月三千首，獨步南州祇一人。
豪放自知非爲酒，雄才豈肯混凡塵。笑談廣遍中峰韻，筆底挽回天下春。

二

吟詩可以敵疲神。題到梅花興最真。豪放不遙懷李白，雄才有志效唐人。
臨風咳唾成珠玉，處世伏遊豈混塵。本是九重天上客，袖中攜得大羅春。

（嘉靖三十二年宜春王朱宸湆刻本）

註：元馮子振與釋明本有唱和《梅花百詠》。朱權和詩百八首。

送御史戈定遠歸覲

柏臺御史久思親。泗水津頭望白雲。幾處別情春晚路，來年小夢夜歸人。
嘉禾海上青山冷，萱草堂前白髮新。此日天心應可鑒，由來孝子是忠臣。

（《四庫全書》本沈季友編《檇李詩繫》卷三十九）

原註：定遠字尚武，平湖人。永樂間御史。工古文辭，立朝有風節。

宮詞百首

山人不能揚舲，海人不能騤騤，所處之地非也。大概宮詞之作，出於帝王宮女之口吻。務在親睹其事，則敘事得其真矣。予生長於深宮之中，豈無以述乎？雖不盡便娟之體，其傳染寫真之意，間有所似。可謂把鏡自照，不亦媺乎？乃以百篇敘其事，未知識者以爲何如耶？永樂戊子五月臞仙題。

瑞靄氤氲王氣高。神光炬赫遍神皋。彤庭初奏鈞天樂，雉尾齊開見袞袍。

六合朝元仰聖躬。帝心簡在與天通。巍巍王道平如砥，共樂咸熙大有中。

太平有象樂時雍。刁斗聲閒罷夜烽。從此宮中無事日，《南風》惟奏五絃桐。

御輅揚鑾出九重。千官肅聽景陽鐘。一聲警蹕從天下，百辟雍雍仰聖容。

閶闔雲深鎖建章。曈曨旭日射神光。紫宸肅肅開黃道，萬歲聲中拜玉皇。

樓閣崔嵬起碧霄。微聞仙樂奏《簫韶》。天風吹落宮人耳，知是彤庭正早朝。

天雞初報五更籌。萬户簾旌控玉鈎。合殿報傳妃子過，御香先到鳳墀頭。

銀潢斗轉掛疏櫺。翡翠窗紗夜未扃。三弄琴聲彈大雅，一簾明月到中庭。

忽聞別院品瑤笙。花下聽來獨自行。三十六宮秋一色，不知何處月偏明。

《鈞天》迭奏昆明池。桃花春暖魚龍嬉。殘妝洗作臙脂水，流出宮牆汙燕泥。

十二銀屏十二峰。一峰一個繡芙蓉。東風吹醒陽臺夢，人在珠簾第幾重。

宮花着雨漸應稀。柳絮迎風不肯飛。恰似太真春睡重，玉容嬌惰不勝衣。

昨夜梅花漏早春。和香和月弄精神。休教玉笛三更奏，驚起含章夢裏人。

暖日烘晴淑氣嘉。春風先發上林花。鶯朋燕友時相得，似識東城帝子家。

霽天旭日敞金扉。和氣氤氳滿禁闈。寶殿晝長簾幕靜，牡丹花下蝶交飛。

翡翠空閒雲母屏。宮娥夜坐數流螢。月華淡淡清無暑，笑把瑤笙學鳳鳴。

太液池中翻翠荷。小娃學唱採蓮歌。畫船不繫垂楊下，盡日隨風漾碧波。

小紅羅幕怯春寒。寶鴨煙銷夢欲殘。不識鳳衾深夜月，長門寂寞五更闌。

一點芳心足未休。兩般心事上眉頭。楊花不逐風前舞，偏趁遊絲繫舊愁。

溶溶庭院梨花月。風靜時聞笑語妍。今夜婕妤猶帶酒，秋千蹴破柳間煙。

寶妝蟬鬢彈金翹。露下銅盤月影遙。春思逼人眠未穩，閒開棋局度清宵。

重簾無處不春風。樓閣高低曉日中。萬歲聲搖山嶽動，五雲繚繞大明宮。

秋來處處擣衣聲。小院梧桐月正明。促織絮寒霜氣白，隔牆誰弄紫鸞笙。

學畫蛾眉弄晚妝。嬌羞無語暗思量。新來未識龍顏面，偷揭珠簾看上皇。

綠窗凝思久停針。羞見雙雙燕子吟。悶倚雕闌倦無力，不禁春色惱人心。

鎮日無人獨掩門。梨花月上又黃昏。空餘孤枕不成寐，撥碎琵琶彈淚痕。

曲闌開遍紫薇花。曉日瞳矓映彩霞。幾處笙歌鳴別院，不知聖御在誰家。

玉闌干外木犀開。應是西風昨夜來。宮女不知清露重，折花偷插鳳凰釵。

海棠亭上月華明。一夜東風酒半醒。隔簾鸚鵡學人語，恰似君王喚小名。

宮花獻笑逞嬌妍。占得東君雨露偏。幾度春風開又謝，妾容雖改妾心堅。

屈指顰眉歎歲華。總將心事付琵琶。不堪彈到關心處，蝴蝶雙飛上鬢花。

懶妝無力不勝扶。羞對籠燈妾影孤。水晶簾卷梧桐月，恰似嫦娥湛玉壺。

庭梧秋薄夜生寒。誰把箜篌別調彈。睡覺滿身花影亂，池塘風定月團團。

曉來睡起不勝愁。宿酒淹淹醉未休。笑撚花枝向誰道，倚闌無語自含羞。

小院飛花春晝長。竹陰移午上琴床。等閒不鼓《求凰操》，怕使六宮人斷腸。

自蒙君寵到昭陽。衣袖猶聞寶串香。半倚朱門久凝睇，和愁和月待昏黃。

睡起嬌羞尚未醒。隔窗無語聽啼鶯。幾回抱阮空長歎，閒把雕闌獨繫情。

深院日長瑤草生。重門不見幸車行。落花為怨東風急，一夜春歸到帝京。

柳色偏承雨露恩。也將青眼暗窺人。可憐不解東風意，仍把柔條綰舊春。

杏雨紛紛滿徑迷。穿簾燕補落花泥。銜將春色歸巢去，辜負鶯兒枝上啼。

睡覺矇矓眼半開。髻鬆倦整鳳凰釵。戶肩猶待西廂月，祇恐羊車別院來。

自入長安帝子家。一年一見紫薇花。花開花落年年事，不管愁人鬢又華。

擁衾欹枕暗傷心。起坐窗前弄玉琴。曾使君王痛憐惜，曲中猶寫白頭吟。

重重簾幙掩流蘇。花下相攜倒玉壺。報道停斟半含醉，踉蹌起舞倩人扶。

寒蟬泣露曳秋聲。楊柳枝頭淡月明。半掩櫳門怕關上，今宵猶恐幸車行。

池塘驟雨打新荷。點點如珠似淚多。縱把金針穿不得，幾回搔首奈愁何。

夜半蘭房春守宮。龍膏香浥紫金筒。封綃一點春無已，幾度花開不減紅。

素梅有意爲誰香。故出宮牆作淡妝。昨夜夢魂清入骨，覺來斜月到椒房。

幽花竹下自芬芳。旋摘瓊葩帶露香。收拾風光妬春色，六宮從此學新妝。

庭樹團團作翠陰。夜涼清話坐更深。無端感起閒愁思，彈到梅花月滿琴。

魷魚窗冷夜迢迢。海嶠雲飛月色遙。宮漏已沉參倒影，美人猶自學吹簫。

懶把金針繡鳳凰。唾窗絨縷暗留香。支頤半晌心如醉，倚遍闌干待晚妝。

淡染霜毫弄玉蟾。冰鈎不掛水晶簾。曉寒無奈鮫綃薄，詩筆慵拈意正忺。

翠翹高插燕居冠。曾使君王帶笑看。怪底遊蜂錯相認，翩翩飛向鬢邊攢。

彩勝雙雙鬪鳳釵。薄羅金鏤燕花牌。宮中先得陽和氣，知是春從天上來。

重簾不卷下瓊鉤。戶戶迎風雪打頭。時有笑聲來別院，故知宮女笑藏鬮。

一夜瑤華滿禁階。曉來旭日映西齋。宮人團雪作獅子，笑把冰簪當玉釵。

歌扇金書御製詩。桃花風軟鷓鴣枝。舞回體態嬌無力，絕勝當年喚雪兒。

金碧圍屏面面開。琴書盈几列平臺。晚涼偷把瓊簫弄，忽報鑾輿聖駕來。

雕簷蟾魄度罘罳。蛛網呈祥墜喜絲。知是昭陽有恩澤，燈花昨夜結紅芝。

寒蛩唧唧草間鳴。喚出新秋無限情。霜露滿天紅葉老，有人愁聽擣衣聲。

砧聲搗碎一天秋。況被寒螿絮不休。幾處孤眠長太息，好題紅葉向金溝。

笑語隨風下九天。恍疑人世有神仙。忽聞警蹕聲相近，知是君王列珓筵。

勤政須知創業艱。守成當謹在防閒。務隆大本惟親睦，共保皇圖泰宇安。

旋研花露試新妝。惹得遊蜂上下狂。羞把香紈撲蝴蝶，對人伴整薄羅裳。

一自承恩入建章。爲憐妾貌侍君王。殿頭自此書名字，日日聯班近御床。

開遍薔薇一樹花。月隨香影上窗紗。東君不肯容春住，寂寂長門老歲華。

花間坐月彈箜篌。一絃一字皆新愁。含情寄意向誰訴，柳外有人閒倚樓。

翡翠窗寒月一規。夜深偏向枕邊窺。無言起坐吊孤影，獨抱琵琶彈所思。

新選昭儀進御來。女官爭簇上平臺。宮中未識他名姓，都把花名作字猜。

宮女新傳御製詞。人人爭唱鬭歌時。嬌嗔不識《伊州》譜，錯把腔兒念作詩。

小立東風半掩門。楊花撲面也親人。妾心已作沾泥絮，不化浮萍到水濱。

紫殿春融淑氣多。曉光瑞靄映曦和。重簾不隔東風軟，燕蹴飛花片片過。

銀漢沉沉玉漏遲。一鈎斜月上花枝。恰似徐熙新扇面，美人歡笑共題詩。

淡月簾櫳秋夜長。移燈窗下製衣裳。停針半晌疑心事，恰似東風睡海棠。

寂寂重門夜沉寥。天風時送御香飄。三十六宮秋月白，美人花下教吹簫。

夜來靈鵲報歡聲。怪底燈花結絳英。笑卜金錢問端的，娟娟明月照虛楹。

碧紗廚浸水晶寒。涼夜迢迢漏又殘。花影入窗來枕畔，含情起坐把箏彈。

懶鬟蓬鬆眼倦開。起來慵整鳳凰釵。騰騰春困嬌無力，羞展芸窗玉鏡臺。

赴宴歸來酒正酣。半嗔半喜又羞慚。向人佯笑不成語，推卷羅衫理玉簪。

掬面東風酒暈濃。頻將羅扇掩羞容。抬頭祇恐君王見，伴把金針花下縫。

效顰常鎖遠山愁。蹙損東風翠黛羞。笑貼鬢鈿雙玉雁，一天秋思上眉頭。

誰剪吳江一幅綃。巧裁宮樣縷金袍。妖嬈偏稱腰肢小，每向龍墀侍早朝。

沉沉庭院夜如何。坐看黃姑織女過。月下偶然應識面，誰知人世有嫦娥。

梨花門巷月娟娟。獨擁鴛衾尚未眠。自笑風光暗憔悴，支頤欹枕默無言。

上苑尋芳挹翠華。東風先到帝王家。宮娥不識春歸去，爭插亭前芍藥花。

不識年華暗裏更。鏡中驚見鬢星星。更堪風雨催春去，怪煞東君太薄情。

近來嬌怯不勝衣。瘦損春風玉一圍。落盡海棠春又暮，綠楊枝上燕於飛。

自入宮來又幾冬。倚闌屈指數歸鴻。至今未識官家面，似隔巫山十二重。

長門芳草碧萋萋。輦輅年來幸漸稀。惟有杏花枝上月，夜深偏照繡羅幃。

瓊枝雪裏吐晴葩。似剪鮫綃簇絳霞。宮女鬭將頭上插，不教瓶內浸瓊花。

遠山凝翠疊青螺。秋水芙蓉映碧波。門外晚晴無限意，梧桐月落已無多。

金蓮步步響迴廊。未到先聞寶串香。知是六宮妃子至，殿前嘹亮奏笙簧。

流蘇斗帳暗生塵。香爐金猊冷繡茵。寂寂夜長猶未寢，窗間惟有月窺人。

月盦金鏡綺窗寒。雲母屏開五色鸞。寶篆有香椒壁靜，一簾紅雨杏花殘。

檻內新開白牡丹。君王常倚曲闌看。草木也蒙深眷顧，人生不遇枉衰殘。

翠盤金縷絳紗籠。銀燭熒煌照漢宮。應制草詞書細字，燈花報喜吐殷紅。

禁城春色又將過。歲月於人奈老何。不向鏡中添白髮，玉顏猶勝舊時多。

御溝新渌漲虹橋。夾岸垂楊映小桃。恰似美人春睡起，曉來無力不勝嬌。

梧桐月白浸銀床。起向金爐爇寶香。漫把玉琴彈《別鶴》，一天秋思夜偏長。

輦路飛花滿翠陰。數年無復幸車臨。獨有海棠枝上月，幾番圓缺到如今。

一入深宮二十年。窗間明月幾番圓。可憐寂寞無消息，獨倚朱門思惘然。

纔開雉扇見宸鑾。天樂催朝盡女官。寶駕中天臨百辟，嵩呼聲裏拜龍顏。

分鎮親藩奠四陲。居安常欲慮其危。萬方泰爾平如砥，帝業炎炎火德輝。

宵旰常存爲國心。大庭決政每親臨。祇防壅蔽成違遏，御筆當書丹扆箴。

大德如天統萬方。生民感仰若春暘。已知帝利蒙深澤，四海歡聲祝聖皇。

景星耿耿現神光。瑞應祥符帝業昌。壽域仁風沾聖澤，大明海嶽與天長。

先帝舊宮宮女在。亂絲猶插鳳凰釵。《霓裳》法曲渾拋卻，猶自花開掃玉階。

秋夜床前蠟燭微。銅壺滴盡曉鐘遲。殘光欲滅還吹着，年少宮人不睡時。

魚藻池邊射鴨。芙蓉園裏看花。日色柘黃相似，不著紅鸎扇遮。

池北池南草綠。殿前殿后花紅。天子千秋萬歲，未央明月清風。

(明周履靖萬曆庚子編《唐宋元明千家宮詞》卷九)

註：朱權《宮詞》有一百十二首與七十首兩種版本。此處所選詩作錄自周履靖本，題首朱權序據《叢書集成初編》張海鵬輯《借月山房匯鈔》七十首本錄。

附一：周履靖朱權《宮詞百首》序

高皇帝子，別號臞仙。博學廣記。好神仙方伎之說。所著《壽域神方》《活人心》《肘後經》等書，至今傳誦。《宮詞》摹寫盛明氣象，可與《關雎》《麟趾》並傳，無末代妖淫之習云。

附二：錢牧齋《列朝詩集》註

永樂間，上寵倖高麗賢妃權氏，濃麗，善吹簫，宮中盡效之。故臞仙宮詞有"天外玉簫"及"美人猶自學吹簫"之句。王司采《宮詞》亦云："'贏得君王留步輦，玉簫嘹亮月明中'皆紀實也。"

附三：清末陳田輯《明詩紀事》選錄此詩引《雙槐歲抄》

臞仙《宮詞》："忽聞天外玉簫聲"一絕，王司采《宮詞》："瓊花移入大明宮，旖旎濃香入晚風。贏得君王留步輦，玉簫嘹亮月明中。"是時賢妃權氏、順妃李氏、美人崔氏皆朝鮮人。權尤濃翠，善吹玉簫。永樂八年，侍上征虜，還至臨城薨，諡恭獻。朝鮮國王李芳遠，驛送妃父權永均至，拜光祿寺卿，食祿不管事，尋遣歸國，貢女不復至。聖德剛明，不為蠱惑如此。

詩歌佚句

剖開混沌竅，削出鴻蒙根。（原註：出《採芝吟》）

光吞壺裏天，香落梅邊影。（原註：出《採芝吟》）

道德為郛郭，乾坤作韞袍。（原註：出《採芝吟》）

雲閒天地闊，月冷松風寒。（原註：出《採芝吟》）

我命不妨天尚在，此生唯有道長存。（原註：出《壺天集》）

青山茅屋宜藏老，紅葉柴門可避喧。（原註：出《感興詩》）

驚回鶴夢歸書社，喚醒詩魔入醉鄉。（原註：出《感興詩》）

茶沸松濤疑是雨，酒醒槐夢不知明。（原註：出《感興詩》）

風送竹聲來枕上，月隨流水到柴門。（原註：出《感興詩》）

（《全明詩話·西江詩法》2005年齊魯書社本）

註：以上殘句皆爲朱權《西江詩法·字眼》一節作爲例句引出，並註明所據文集，未註明作者。所引諸集皆亡佚。其中《採之吟》，已知爲朱權詩集，據以推知，《壺天集》《感興詩》亦爲朱權詩集名。

【三】散曲作品輯錄

（一）南黃鶯兒

風

無影又無蹤。卷楊花西復東。過園林亂擺花枝動。飄黃葉舞空。推浮雲出峰。江湖上常把孤舟送。吼青松。穿簾入户，銀燭影搖紅。

（謝伯陽編《全明散曲》1994年齊魯書社印本）

花

落盡又還開。逞嬌姿妝嫩色。千紅萬紫人堪愛。嬌滴滴滿臺。翠巍巍滿階。佳人笑倚闌干外。解秋懷。王孫公子，壓得帽檐歪。

（謝伯陽編《全明散曲》1994年齊魯書社印本）

雪

遍地聚瓊瑤。滿空中蝶翅飄。白漫漫占斷藍關道。銀鋪著野橋。玉妝著小樓，佳人團坐圍爐笑。飲羊羔。山童來報。壓折臘梅稍。

（謝伯陽編《全明散曲》1994年齊魯書社印本）

月

疏影蕩銀河。展清光漾碧波。玉鈎翻作冰輪舵。到黃昏盼他。遇中秋賞他。江湖上常伴漁翁坐。問嫦娥。分明是鏡，誰下得苦功磨。

（謝伯陽編《全明散曲》1994年齊魯書社印本）

春

春日百花香。睹園林錦繡妝。千紅萬紫人爭賞。祇見粉蝶成雙。紫燕飛忙。遊春士女頻來往。細思量。良人遠別,甚日得成雙。

(謝伯陽編《全明散曲》1994 年齊魯書社印本)

夏

夏日熱難當。獨坐孤房日又長。困騰騰縱步涼亭上。祇見荷芰生香。交頸鴛鴦。雙雙並立蓮池畔。細思量。飛禽成偶,奴命薄不成雙。

(謝伯陽編《全明散曲》1994 年齊魯書社印本)

秋

梧葉乍飄黃。暑退涼生夜正長。愁聞鐵馬叮噹響。蘭房寂寞,更漏又長。孤燈獨坐誰爲伴,細思量。相思兩地,一樣受淒涼。

(謝伯陽編《全明散曲》1994 年齊魯書社印本)

冬

冬日朔風狂。想夫君愁斷腸。孤身旅邸多淒況。他鄉故國,天各一方。遠迢迢何日同鴛帳。告穹蒼。惟願得名成利遂,及早得還鄉。

(謝伯陽編《全明散曲》1994 年齊魯書社印本)

(二) 南駐馬聽

琴

隱士清閒。一曲瑤琴席上彈。琴有金徽玉軫,鳳沼龍池,流水高山。環珮響潺潺。清泉滴滴鳴寒澗。操動其間。操動其間。陽春白雪情無限。

(謝伯陽編《全明散曲》1994 年齊魯書社印本)

棋

幽客閒時。鎮日松陰下象棋。祇見雙車奔走，二馬驅馳。兵卒相隨。連珠炮響走如飛。四圍士象都遮護，各逞關機。各逞關機。終分勝敗多情趣。

（謝伯陽編《全明散曲》1994年齊魯書社印本）

書

賢聖明圖。勤向窗前讀古書。旦夕尋章覓句。溫故知新，著力工夫。時來一旦步雲衢。凌煙閣上標名譽。彩色光輝，彩色光輝，那時方表男兒志。

（謝伯陽編《全明散曲》1994年齊魯書社印本）

畫

巧畫丹青。萬里江山筆下生。祇見花開滿樹，春水連天。魚躍鳶飛。騎驢人在雪中停。梅稍月上橫疏影。人物分明。人物分明。樓臺殿閣多風景。

（謝伯陽編《全明散曲》1994年齊魯書社印本）

註：以上《南黃鶯兒》《南駐馬聽》錄自《風月錦囊》。

（三）北小石調 天上謠

日月走東西。烏兔搬昏晝，把光陰擅斷的疾。轉回頭物換星移。歎人生何苦驅馳，算來名利。窮通得失，有甚稀奇。祇不如拂卻是非心，收拾囊中計。

（朱權《太和正音譜》）

（四）北黃鍾醉花陰套（摘）

無始之先道何祖。太極初分上古。兩儀判混元舒。四象方居。一炁爲天地母。

【喜遷鶯】日月轉旋樞。清濁肇三才自鼎扶。節候有溫涼寒暑。黃鍾子建陽初。巍乎。仰太虛。萬物群生布八區。至有虞。始生後稷。播種耕鋤。

（朱權《太和正音譜》）

（五）南北雙調合套 樂道

【步步嬌南】綠水青山松陰下，將瑤琴一操。見山嶺凹凸道。溪澗邊採藥苗。都則待要養性修真，笑引黃鶴。

【水仙子北】我這裏見白雲風自掃。看岩前修竹瀟瀟。

【江兒水南】峰頭鶴背高。若參透了玄妙。自在逍遙。一任他韶光易老。

【折桂令北】閒來時玩水遊山。伴的是松柏周遭。一會家悶來時閒花野草。管甚麼今日明朝。

【柳搖金南】驀聽的猿啼鶴唳，無事訪漁樵。端的是嶺顛峰靈芝草。

【掛玉鉤北】遠望著溪澗潺湲，搭一橋看野鹿山獐豹。

【川撥棹南】吃的是仙酒仙桃。有時節將靈丹煉燒。趁西風雲飄緲。

【太平令北】一任他塵寰中喧鬧。怎如俺閬苑逍遙。則不如納被蒙頭一覺。每日家啖柏松守道。

【錦衣香南】遠觀著山色景堪描。金光紫霧遍灑青霄。向天臺會上，有金童玉女駕鶴。都赴蓬萊島。共同歡樂。

【梅花酒北】見旛影飄搖。將寶蓋齊挑。赴王母蟠桃。

【漿水令南】有七真八洞仙，齊慶壽樂陶陶。寶爐中煙靄篆香燒。神仙聚會，玉磬齊敲。都歡宴，都獻朝。

【轉調北】眾群仙舞著。一齊的和著。感謝王母瑤池宴，端的是天下人間都快樂。

（1955年文學古籍社刊印《詞林摘豔》）

【四】沖漠子獨步大羅天雜劇（第二折）

（沖末上）（云）貧道複姓皇甫名壽，字泰鴻，道號沖漠子。濠梁人也。生於帝鄉，長居京輦。爲厭流俗，攜其眷屬，入於此洪崖洞天，抱道養拙，遠離塵跡。埋名於白雲之野，構屋誅茅，棲遲於一岩一壑，近著這一溪流水，靠著這一帶青山，倒大來好快活也呵。豈不聞百年之命，六尺之軀．不能自全者，舉世然也。我想天既生我，必有可延之道，何爲自投死乎？貧道是以究造化於象帝（原本註：疑有誤）未判之先。窮性命於父母未生之始。出乎世教有爲之外，清靜無爲之内。不與萬法而侶。超天地而長存，盡萬劫而不朽。似這等看起來，不是修真還是好呵。昨夜有紫炁狀若龍蛇，自北而南綿亙不絕，直至此山，恐有真人下降也。今日領著道童，抱著琴劍，往天寶洞天閒行散心，去尋訪一遭。（下）（正末同外末上）（云）貧道自離了塵世，五百餘年矣。俺天上無多幾沙，這人間光景又早改換的這般的別了也呵。正是長景明□□空際，金銀宮闕高嵯峨。（唱）

【中呂粉蝶兒】自從那混沌初胚。知他是翻騰了幾多興廢。迅指間兔走烏飛。恰六朝，才五代，漢周相繼。恰便似轉燈般數著殘棋。論興亡都做了邯鄲道一場春睡。

【醉春風】想世態若浮雲,光陰如逝水。一任他桑田滄海自變遷,想人生能有幾。幾。爭如俺脫屣紅塵，註名紫府，這的是出家人久長之計。（外末云）想秦宮漢苑。今日都做了衰草牛羊之野矣。（正末唱）

【紅繡鞋】想鹿走蛇分之日，那其間關中未冷秦灰。炎炎漢室又傾危。馬亡牛已繼，朝曾暮劉基。斬眼間齊梁陳已矣。（外末云）興亡成敗，如反掌耳。（正末云）俺且在這松陰下歇。遠遠地望見一個人，領著一個道童來了。那個卻不是沖漠子？看他認的我每麼？他若認的我每，就這裏點化他。若不認的時。再做個話說。（二末坐科）（沖漠云）兀那樹下坐著兩個人。好非凡俗之人也！昨宵紫氣，非此人而何？（向前拜）（云）天與神會，非偶然耳。願師憫示，以救弟子。（二末不答科）（沖漠云）韶華已半，時不待人。老景將臨。正若失楫於中流之間，望師以一壺而救沉溺。不然，日暮途窮，鐘鳴漏盡，手忙腳亂，何以為計乎？（正末云）子何以識得我耶？（沖漠云）愚昔有願，告盟於天地上下神祇，以求早遇聖人，而救生死。又因昨宵紫氣浮空而至，故知真人之兆也。是以識之。（外末云）此子可教矣。（正末云）子來，吾語汝。（外末云）子坐。（沖漠坐科）（正末云）生居富貴之鄉，富貴不足喜，貧賤不足憂。大抵窮通榮辱，壽夭得失，往古來今，皆如一夢。富貴則為好夢，貧賤則為惡夢。貴即虛名，富猶蘖火。金珠外物。子孫他人。一息不來，四大不顧。把甚作堅固？爭世之人，輕喬松之永壽，貴一旦之浮榮。孰不知百年歲月，春到秋能得幾多茂盛？日數將盡，時期將老，若神羊之詣屠所。行一步，至死地轉近一步。人過一日，至死期轉近一日。處於功名富貴之鄉。雖榮耀於當途，炫赫乎一世。若河邊之木乎？僕馬折其枝，波濤漱其根。不能自全者，所處者然也。子獨不見泰華之松柏乎？崧岱之梓檀乎？葉干青霄，根洞黃泉，千秋萬歲，而無斤斧之患者，所居者然也。此二途之榮辱，子自擇其善者而從之。（沖漠拜）（云）愚自幼懼生死之苦，避尊榮之位，以求至道，今三十餘年矣。求師無路，進道無門。今遇至真，乃夙生之幸。願從其教，請從其學，惟願至真憐其衰朽，以賜更生，（正末云）道窈然難言哉！恐子德淺行薄，何以克當？子今何所欲乎？（沖漠云）大道之要可得聞乎？（正末云）昔黃帝問道於廣成子。廣成子曰：至道之精，窈窈冥冥。至道之極，昏昏默默。無視無聽，抱神以精。形將自清，毋勞爾形。毋搖爾精，乃可長生。此廣成子授黃帝之道也。（外末云）《玉樞經》有曰：欲聞至道，至道深窈。不在其他，爾尚非有，何況於道？不聞而聞，何道可談？祇這便是道了。爾其勉之！勉之！（沖漠跪拜）（云）愚曉窗之盲蠅也。蒙師開悟，若破窗而睹天日之光，其幸何大焉！但心猿未縛，意馬難拴。伏望真師，如何製遣。（正末云）此事不難，我與你除去了。著他

過來。（皆起坐科）（外扮心猿意馬上）（做顛劣科）（正末唱）

【普天樂】尚兀自逞顛狂，（沖漠云）這般利害，怎麼拴鎖得他？（正末唱）他甚麼難拴繫？何須我揚威耀武，便著你任意牽騎。猿也，你則弄精神，枉放乖。馬也，你全沒些報主垂韁意。你莫惱犯了這青蛇霜鋒利。登時間教你魄散魂飛。（云）住，業畜那去？（做縛科）（唱）猿也，你再休向靈臺寄跡。馬也，再休向黃庭伏櫪。再休管是是非非。（猿馬下）（沖漠云）師父，我這猿馬，已自守住了也。則有那酒色財氣這四個人，好生被他迷惑。怎麼與我去得了他。（正末云）也不難。教他過來。（四人上）（云）告師父慈悲可憐見，（正末唱）

【石榴花】我見他向前來聽道乞慈悲，早難道看人面逐高低？誰教他當初不隱跡，把人迷？（四云）師傅，再不敢了。（正末唱）常言道人善人欺。酒也，你把一個晉劉伶荷鍤的將身棄。把一個李太白捫月而歸。把一個爲糟堤送上南巢去。把一個因酒海又闇毗。

【鬬鵪鶉】色也，你把一個吳夫差送得來家破身亡，把一個周幽王送得他傾圮社稷。財也，則爲你送了那貪璧的虞公，好賄的宰嚭。氣也，你逼得個共公氏觸不周山柱石，楚重瞳自刎刺。您四個但湯著你的呵，少不的財散人離。挽著你的呵，怎不教殞軀喪德。（云）你四個從今後撇了是非我，再不要向那金馬玉堂中行。我著你紫府丹臺去住。（四云）師傅，理會了。（謝科）（下）（正末云）我想來心猿意馬，酒色財氣，都與他除去了，還有三尸之蟲，未曾逐了他，被他魔陣，如何得成道？如今我當再與他斬了這三尸，也是他一件伶俐了也。（扮三尸上悔沖漠科）（正末唱）

【上小樓】你劃地敢伶牙俐嘴，誇強說會。使不著你唬鬼瞞神，恰便似泰山壓卵，我著你粉合麻碎。既不是發鄧都，作微塵未離凡世，方通道氣昂昂後生可畏。（三尸跪）（云）不敢了，饒性命。咱不曾認得師傅。（正末云）你既這等哀告，我權且饒過你。（唱）

【么】你三個自今日，當遠離。再休要詠月吟風，攝魄鈎魂，把人狐魅。你若是再不去，向他行，將他蒙蔽。我教你出輪迴，不遭戮廢。（三尸謝科）（正末取砌末云）我與你去了這三尸了，你當服了這一丸藥。（沖漠云）服了卻如何？（正末云）服了之後，著你長生不老，延年益壽，洗滌你這軀殼，方可與你指迷歸正。那其間才點化你也未遲。（沖末服丹科了）（正末唱）

【滿庭芳】服了這金丹一粒，便著你超凡入聖，換骨輕肌。（沖漠云）這丹喚作甚麼丹？（正末唱）這丹名神符，喚真液，非容易。又喚作玉蕊刀圭。（沖漠云）怎麼得來？（正末唱）昆侖上多曾用力。曲江上親手栽培。（沖漠云）幾時成得？（正末唱）但教那蘆管灰飛日，不消頃刻，便結就顆交梨。（云）你服了這顆丹覺身上如何？（沖漠云）謝師傅，服了這顆丹，不覺身輕體健，精神百倍。好生異於常日也呵！（正末云）你丹也服了，我教與你養嬰兒姹女的道理。著他兩個過來。（扮嬰兒姹女同黃婆上）（正末唱）

【十二月過堯民歌】這一個家住在金精玉液，這一個家住在玉室丹墀。這一個家住在中宮正西。您三個誓不相離。這一個忒溫柔從來正直。這一個忒剛強偏好爭持。全憑著黃婆媒合做夫妻。若不是枉耽擱一世阻佳期。（外末云）休胡說泄了天機。（正末唱）又道我將玄關點破泄天機。自古道一言既出怎收拾。這話兒誰知。除是傳與伊。休得輕拋棄。（沖漠云）理會得了也。（嬰兒姹女黃婆同下）（外末云將砌末云）我傳與你這一本《悟真篇》，著你參透玄機，方得跳出迷途。可成大道。（沖漠接砌末了云）敢問大藥之源，不知出於何處？（正末唱）

【耍孩兒】要知川原地。祇向那坎位離宮去覓。手提日月安爐裏。奪乾坤造化玄機。若遇那鉛逢癸處需當採，若是那月過中秋下手遲。我一句話君須記。若到那玉池境上，你自別辨個真實。（沖漠云）願聞下手採取的法度如何？（正末唱）

【七煞】這功夫造化多，賴神功妙濟理。安爐立鼎當相對。第一要調停火候陰陽數，第二要溫養靈胎託聖妃。這兩件非容易。要認得本來面目，方知得烏兔交蝕。（沖漠云）怎麼保養？（正末唱）

【六煞】嬰兒在手內攜。姹女在身畔立。祇等那黃婆配合了東家婿。那時節水中銀，金鼎交，常在朱汞裏。須教下玉池。誰解得其中意？怎知得坎離顛倒，水火奔馳。（沖漠云）火候之說如何？（正末唱）

【五煞】火記有六百篇,屯蒙在十月裏。烹轟雷電在乾坤內。按先天造化抽添進。□南北宗源卦象隨。休覷得如兒戲。這些關竅,有幾個人知。(沖漠云)說抱一如何?(正末唱)

【四煞】凝神在妙道中,含光在偃月裏。既不是送歸土釜牢封閉。祇待那九年德滿功成日。不強如十載名成四海知。成就了太乙含真炁,那其間始知我命,天地難移。(沖漠云)出胎造化如何?(正末唱)

【三煞】玄霜降震位中,絳雪飄兌岸西。看龍虎交媾方才退。霎時間玄珠產就中宮裏。赤字生成在聖基。霞光閉。遷移了陵谷,改換了華夷。(沖漠云)自出胎之後,再有甚麼功夫?(正末唱)

【二煞】那其間一輪天際高,千潭風浪息。喜今日自飲得薰薰醉。一任他扶桑海底雌龍吼,盡教他華岳山頭雄虎嘶。這的是功成日。那其間駕祥光直超貝闕,拂清風徑赴瑤池。(沖漠云)今日幸遇師傅,將金丹秘訣,出世超凡的道理,都備知了也。(拜謝科)(正末唱)

【尾聲】則爲我這談天口洩漏了機。把這一隻拿雲手分付與你。從今後穩向那玄關路上多陪些力。恁時節方勘破玄門這點理。(疾下)(沖末拜謝起吃驚科)(云)才這兩個真人,將這本《悟真篇》與我。正拜之間,抬起頭來,就不見了他。好是奇怪也呵。我索將這本書,向天涯海角也要尋着他去。(下)

(中國戲劇出版社1981年涵芬樓藏《孤本元明雜劇》本)

註:本劇屬神仙道化劇。其中洪崖、天寶洞等,皆是南昌西山地名。沖漠子可視爲朱權本人學道的自況。故可認定係朱權到南昌後所作。

第三卷 朱權著作述錄

朱權著作述錄

按：朱權著作，諸史志、書目無一完全和完整著錄。諸記載並多出入、模糊甚至錯誤。經筆者多方搜集，儘量予以考辨，包括書名、主要版本及存佚、重要著錄情況及評論文字，筆者之辨析等，較前此之《朱權研究·朱權著作述錄》（1993年江西教育出版社）、《寧王朱權》（2002年藝術與人文科學出版社）二書已有改進。但至今亦難稱完善。謹此錄以備考。相關說明如下：

——此述錄含有存書於世者、見於史志者、前人書目著錄者、有關文籍中述及者。

——列爲朱權著作目錄者，含本人撰著及對前人著作之彙集、纂輯、整理、註釋等多種方式的著作。如葛長庚《海瓊玉蟾先生文集》《神應秘要》《太古遺音》等。

——前人著錄中某一書目確知爲另一著作中之部分，如《詞品》係《太和正音譜》之節錄，不另錄。無確切依據者，仍單列一種，如《廣陵散譜》。

——某些僅見於某一書目著錄，不能確認其是否朱權著作者，作爲另一類，附錄於後，如《續書史會要》中有三十餘種。有些書名可能與某些已經著錄的書目相關，而不能確認者，在該條目中及之，如《續書史會要》中《肘後靈樞》《神樞內篇》等。

——前人著錄中列爲朱權著作，經確考其非者，不錄，如朱謀㙔《續書史會要》所錄《太上心經》《斗南詩》等十餘種。見本卷附錄（一）。

——本目依據前人書目與史志分類，又據實際情況加以變通。

——著錄内容含書名、卷數、存佚、前人著錄情況及内容大略等。對前人某些錯訛略加辨析或存疑。與該書有關史料對認識該書有價值者如《四庫提要》等，附錄於後。

——有的非朱權著作而與朱權相關者，有的曾被某些書目誤入朱權名下者，列在附錄，供參考。

——版本過多者僅擇錄其數種，不具列。

——凡已佚或未知存佚之版本不標註存佚。

——較稀見版本已知藏處者註出，存世版本數量較常見者不註。

史類

通鑒博論（存）

　　存本三卷。《明史·藝文志》《明史》朱權本傳、乾隆《鳳陽縣志》《百川書志》《列朝詩集小傳》等皆著錄二卷。南昌諸府、縣志等皆亦著錄此書。《四庫全書》存其目。此書係奉太祖敕撰。洪武二十九年進上。卷首有朱權《進通鑒博論表》、自序及凡例。下卷末有朱棣撰《歷代報復之驗》。前二卷論歷代史事大略，後一卷仿史家年表，名之爲《天運記》。記事參前人史著有所取捨。自盤古至周考王取自劉恕的《通鑒外紀》，周威烈王至五代取自司馬光的《資治通鑒》。又集前人斷語自爲損益，稱"史斷"；古無斷辭，以己之意考論斷之者，稱"斷曰"。卷三爲圖格，參以陳桱書。全書在太祖朱元璋指導下寫作，其中許多斷語出自朱元璋本人。

　　初刻當於永樂年間。萬曆間神宗朱翊鈞命內府重刻。今存萬曆十四年本卷首有《御製通鑒博論序》。明內監劉若愚《酌中志·內版經書紀略》著錄之內府本當即此本。《四庫全書存目叢書·史部281》收此本。

明初內府本

明嘉靖弋陽王府刻本

明萬曆十四年司禮監重刻本 / 存（上海、南京、浙江圖書館藏）

清宋筠抄二卷本 / 存（國家圖書館藏）

附一：《四庫全書總目·通鑒博論》存目提要

此書以洪武二十九年九月表上，蓋奉太祖敕撰者。前二卷論歷代史事大略，後一卷仿史家年表，名之爲《天運記》。其上、中二卷所云"外紀"者，劉恕、陳桱之書也；"正紀"者，司馬光之書也。錢曾《讀書敏求記》曰："下卷圖格中，於至正二十六年丙午書'廖永忠沈韓林兒於瓜步。大明惡永忠之不義，後賜死'。此非寧王之書法，而太祖之書法也。德慶一案盡此二十一字，又何他詞之說云云。"夫林兒之死，猶義帝之死也（原註：明初奉龍鳳年號）；永忠之死，亦猶淮陰之死也。諉過永忠，一語而解兩失，此真舞文之曲筆。曾乃以爲定案，於義殊乖。下卷之末有永樂五年御製文一篇，題曰"歷代受命報復之驗"。蓋官爲刊行，因而附著其文，純舉報應輪回之說，最爲淺陋。後有成祖自跋云："觀其革命之際，報復屠戮之慘。或亂生於內，或患生於外，自相魚肉。"又云："察其歷代報復之由，以明天道好還之理。"觀其所言，似乎尚畏天道者，而革除時屠戮之慘，乃無復人理。天下後世之耳目，可以是言掩耶？又案：《明史》權本傳曰："權嘗奉敕輯《通鑒博論》，又作《史斷》一卷。"今考是書凡例云："一取《史斷》爲法，加諸筆削。"下卷之末云："取《史斷》之首章以銘是書。"《史斷》者，宋端平三年南宮靖一所作，今尚有傳本。非權作也。

附二：錢曾《讀書敏求記·通鑒博論三卷》

《通鑒博論》，聖祖命寧王權編輯。洪武二十九年九月十七日表進。下卷圖格中，獨於二十六年丙午書"廖永忠沈韓林兒於瓜步。大明惡永忠之不義，後賜死"。牧翁云："此蓋寧王奉聖祖意，特標此一段，以垂示萬世。不然，安敢以開國大事自立斷案乎？"予謂：沉於瓜步，記其地也；"大明惡永忠之不義"，痛絕之也；"後賜死"，明當時未蔽厥辜，而後終以此證罪也。此非寧王之書法也。德慶一案，盡此二十一字中，又何他詞之說歟？

（1984年書目文獻出版社）

附三：《四庫全書總目》〔明〕陳邦瞻撰《元史紀事本末》提要（節錄）

至正二十六年韓林兒之死，乃廖永忠沉之瓜步。洪武中寧王權作《通鑒博論》已明著其事。不過以太祖嘗奉其年號，嫌於項羽義帝之事，歸其獄於永忠耳。

附四 〔明〕秦蕙田《五禮通考》（節錄）

邱氏濬曰：案寧獻王所著《通鑒博論》於至元十八年有云："帝信桑門之惑，盡焚中國道藏，辟儒道二教爲外學，貶孔子爲中賢，尊桑門爲正道。"又爲世祖斷云："聽妖僧祥逼之誘，作妖書以毀昊天上帝；貶孔子爲邪道，擬爲中賢，不足稱聖。"及考《元史》，止於是年焚毀道書，而不見所謂貶孔子之實。惟《成宗本紀》世祖正月崩，成宗即位。是年秋七月即詔中外崇奉孔子。夫孔子自唐宋以來天下學校通祀之，已非一日，又何待今日始詔中外崇奉之哉？噫，當時必有所施行如《博論》所云者。元史臣爲世祖諱，故略去之耳。

（《四庫全書》本卷一百一十九）

漢唐秘史（存）

二卷。《明史·藝文志》《百川書志》《列朝詩集小傳》、南昌諸府、縣志等皆著錄此書。《四庫全書總目·雜史類》存其目。洪武二十九年奉太祖敕撰。歷經五年，於靖難期間完稿，自序署"時在□□（建文）辛巳（三年）三月上巳之一日也，書於燕山之旅邸"。卷首有太祖第二十二子、朱權同母弟安王朱楹跋，署"歲在壬午十二月既望"。體例爲編年體。上卷爲漢史，自高祖至獻帝建康元年；下卷爲唐史，自隋恭帝義寧元年至唐哀帝天祐四年。版心題書名《漢唐史鑒》。上卷末有朱權自撰《隋唐得失論》一文。據《凡例》云，各帝王名下斷語"皆御筆親斷"。《四庫全書存目叢書》收此書，註"建文刻本"，當係據朱楧跋。然建文四年七月靖難初定，即使當年有在南京付刻之議，刻成時間至早在永樂初年。

明建文永樂間刻本／存

    明刻本（北大、人大、杭州等地圖書館，安徽省博物館等藏）

附一：《四庫全書總目・漢唐秘史》存目提要

  明寧王權撰。權自號臞仙，太祖第十七子。洪武二十四年封。逾二年，就藩大寧。燕王謀反，挾之同行，為燕王草檄，約中分天下。永樂元年秋封南昌，而仍其故號。正統十三年始薨。事蹟具《明史》本傳。傳載此書作"二卷"，與今本合。權自序云："洪武二十九年奉命纂輯，成於辛巳六月。"考是年為建文三年，權已為燕軍所劫，故不書建文年號。而其弟安王楧跋，亦第書"歲在壬午"也。其書以劉三吾等洪武間進講漢唐事實類次成編，故詞多通俗。其諸帝論贊皆太祖御撰。唐末係司馬光論亦奉敕載入，故特題曰"欽取"。其大旨以後世之亂亡皆推本於貽謀之不善，所論不為無理。而擇焉弗精，多取委巷之談，如高帝斬蛇後轉生王莽之類，皆偽妄不足辨也。

附二：〔明〕祝允明《懷星堂集・書漢唐秘史後》

  寧獻王撰《漢唐秘史》二卷。自敘及安王《跋》言太祖皇帝觀唐史後胡寅斷辭，因命王為之書。大意主於戒偏，詳於怪亂。淮南王母、張果輩，凡後人所稱二代雜怪詭事，徵採最繁，多不自正史出也。至極鄙褻，若武氏如意君，高力士假妻，小說之至靡者。往看稗書猶以為設託，此悉入大筆，載述鑿核，又特承宸旨而為，其敢以無稽云者剿淆之邪？蓋王惠纂輯，奇編閟牘，叢萃其邸，王浩獵而為之固易。若徒出不經之策，外人亦能之，更不敢爾。

            （《四庫全書》本卷二十五）

附三：〔明〕邢雲路撰《古今律曆考·歷代日食曆》節錄

（一）

《漢唐秘史》載"建元二年十月朔日食"。……推是年十月初一辛巳申時合朔，去交分入食限，日應食。是食《漢史》不載，《通鑒綱目》亦不載。查《漢唐秘史》載"二年十月朔日食"，且《史》曰"秘"，其所紀多出於史鑒之外者，必內府秘藏之實錄也。所載日食斷非無因，必彼時仰見天象有食而秘紀之者，漢曆誤算二月，候之不食；其十月之應食，曆官失算。若輩訛日月爲亂行未可知，遂存其偽而去其真矣。不然何以布法算與《秘史》穩合不爽耶？大都半載一交，十月食則前此宜四月交，又何惑乎？二月之不交而食也，漢曆二月朔食之，誤無疑矣。

（《四庫全書》本卷二十）

（二）

考《漢唐秘史》載，建武六年三月晦日食，大雨連月。昔稼更生，鼠巢樹上，乃邪陰掩太陽之象。夫《漢唐秘史》一書，乃我太祖西宮命弟肅王等兄弟五王奉敕大索群典，編集成書。其間事實多內府秘書出於史鑒之外者。《漢史》《古今註》《文獻通考》《通鑒綱目》諸書俱不載是食，而《秘史》有之。余以法布算，四月初一己巳朔去交分，入食限，巳時食甚，與《秘史》合。蓋四月朔即三月晦也。緣《漢史》步曆乖次，多以朔爲晦耳。且以斯日食淫雨，邪陰掩陽之大變，必當時大庭之上衆目所視，載在秘冊，藏諸金匱，歷代流傳至今者也。何當時曆官既不能推乃見其食也，而又恐彰己過，隱之不書於史冊，可恨也夫。

（《四庫全書》本卷二十一）

（三）

是二月辛未朔未時日食，《漢唐秘史》載是食於垂拱元年，非。

（《四庫全書》本卷二十四）

天運紹統（存）

諸史志多未錄此書。《千頃堂書目》《古今書刻》《盱眙朱氏八支宗譜》著錄。據作者自序云"洪武丙子於御府偶得其所藏帝王圖譜，因與他籍校勘編輯，纂成此書"。今北京圖書館藏永樂間原刻本，一冊，不分卷，殘缺較甚。卷首有朱權自序，亦漶漫難以辨識，唯序末所署"時在永樂四年二月"，清晰可見。王重民《善本書目提要》稱其"尚爲有用之書，不知爲何傳本甚少"。又自序中所云得之於御府的"帝王圖譜"，是否爲宋諸葛深所撰之《歷代帝王紹運圖》，未敢臆斷。今附日本島田漢撰《日本漢籍善本考》著錄《歷代帝王紹運圖》文後所附虞雲序以備考。

明永樂四年寧王府刻本 / 殘（國家圖書館藏）

明嘉靖弋陽王府刻本

明天啟元年梁鼎賢刻本 / 存（浙江省圖書館藏）

明抄本 / 存 （重慶圖書館藏）

附一： 《天運紹統》（節錄）

歷代帝王自伏羲至五帝，編年雖載《外紀》，莫詳其實。譜系古未有之，其年壽世次皆不具，訛謬者多。其《春秋》及《通鑒》內周之諸侯年壽世次亦莫詳其實。□漢以下載諸簡冊，雖有可考，其間編年譜系世次推詳重勘，校而正之；其未有譜系者，編其譜系，列其次序，紀其甲子，以續紹統，而繼天運。比之前代諸儒，亦已詳矣。

附二： 虞雲《歷代帝王紹運圖序》（節錄）

歷代編年雖見於經史，而各在一書，不見其所弁首尾之詳。間有撰集而爲圖之者，曰《五運統紀》；洎"通曆"之類，亦疏略而不可考。甚者又載盤古、天皇之說，徒以怪誕駭俗，於經固無所驗。惟孔子有曰："伏羲氏之王天下，始作八卦；揚雄亦曰，'匪伏匪堯，禮義哨哨'。

諒伏羲之前，洪荒寂寞不足以爲法。"

附三： 王重民《善本書目提要·天運紹統》提要

《明史·藝文志》載權所著書凡十八種。不及是書。是書有自序，稱洪武丙子於御府偶得《歷代帝王圖譜》，因校以諸儒所纂述，編爲是書。自三皇至五季諸僭僞，依其朝代，先譜世系，次紀傳，授與年號，尚爲有用之書，不知爲何傳本甚少。此本蠹蝕殘缺頗多，撫卷惜之。

史斷（佚）

《明史》本傳著錄一卷。同治《南昌府志》及諸清代《南昌縣志》、朱謀㙔《續書史會要》亦皆著錄。然清宋犖斷爲"元人舊抄"。《四庫提要》亦云："又按，今考是書《凡例》云'一取史斷爲法，加諸筆削'；下卷之末云'取《史斷》之首章以名是書'。《史斷》者，宋端平三年南宮靖一所作，今尚有傳本，非權作也。"《四庫提要》此說有誤。按《提要》所引《凡例》非此《史斷》之《凡例》，而是《通鑒博論》之《凡例》。其所稱"史斷"，非書名，更非特指宋端平三年南宮靖一所作之《史斷》一書，而是指一種史實加論斷的史論體例。該《凡例》後有一條云："按'史斷論曰'者，采諸儒之言自爲損益。"則"史斷"指諸儒之言明矣。又南宮靖一之書名《小學史斷》，《四庫全書》存其目，《提要》稱其書"全取舊文，有如集句"。

史略（佚）

二卷。《寶文堂書目》《錢遵王藏書目錄》《讀書敏求記》等著錄。然不見於諸史志。《四庫總目》於明初權衡所著《庚申外史》之"提要"中說："惟其中說順帝爲瀛國公子最爲無稽。此後袁忠徹著之於文集，寧王權又載之於《史略》。"證實朱權確著有此書。

明刻本

附一： 錢曾《讀書敏求記》（節錄）

　　賢王奉藩多暇，敦詩說禮者有之。貫穿歷代興亡，提綱舉要，較其良惡，千古瞭若指掌，蓋未有如寧王者。元順帝爲合尊之子。牧翁取余應詩與權衡《大事記》疏通證明之，作《瀛國公事實》。而此直揭云"爲宋幼帝子。明宗養爲己子"，又云："初，明宗出獵回，遇大風雨，見寺中火光，往視之，乃宋幼帝生男。明宗取而育之，以爲己子。及長，文宗忌之，貶高麗，遷靜江。"朦仙之說庚申帝，正所謂大書特書不一書而已也。《晉書》於小吏牛氏，諱而不沒其實，當時修《元史》諸公，何以見不及此？牧翁《列朝詩集小傳序》中，詳載朦仙著述，而獨遺《史略》，且書瀛國公事，又不援引其言以實之，豈當時未見此本歟？

附二：《四庫全書總目》明權衡《庚申外史》提要（節錄）

　　危素爲權臣草詔諸事，皆他書所不載，惟其中稱順帝爲瀛國公子一條最爲無稽。厥後袁忠徹著之於文集，寧王權載之於《史略》，程敏政又選忠徹之文入《明文衡》，錢謙益又引余應之詩證實寧王權之說，其端實自此書發之。

異域志（佚）

　　一卷。《明史·藝文志》著錄，在史部地理類。光緒《江西通志》《西江志經籍志》《千頃堂書目》著錄在地理類。同治《南昌府志》錄六卷。推此書名，"異域"或指大寧以北的少數民族聚居地區，爲朱權巡邊所見所聞，及見於相關文獻者志之，也不排除從古籍中爬抉之異域事物，彙輯成書者。又（英）劍橋圖書館藏東亞收藏室藏有明孤本《異域圖志》一種，有圖有文，已殘。作者及年代不明。英國學者孟席斯於《1421——中國發現世界》（京華出版社）第五十四章稱爲寧獻王朱權作，但其文涉及明後期事，故其說不確。朱權六世孫朱謀㙔有《異域圖說》一種。此《異域圖志》是否即謀㙔所作，待考。

明弋陽王府刻本

遐齡洞天志（佚）

四卷。朱權著《太清玉冊·天皇龍文章·道藏三洞經目錄》《續書史會要》皆著錄，無卷數。《獻徵錄》《列朝詩集小傳》、同治《南昌府志》、同治《新建縣志》等著錄。《千頃堂書目》著錄四卷，在地理類。光緒《江西通志》著錄亦作四卷。《江南通志·藝文志》著錄在雜史傳類。遐齡，西山峰名。朱權別墅建在此峰，有室名"遐齡洞天"。又涂蘭玉《西山志》云："黃源在城西南五十里地，明寧獻王臞仙《遐齡洞天志》曰'仙源即此也'。"《盱眙朱氏八支宗譜·寧獻王事實》在辨朱權爲十七子時說："《玉牒》《遐齡洞天志》皆然。"據以上種種，《遐齡洞天志》內容當與朱權在別墅的隱逸學道生活，或其地理環境及相關事物有關。未見版本著錄。

儒家類

家訓（佚）

六篇。《明史》本傳、《續書史會要》著錄。光緒《江西通志》及《寧獻王事實》皆著錄六篇，並列其篇目爲《訓語》《本孝》《樹忠》《敷義》《保身》《嘉言善行》。《千頃堂書目》著錄六卷，在儒家類。民國修《盱眙朱氏八支宗譜》記"作於（洪武）三十一年"。

寧國儀範（佚）

七十四章。《明史》本傳、光緒《江西通志》《千頃堂書目》皆著錄，在儒家類。《續書史會要》《獻徵錄》《列朝詩集小傳》皆著錄。《江城名跡》作"寧國儀軌"。

聖賢精義（佚）

民國《南昌縣志·書目》及《續書史會要》著錄。《萬卷堂書目》著錄在經部經解類。書名作"聖賢經義"，註作者"臞仙"，當即此書。

類書類

原始秘書（存）

  十卷。一名"原始秘譜"。《續通志》《續文獻通考》《（光緒）江西通志》等著錄。此書輯錄大量社會、政治、文化事物與現象之起源，言其宗旨在於"以匡王業，有功於治道"。朱權自序云："其書之作，始於洪武丙子（二十九年，1396），輯於塗陽，越四年而書未成。自己卯入於關中，居宛平，明年庚辰，首尾五載，是書乃成，錄其稿曰《庚辰集》。"末署"□□改元之二年庚辰十一月初九日書於燕山之旅邸"，知書完稿於建文二年。（"□□"爲"建文"，因朱棣靖難而避之。書初以此名曰《庚辰集》。）書中又有朱權自識，署"永樂九年九月初三日"，當是此書初刻時間。卷末有陳尚明跋語，敘及在大寧時曾參與初編，未完，因靖難起而中輟之經過。清乾隆間安徽巡撫曾以此書自序中"多指斥金元語句"奏請禁毀。《四庫全書存目叢書》（子部173冊）收有此書。

  明嘉靖弋陽王府刻本
  明永樂九年刻本
  明萬曆《格致叢書》本 / 存
  明萬曆二十三年周氏萬卷樓刻本 / 存（大連、福建圖書館藏）
  明刻本 / 存（華東師大、中國臺灣圖書館藏）

附一： 陳尚明《原始秘書跋》

　　洪武丁丑仲春之上戊。其日祀事禮成，殿下居太清之館，召臣陳尚明率元儒姬紹周者三老進見，謂臣尚明等曰："余觀《事物紀原》所載甚鄙，莫若《松窗雜錄》所載，多王者政治之得失，實有徵於明教。余擇其可取者重加褒貶而入之，無益者皆去之。凡人事有未備者，盡舉其條目，考其所始，而又陳之。人事萬億，難以枚舉。今書初成，爾等爲我校其可否。"臣尚明等乃於逸亭校之二載，人事尤未備。自從己卯從軍入關，居燕山，三老皆失散，莫知所向。明年庚辰，殿下謂臣曰：自兵燹後，諸書皆不存，獨此稿因在雷壇內尚在，恐於軍中所失，訂其門類，得五十七門，分爲十卷，目之曰《庚辰遺稿》。命臣用紀其實於卷端云。時在□□二年庚辰正月九日奉祠臣陳尚明謹跋。

附二： 四庫全書總目《原始秘書》存目提要

　　明寧王權撰。權有《漢唐秘史》，已著錄。是書體例與《事物紀原》相類而荒謬特甚。如謂醜婦始嫫母，妒婦始尹吉甫妻，淫婦始柳宗元《河間婦》。傳者不一而足。甚謂自縊始申生，飲酖始叔牙，自刎始吳王夫差，其陋殆不足辨也。

隱逸類

神隱志（存）

　　二卷。又名《神隱》《神隱書》《臞仙神隱》。朱權著《太清玉冊・天皇龍文章・道藏三洞經目錄》著錄作《神隱》。無卷數。《獻徵錄》《列朝詩集小傳》作二卷。《續書史會要》《四庫全書總目》存目著錄，在道家類。《百川書志》又註云："臞仙製。上卷四十一類，凡三百九十三條攝生之道，樂其志也；下卷十四類，凡五百四十五條歸田之計，樂其事也。"所謂"樂其志"，描繪隱逸生涯的種種方式、境界與樂趣，多列在隱逸類；所謂"樂其事"，乃記述與介紹農家一年十二個月的農事，與農家生活常識，故《明史藝文志》列入農家類。《江南通志・藝文志》又列入"明醫方集宜"，以其有益養生也。卷首自序署"壺天隱人涵虛子臞仙書時在戊子也"。戊子，永樂六年。並有《壺天神隱記》，概述其隱逸之志。《上天府神隱家書》，爲上成祖朱棣之書。故此書被視爲朱權向朱棣表歸隱決心之作。下卷末另有序。書的內容有實用價值，被後人視作養生的重要著作。 李時珍《本草綱目》列《臞仙神隱書》在卷首"引據經史百家書目"中。

　　明永樂六年刻本

　　明嘉靖弋陽王府刻本

　　明瑞昌王府朱拱枘刻本 / 存

　　明萬曆《格致叢書》胡文煥校本（國家圖書館及全國多所圖書館及日本京都人文所皆有此藏本。不備錄）

　　日本內閣文庫本 / 存

《四庫全書存目叢書·子部 260 冊》影印本 / 存

二〇一六年中醫出版社《朱權醫學全書》葉明花、蔣力生輯本 / 存

附：《四庫全書總目·神隱志》存目提要

  《神隱志》二卷，明寧王權撰。權有《漢唐秘史》，已著錄。此書多言神仙隱逸攝生之事。權本封大寧，爲燕王所劫，置軍中，使草檄。永樂元年改封南昌。會有謗之者，乃退講黄老之術，自號臞仙。別構精廬，顏曰"神隱"，並爲此書以明志。永樂六年上之。蓋借此韜晦以免患，非真樂恬退者也。

兵家類

古今武考（存）

三卷。此書不見於明清方志及書目。亦未見早期版本或相關記載。《中國古籍善本書目》著錄明崇禎間刻本。《中國兵書總目》"兵家類"錄《新刻古今武考》三卷。今存明崇禎間刻本署"皇明臞仙著，鹿城李輅子素甫參，新都潘虎臣二猷甫閱，元凱舜臣甫、古臨王居德西雲甫校"。內容記敘五帝、三代以來歷朝武事。據李輅序云：此本係其"取陳、臞二書，參以愚者之一，合爲《古今文武膚考》"，故已非朱權之《古今武考》原貌。

明崇禎刻李輅輯本 / 存（貴州省圖書館存此本）

附：〔明〕崇禎刻本李輅《古今武考序》

有爲師心之說者曰：貌夷光之容，美而不可悅；譜易牙之味，腴而不可充。今夫紙上詩書，說鈴也；行間鞍馬，塗羹也。南山之木，不揉自直，豈其爲牛從乎？曰：是固然也。則亦有目不接古今，腹不權成敗，而能有濟者否？夫苟冀其濟而可，則蟻亦計，馬亦智，委土亦師保，而況其爲紙上行間者乎？今有越之人而之燕，則必從燕之人而問之；徵道里，稽土物，與夫人事之氏飛蟲今之鼂乙惟恐不詳也。之燕而圖越可乎哉？夫錢體爲圓，鈎形必曲；著則尚直，屏則成方。典曰：無稽勿聽。楊子曰：斲木爲棋。則皆有法焉。今且謂吾搖筆潑墨，當奴視蒼史耳。運用存乎一心，終不至學古兵法，獨不見眯者之於道乎？東西易面而不知，任足所如，窳隆無擇焉。如是而不蹉跌，則幸也，而可以爲常乎哉！鄙不揣，嘗謂挽近世操觚之與執戈，大小不同，以言乎幸，則均矣。身幸而獲也，沾沾焉自多，則亦已矣。而動訾班馬，誚孫吳，岸然以千秋自命，又且以幸教人，一唱百和，某師某父相望於中衢。試扣以當世之務，則瞠目不應，曰：是非若草野之所宜言也。其上者，則牢守司馬文正，天若祚宋，兩言作護身符已耳。嗟乎！肉食者不欲謀，藿食者不許謀。無事爲處堂之燕，有事爲抱頭之鼠。賦詩退虜，既絕望於章縫；掃穴犁庭，又難責之介冑。然則必任其文喪武弛，而莫之省憂。以是爲天祚乎哉！

鄙草野人也。感時觸事，義激於衷，而身且老，度已無用於世，欲垂空文以自見，而深者不能筆之於書，以淺者又不足言也。會兒苞尚幼，欲令稍習章句，因取陳、朦二書，參以愚者之一，合爲《古今文武膚考》，由是以求經國大業，亦庶幾古人灑掃應對之義，而德甫強以災木。嗟乎！蘇和仲有言："東坡亦是可憐人，披抉泥沙收細碎。"茲役倘亦有相憐者乎？即罪我以紙上詩書，行間鞍馬，余亦忻然應之矣。

崇禎戊寅冬季寶田居士李輅署於且飲亭。

註素書（佚）

一卷。朱權著《大清玉冊·天皇龍文章·道藏三洞經目錄》著錄明初道經作《註解素書》。《續書史會要》著錄即作《素書》。皆無卷數。《明史·藝文志》兵書類著錄一卷。《千頃堂書目》、光緒《江西通志》錄。《續書史會要》《萬卷堂書目》等亦皆著錄。《素書》，舊題黃石公撰。宋張商英有《註素書》，《四庫全書》收在兵家類。六篇。《四庫提要》以爲"實即張商英偽託。以書中所言，頗有合於以柔制剛、以進爲退之理，故今尚傳焉"。朱權所據《素書》底本是否即商英之本，難以確認。

清光緒四年刻藍印本／存（上海圖書館藏）
清光緒六年常州道生堂刻本／存（上海、黑龍江圖書館藏）

附：《四庫全書總目》張商英註黃石公《素書》提要

黃石公《素書》一卷。舊本題宋張商英註，分爲六篇：一曰原始，二曰正道，三曰求人之志，四曰本德宗道，五曰遵義，六曰安禮。黃震《日抄》謂其說以道、德、仁、義、禮五者爲一體。雖於指要無取，而多主於卑謙損節，背理者寡。張商英妄爲訓釋，取老子先道而後德，先德而後仁，先仁而後義，先義而後禮之說以言之，遂與本書說正相反。其意蓋以商英之註爲非，而不甚斥本書之僞。然觀其後序所稱圯上老人以授張子房。晉亂，有盜發子房塚，於玉枕中得之，始傳人間。又稱上有秘戒，不許傳於不道、不神、不聖、不賢之人。若非其人，必受其殃；得人不傳，亦受其殃。尤爲道家鄙誕之談。故晁公武謂商英之言世未有信之者。至明都穆《聽雨紀談》以爲自晉迄宋，學者未嘗一言及之，不應獨出於商英，而斷其有三僞：胡應麟《筆叢》亦謂其書中悲莫悲於精散，病莫病於無常，皆仙經佛典之絕淺近者。蓋商英嘗學浮屠法於從悅，喜講禪理。此數語皆近其所爲，前後註文與本文亦多如出一手。以是核之，其即爲商英所僞撰明矣。以其言頗切理，又宋以來相傳舊本，姑錄存之備參考焉。

醫家類

活人心法（存）

　　二卷。又名《活人心》《活人心書》《活人心方》。卷首署玄洲道人涵虛子編。成書於永樂二十二年（1424）。上卷爲養生之法，包括養心、養形、養氣及飲食補養等，下卷收"玉笈二十六方""加減靈秘十八方"，兼及攝生養性及服藥治病等，並有氣功導引之術及藥方諸種。此書明代即傳入朝鮮、日本。《中國醫籍通考》第二卷著錄，註"即《臞仙活人心方》"，第四卷又收有《養生秘要活人心法》一目，註作者佚名。所引序文與安玹刻本基本相同，但改相關文字爲"編爲四卷，目之曰'活人心訣'"。署"崇禎庚辰年菊月吉日"。《錢遵王藏書目錄》著錄《涵虛子活人心法》二卷。明正德十年（1445）鐵峯居士等撰《長生祕訣》四卷，其中《活人心法》一卷，明王蔡傳，題涵虛子輯。

　　明正德十年鐵峯居士輯《長生祕訣》本 / 存（吉林省圖書館藏）

　　明嘉靖弋陽王府刻本

　　明嘉靖二十年朝鮮安玹刻本 / 存

　　明崇禎十三年刻活人心訣四卷本 / 存（北京文物局藏）

　　日本舊抄本

　　二〇一五年中醫出版社傅先軍、王全利、李學博、范磊、郭瑞華校註本（存）

　　二〇一六年中醫出版社《朱權醫學全書》葉明花、蔣力生整理本 / 存

附一：〔明〕高濂撰《遵生八箋》卷三《四時調攝箋》節錄

　　《活人心書》曰："肝主龍兮位號心。病來自覺好酸辛。眼中赤色

時多淚。噓之病去效如神。"

附二： 明嘉靖二十年朝鮮安玹刻本卷末署

　　書寫啟功郎李秀貞。校正承訓郎審藥李壽碩。中直大夫行羅州牧判官羅州鎮兵馬節制都尉兼監牧成世英。通政大夫行羅州牧使羅州鎮兵馬節制使全益壽。奉直郎都事兼春秋館記註官李春嶺。通正大夫守全羅道觀察使兼兵馬水軍節度使安玹。

附三： 安玹刻本竹溪山人撰《後記》

　　右《活人心方》，世未之尚。朴兵練英公始標出，引於時……不敢棄亦不敢秘，並錄焉。

乾坤生意（存）

　　四卷。朱權著《太清玉冊·天皇龍文章·道藏三洞經目錄》著錄，又見於《寶文堂書目》《續書史會要》，俱無卷數。《明史·藝文志》著錄在"子部·藝術類"，《千頃堂書目》、同治《南昌府志》《萬卷堂書目》著錄四卷，《獻徵錄》《列朝詩集小傳》、同治《新建縣志》著錄三卷。明初巾箱本作二卷。日丹波元胤編《中國醫籍考》著錄，列在"方論"，後有《乾坤生意秘蘊》一卷。上海中醫出版社《中國醫籍通考》（1990年版）著錄，書名亦作《乾坤生意秘蘊》，稱與《乾坤生意》是一書。存本皆署"臞齡太乙丹房編"。國家圖書館藏一殘本，二卷。刻印粗陋，當非寧府原刻。序言有"今十有二年，編輯方完"諸語。內容可見有用藥大略、各類疾病處方，亦有五運六氣、針灸等。

　　明刻本／殘（國家圖書館藏）

　　明初巾箱本／存

　　二〇一六年中醫出版社《朱權醫學全書》葉明花、蔣力生整理本／存

乾坤生意秘韞（佚）

一卷。多種書目僅有《乾坤生意》，無本目。《中國醫籍通考》（上海中醫出版社1990年版）稱與《乾坤生意》是一書。《千頃堂書目》著錄《乾坤生意秘韞》一卷，別有《乾坤生意》四卷，皆在醫家類。《百川書志》著錄書名《乾坤生意秘韜》，註三十五類，二百七十九方。《百川書志》亦載《乾坤生意秘韞》一卷，稱"遐齡洞天太乙丹方編，三十五類，二百七十九方"。李時珍《本草綱目》列入"引據古今醫家書目"，書名作"《臞仙乾坤秘韞》，引用其中二十餘條。卷數既有不同，當是二書。今人葉明花、蔣力生據《本草綱目》《急救廣生集》中所引數十條，整理編入二○一六年中醫出版社《朱權醫學全書》。

壽域神方（存）

四卷。成書於永樂間。涵醫學診察知識，及治證方法千餘條。現有兩種版本。一種是明初寧府刻本，現國內衹存有二卷（三至四卷）殘缺本。還有一種是崇禎元年（1628）青陽閣重刻本，作《延壽神方》，今存日本。中醫古籍出版社從日本複製後於2007年影印出版。朱權著《太清玉冊·天皇龍文章·道藏三洞經目錄》著錄，又見於《續書史會要》，俱無卷數。《明史·藝文志》著錄在"子部·藝術類"。《萬卷堂書目》著錄四卷。《寶文堂書目》著錄作《壽域仙方》，註"寧府刻"，四卷。《獻徵錄》《列朝詩集小傳》、乾隆《鳳陽縣志》、同治《新建縣志》《續書史會要》等亦著錄。上海中醫出版社《中國醫籍通考》（1990年版）著錄在養生類，日丹波元胤編《中國醫籍考》亦著錄，列入"方論"。李時珍《本草綱目》卷一上"引據古今醫家書目"列有《臞仙壽域神方》。

明初刻本/殘（湖北省圖書館藏）

明嘉靖弋陽王府刻本

明崇禎元年青陽閣重刻本 / 存

二〇一六年中醫出版社《朱權醫學全書》葉明花、蔣力生整理本 / 存

十藥神書（佚）

未詳卷數。朱權著《太清玉冊·天皇龍文章·道藏三洞經目錄》著錄，又見於朱謀㙔《續書史會要》。《四庫全書》收明張介賓撰《景嶽全書》卷三十"徐東皋論王節齋"條，云："經雲虛者補之。是以臞仙集之以爲《十藥神書》。"《中國醫學大成總目提要》著錄元葛可久著有《十藥神書》。二者有無關係待考。

神應經（存）

一名《神應秘要》。一冊，不分卷。針灸學著作。初，著名針灸家席真人有徒陳會，撰針灸學著作《廣愛書》十卷。陳會有徒名劉瑾，爲寧王府醫生。朱權令劉瑾重校《廣愛書》，又令其從中選出部分編爲一卷。朱權序云："擇劉瑾之經驗者六十四證，計一百四十五穴，纂爲一冊，目曰《神應秘要》。"據此知《神應經》係朱權選編，內容來自陳會與劉瑾原著，故亦著錄於朱權名下，如朱謀㙔《續書史會要》。《神應經》早期版本國內已佚。成化間朝鮮將《針灸玉龍經》（元王國瑞著）與流傳日本的《神應經》並收，參合各書校對異同，並詳加評釋，合刻成書。上海科技出版社於一九九五年校勘整理出版。

明成化間朝鮮刻本 / 存

一九九五年上海科技出版社《針灸玉龍經神應經合註》本 / 存

附一： 《四庫全書總目·神應經》存目提要

神應經一卷，明陳會撰，劉瑾補輯。會字善同，稱宏綱先生；瑾字永懷，號恒庵。均不知何許人。瑾所附論皆冠以"臣"字，亦不知何時進御本也。案宦官劉瑾，武宗時流毒海內，終以謀逆伏誅，斷無人肯襲其姓名者，此書當在正德前矣。所論皆針灸之法，有歌訣，有圖，有說，傳寫訛謬，不甚可據。前有宗派圖一頁，稱梓桑君席宏達，九傳至席華叔，十傳至席信卿，十一傳至會，會傳二十四人。嫡傳者二人，一曰康叔達，一即瑾也。又有席宏達誓詞，謂傳道者必盟天歃血立誓以傳。當於宗派圖下註其姓名。如或妄傳非人，私相付度，陰有天刑，明有陽譴云云。是直道家野談耳。

附二： 明成化間朝鮮刻本《神應經》韓繼禧序

恭惟我主上殿下之六年也，分禮曹申嚴醫教，設針灸專門法，擇其精於術者為師，而資行明敏者為弟子。勸勵之法甚悉焉。適有日本釋良心，以《神應經》來獻，兼傳其本國神醫和介氏、丹波氏治癰疽八穴法。其八穴雖未試用，《神應經》其傳授遠有所自。而所論折量、補瀉法。皆古賢所未發者。其取穴又多有起發古人所未盡處。其所著穴，皆报其切要而得效多者。文簡而事周，令人披閱，暑刻間證與穴瞭然在目。聖上嘉歎，命以八穴法附於《神應經》之末，鋟梓廣布，且以廣其傳焉。

臣竊惟醫療之方，藥餌、針灸不可偏廢。丹藥非本國所產頗多。大概皆求之中國，而又非盡出於中國也。轉轉市易，得之甚難。豈真贗陳新之可擇，而貧窮下賤之人，亦未易遍及也。惟砭火艾之方，無費財遠求之勞，探暴和合之難，一針一艾，備應無方。運於指掌，辨於談笑，貧富、貴賤、遠近、緩急，無適不宜。況於取效，常在藥力所不及攻處。而其功用神妙，難以備述。庸醫不知，以為卑辱，至相詬病，而不肯為。故世之病者，生死壽夭，率皆付之巫覡淫祀。豈不哀哉！

圣上愍其然，乃設專門，益嚴勸督。適有遐方之獻，不以珍奇可玩之異物，而以此救民濟世之神方，不期而至，以孚我聖上仁民愛物之聖德，夫豈偶然哉！

　　成化十年十一月二十一日推忠定難翊戴純明亮經濟佐理功臣榮祿大夫西平君臣韓繼禧謹序

臞仙修身秘訣（佚）

二卷。《錢遵王藏書目錄》著錄。

星曆術數類

太玄月令經（存）

不分卷。《中國古籍善本書目》著錄在時令類。明隆慶五年楚府刻本卷首有楚王府引禮臣王正意序曰："若近代涵虛子編輯《月令》一經，楚王披經博史之餘遊覽其義，命工複梓以廣其傳，誠嘉惠元元之意也。"卷末有跋，署"隆慶辛未孟秋月朔日彰山山人吳守淮"。明高濂《遵生八箋》多處引"臞仙月占"，皆四時養生之道，疑即引自《太玄月令經》。待考。

明隆慶五年楚府刻本 / 存（國家圖書館藏）

附一： 隆慶五年楚府刻本《太玄月令經》王正意序

《易》曰："天垂象，見吉凶，聖人則之。"此《太玄月令經》之所由作也。蓋天地之化，理以主之，氣以運之，而有數以乘除之。則夫迴圈順逆之殊，升沉盈縮之異，寧非吉凶趨避之攸伏乎？自漢以來，言太乙、雷公、六壬、五伏、璿璣、紫微、玄靈禽數、四課、三傳者，皆非陰陽擇吉之要也。惟遁甲鈞叟歌訣，得池本理註釋其義，深有助於兵家攻守之宜。若近代涵虛子編輯《月令》一經，乃運璿甲子，條悉明晦，言王者隨時以布德行令，下民趨時以勤作成務，如日星之麗天，河海之行派，有補於世。庶足以傳之不朽也。今吾楚主披經博史之餘遊覽其義，命工複梓以廣其傳，誠嘉惠元元之意也。（下略）隆慶五年六月念日引禮臣王正意謹序。

附二：〔明〕高濂《遵生八箋卷四·四時調攝箋下》（節錄）

　　臞仙月占主病：四月立夏日忌北風，主歿。五月夏至，忌東風。主病。行秋令，主多疫。六月行秋令，主多女災（下有夏月氣數主屬之圖，略）

（卷四）

　　臞仙月占主疾：七月甲子日忌雷。主多暴疾。晦日忌風，主多癰。八月秋分後忌多霜，主病。九月忌行夏令，主多鼽嚏。（下有秋月氣數主屬之圖，略）

（卷五）

　　臞仙月占主疾：十月立冬日忌北風，主殃六畜。十一月忌行夏令，主多疥属之疾。十二月朔日忌西風，主六畜疫，忌行春令。主多瘤疾。（下有秋月氣數主屬之圖，略）

（卷六）

地理正言（存）

　　一卷。諸史志及書目皆未著錄。據存本，內容多說喪葬擇地事，屬堪輿類。《奚囊廣要》本、弘治間龍山童氏樂志堂刊本署"宗室涵虛子撰"。題"龍山童氏新雕"。有序，署"弘治甲子七十三歲江陰王秉忠"。明胡文煥編《格致叢書》輯入。

　　明弘治龍山童氏樂志堂刊本／存（國家圖書館、大連圖書館、中國臺灣省圖書館藏）

　　明萬曆間胡氏文會堂刻本／存（大連、山東圖書館藏）

附：〔明〕弘治樂志堂刊本《地理正言》王秉忠序

　　今人泥於風水，殊不知人生於世，富貴貧賤夭壽，命稟於天，各有時也。人惟立身省己。誠爲君子之道，而有非爲犯法。豈不天與凶亡，安得使地福乎？夫葬者，禮之大事也。信知郭景純《葬書》云：葬者，承生氣也。要取結實之土，及有藏風聚氣，使亡者在土中安好，則孝子之心盡矣。福蔭與子孫昌盛。吹來者爲風，脫去者爲水。要取四正順流之地。夫地土有高下徑直斜側端正之處。夫理脈，循之則治，逆之則亂。予想涵虛子所著《地理正言》一帙，指爲時師多有不明宅葬之理，昧使安遷改向，斜列方次，趨凶避吉，以致乖舛。有此，欲使後學者明其正理正言。勿以誤人，得其宅葬乎？抑又勿以誣妄邪言，而輿宅葬乎？江陰王秉忠序。

曆法通書（佚）

三十卷。《明史·藝文志》著錄此書在寧獻王權名下，有註云："金溪何士泰《景祥曆法》、臨江宋魯珍《輝山通書》合編。"但《續修四庫全書》收《類編曆法通書》，署"（元）宋魯珍《通書》、何士泰《曆法》，明熊宗立類編"。提要稱"是書於何宋兩家外，又有熊宗立《道軒類編》及未知作者名者數卷"，並提及"何景祥《曆法集成》又輝山所未見"。據此推知，《曆法通書》當是朱權將何士泰《景祥曆法》、宋魯珍《輝山通書》合編成一書。今《續四庫全書》所錄本多有紕繆，其中熊宗立《道軒類編》及其他部分爲後來坊刻闌入，而非原刻。

明寧府刻本

明末刻本

《續修四庫全書》本 / 存

附 《四庫全書總目·曆法通書大全》存目提要

不著編輯者名氏。考《明史·藝文志》載《曆法通書》三十卷，註"金溪何士泰《景祥曆法》、臨江宋魯珍《輝山通書》合編"。今觀是書於何、宋兩家外，另標"鼇峰熊宗立《道軒類編》"一行，不知何時增入。

十九卷以前目錄析爲三節，分標何、宋、熊三人之名，自二十卷以下別起目錄，似又另爲一書，而不註何人所纂。卷首原序亦無姓名。稱宋輝山《通書》集先賢之秘，而何景祥《曆法集成》又輝山所未見，故以二書合之。其說與《藝文志》相合，疑即志所稱《曆法通書》，而坊間又有所增益也。其所載選擇之要，皆術家常法，初無秘義。至紕繆之處，則《欽定協紀辨方書》駁正詳矣。

吉星便覽（佚）

僅見於《淨明宗教錄·涵虛朱真人傳》。未詳。

臞仙斗經（佚）

光緒《江西通志》著錄。云："又按權所著尚有《臞仙斗經》。"

道家類

黃庭經註解（存）

不見於諸志及各家書目。中國中醫研究院《館藏中醫研究院線裝書目》錄此書，題涵虛子撰。

清西湖慧空經房刻本 / 存（中國中醫科學院藏）

天皇至道太清玉冊（存）

八卷。簡名"太清玉冊"。此書卷首有朱權自序署"正統九年南極遐齡老人臞仙書"。初刻當在正統間。民國十五年（1926）上海涵芬樓影印《續道藏》太乙部收此本。卷首尚有作者所撰《原道》一文，闡發其宗旨。萬曆三十七年（1609）張進刻本有朱權跋文一篇，爲《續道藏》本所無。《續道藏提要》云："是書條理清晰、內容豐富，足資參考。唯不詳引書出處是一缺點。"今人所撰道教史多引用此書。朱謀㙔《續書史會要》著錄寧獻王著作有《原道》一目，或此文亦曾單獨刊刻。不見於其他書目，不另錄。

明《格致叢書》弘治間龍山童氏樂志堂刻本 / 存

明萬曆三十七年張進刻本 / 存（國家圖書館、南京、遼寧圖書館藏）

明張國祥等編《續道藏》本 / 存（國家圖書館、故宮、上海、南陽、四川圖書館藏）

附一： 《續道藏·天皇至道太清玉冊》提要

篇首有正統九年南極遐齡老人臞仙之序與《原道》一篇。按臞仙乃明寧王朱權之號。權爲太祖十七子。曾爲燕王草檄。後懼禍，託志黃老，專心著述，著《神隱志》以自韜晦。此書序謂："其教之事物有未備，言奧有未宣，制度有未傳，儀制有未正。余乃考而新之。……悉究其事，大宣玄化，其天地之始分，造化之始判，道統之始起，儀制之式，器用之備，衣冠禮樂之制，天心靈秘之奧，道門儀範之規，立爲定制。舉道門之所用，皆載此書也。於是命其名曰《天皇至道太清玉冊》。"其《原道》篇以黃帝始備萬物，老氏強名大道，莊子始立大覺，此皆爲中國聖人之道也，故曰正道。其旨匯通儒道，所謂"循乎禮義，儒道一也"。是書之作，蓋明此正道。

原書二卷，上卷九章：《開闢天地》《道教源流》《天皇龍文》《幹運造化》《醮事儀範》《天心玄秘》《道門官制》《赤文天律》《清規儀範》。本《老》《莊》《史記》即道教典籍，以言天道、元氣、太極、天地、日月星辰、風雲雷電、陰陽五行。老子隨世顯化靈跡、天師家世、南北宗派，並載有三洞經書目錄，及滅道妖書名目，如《佛道論衡》《弘明集》中誹毀道教之作。正一諸品法籙，正一諸品仙經，天樞院品秩，驅邪院品秩。

附二： 萬曆三十七年重刻本周玄真《太清玉冊》後跋

天皇至道太清玉冊，書義甚詳，中有玄職籙、註解階品次及罰過玄律之議，知者每謂不然。寧言之無徵耶？抑見所不及耶？蓋天道茫茫，而天文之說特驗；道學雖玄，而性命之術甚真。以玄職薦有功，以玄律繩有罪，正所謂度世之妙術，而修道貞教之玄機也。臞仙作於前，張公傳於後，則人心既正，立功益博，道體永不墜矣。其功豈淺淺哉！見者當知重之云云。

大明萬曆三十七年己酉歲三月朔日講道經全真周玄真稽首跋。

內官監太監盔甲廠僉書張進重刻

救命索（存）

一卷。光緒《江西通志》著錄。《萬卷堂書目》著錄在道家類。爲修煉內丹的著作。存本一卷，自序及正文多處殘損。有人身造化、丹道宗源、初階小乘、性宗、命宗大乘、實躋聖地、煉己、五字訣、煉己捷要等章。序尾署"時永樂庚子人日臞仙書"。正統間龍虎山重刻本署"時正統六年歲在辛酉秋七月吉日龍虎山丘斌重刊行"。

明永樂庚子刻本 / 存（中山大學圖書館藏）

明正統六年龍虎山丘斌重刻本 / 存

二〇一六年中醫出版社葉明花、蔣力生整理《朱權醫學全書》本 / 存

道德性命前集（存）

二卷。光緒《江西通志》作《道德性命全集》。上卷"道經"，下卷"德經"。卷首序署"永樂庚子歲人日遐齡老人臞仙書"，初刻本當在是年[永樂十八年（1420）]或以後。朱權著《太清玉冊·天皇龍文章·道藏三洞經目錄》有《註解道德經》，朱謀㙔《續書史會要》亦著錄《註解道德經》，當即此書原名。爲老子《道德經》，朱權爲之註解者。

明永樂間刻本

明朱宸洪刻藍印本 / 存 （吉林圖書館藏）

庚辛玉冊（佚）

八卷。無卷數。朱權著《太清玉冊·天皇龍文章·道藏三洞經目錄》著錄，又見於《續書史會要》，皆無卷數。《明史·藝文志》著錄。《寶文堂書目》

未載明作者。明李時珍《本草綱目》列爲引據書目之一，確指引自《庚辛玉冊》者近三十處，其中李時珍專門介紹寧獻王朱權的成就。並介紹《庚辛玉冊》云："宣德中，寧獻王取崔昉《外丹本草》、土宿真君《造化指南》、獨孤滔《丹方鑒源》、軒轅述《寶藏論》、青霞子《丹臺錄》諸書所載金石草木可備丹爐者，以成此書。分爲'金石部''靈苗部''靈植部''羽毛部''鱗甲部''飲饌部''鼎器部'，通計二卷凡五百四十一品。所說出產形狀、分別陰陽亦可考據焉。"卷數與其他著錄有出入。1983 年香港中文大學與澳洲格里斐大學合作出版何丙郁、趙令楊合著之《寧王朱權及其庚辛玉冊》，輯明李時珍《本草綱目》中直接出自《庚辛玉冊》的引文二十九條，附載獨孤滔《丹方鑒源》等於後，稱"似皆全部載在原來的《庚辛玉冊》裏"。何、趙稱《庚辛玉冊》"是一部煉金術的書，也是一部煉丹術的書。是明代唯一主要的煉丹術巨著，是研究明代煉丹術史所不能缺乏的現存中國煉丹術文獻"。二〇一六年中醫出版社出版葉明花、蔣力生編著《朱權醫學全書》，收《庚辛玉冊》一種，係葉明花、蔣力生依據明李時珍《本草綱目》、方以智《物理小識》及日本《廣大和本草》等錄，計二十餘條。

香港中文大學《寧王朱權及其庚辛玉冊》本／存

附：李時珍《本草綱目·歷代諸家本草》(《四庫全書》本卷一上) 節錄

庚辛玉冊。時珍曰：宣德中寧獻王取崔昉《外丹本草》、土宿真君《造化指南》、獨孤滔《丹房鑒源》、軒轅述《寶藏論》、青霞子《丹臺錄》諸書所載金石草木可備丹爐者以成此書。分爲金石部、靈苗部、靈植部、羽毛部、鱗甲部、飲饌部、鼎器部，通計二卷凡五百四十一品。所說出產形狀，分別陰陽，亦可考據焉。王號臞仙，該通百家。所著醫、卜、農圃、琴、棋、仙學、詩家諸書，凡數百卷。《造化指南》三十三篇，載靈草五十三種，云是土宿昆元真君所說，抱樸子批註，蓋亦宋元時方士假託者爾。古有《太清草木方》《太清服食經》《太清丹藥錄》《黃白秘法》《三十六水法》《伏製草石論》諸書，皆此類也。

陰符性命集解（佚）

一卷。光緒《江西通志》著錄。《續書史會要》著錄有"陰符經"。"陰符經"爲道教經典，舊傳爲黃帝作，有多家註解。此本或由朱權集解，或僅爲寧獻王府所刻前人註解本，待考。未見傳本。

命宗大乘五字訣（佚）

光緒《江西通志》著錄與《內丹節要》合爲一卷。未見傳本。

內丹節要（佚）

光緒《江西通志》著錄與《命宗大乘五字訣》合爲一卷。未見傳本。

洞天秘典（佚）

僅見於《淨明宗教錄·涵虛朱真人傳》。未見傳本。"洞天"爲道家所稱神仙居所。當與之相關。

淨明奧論（佚）

僅見於《淨明宗教錄·涵虛朱真人傳》。據書名，當與闡明道教淨明派教義相關。未見傳本。

肘後神樞（存）

三卷。《明史·藝文志》著錄在"子部·五行類"。明劉若愚《內版經書紀略》著錄"二本"。《江南通志·藝文志》著錄，列入"明醫方集宜"目中。高儒《百川書志》云："臞仙《肘後神樞》二卷，九章七十七條。"朱權著《太清玉冊》卷二著錄明代道書有《肘後靈樞》《肘後神樞》《肘後經》三種。《續書史會要》另有《神樞內篇》，未見於《太清玉冊》及其他著錄，此不別錄。

明成化八年餘慶書堂新槧本／存（國家圖書館藏）
明嘉靖三十九年晉府寶賢堂刻本／存
明嘉靖弋陽王府刻本

肘後靈樞（佚）

朱權著《太清玉冊》卷二明代道書著錄。《續書史會要》錄《肘後神樞》外亦錄有《肘後靈樞》。

臞仙肘後經（存）

二卷。一作《筮吉肘後經》。朱權著《太清玉冊》卷二"三十六洞經"著錄。《續書史會要》著錄作《肘後經》，俱無卷數。明代此書版本較多，且書名與《臞仙肘後神樞》相近，前人著錄多有混淆。劉若愚《酌中志·內版經書紀略》著錄"一本"。《四庫全書總目》存目有《肘後神經大全》三卷。提要云："今是編所載皆推算諸星煞吉凶以爲趨避。上卷爲值日圖，中卷爲值時傍圖，下卷爲值日時斷例。"（見下《肘後神經大全》附一）今《四庫存目叢書》即在此目下收《臞仙肘後經》二卷本。目錄註"肘後神經大全"，署"明刻本"。

即視二者爲一書。其内容與朱權《臞仙肘後經序》内容相符，但卷數不同。國家圖書館藏楚藩刻本卷尾有收藏者潘景鄭手書跋云："疑一書遞經傳刻，自有出入耳。"《續四庫總目》著錄明寫本"《臞仙肘後經》殘本一卷餘"，提要云："此殘本應是明代内版之《臞仙肘後經》斷無疑問。"清初南昌青雲譜道觀有朱權後裔朱傑重刻本作《筮吉肘後經》二卷。又有青雲譜住持朱道朗《跋》，提及天啟六年朱權後裔朱謀㙔曾重輯家中舊藏《筮吉肘後經》，加註後付梓行世。《中國古籍善本書目》著錄在術數類。《續四庫提要·臞仙肘後經》提要云："《肘後經》，同治五年武清侯氏有重刻本，刪省'玄門'一類，別題名《筮吉肘後經》。"《中國古籍善本書目（稿本）》亦錄此目。杜信孚《明分省分縣刻書考》著錄明嘉靖三十九年晉府刻本有《臞仙肘後經》二卷。

  明初刻本 / 存　（中國臺灣圖書館藏）

  明正統寧府刻本 / 存

  明嘉靖三十九年晉府寶賢堂刻本（徐州圖書館藏）

  明刻本 / 存

  （國家圖書館，國家博物館，北大、南開、東北師大圖書館皆藏）

  清康熙青雲譜朱傑重刻《筮吉肘後經》本 / 存　（南京、上海圖書館藏）

  清同治五年武清侯氏刻本 / 存

  《四庫存目叢書》影印明刻本 / 存

附一：《續修四庫全書總目·臞仙肘後經》(明寫本) 殘本提要 (羅福頤撰)

  原書二卷。此殘本存天運星煞值日值時圖一冊。後有補頁，爲本書之上卷，又殘零三十九頁半，爲本書下卷。朱絲欄。審係明人傳寫之本。作者署銜"涵虛子臞仙"。明太祖庶十七子寧獻王權之別號也。考明宦官劉若愚《酌中志·內版經書記略》《臞仙肘後神樞》二本一百七十八頁，《臞仙肘後經》一本，一百十二頁。清乾隆《四庫全書總目》"子部術數類"存目《肘後神經大全》三卷，浙江范懋柱家天一閣藏本，涵虛子臞仙撰。臞仙，明寧獻王權自號。權平生頗講神仙方技之書，所著有《肘後神樞》

二卷，見《明史·藝文志》。又高儒《百川書志》亦云《臞仙肘後神樞》二卷九章七十七條。今《肘後神樞大全》所載，皆推算諸星煞吉凶以爲趨避，上卷爲值日圖，下卷爲值日時斷例，卷帙篇章，與《明史》志及高儒《書志》俱不相合，圖說亦皆疏漏，疑已爲後人增益，而非原本云。此值日值時圖及零頁斷例，雖與上述《大全》三卷本所載相同，然書名卷數不合，則此殘本應是明代內版之《臞仙肘後經》斷無疑問。《肘後經》同治五年武清侯氏有重刻本。刪省"玄門"一類，別題名《筮吉肘後經》。版藏淡如齋，有涵虛子臞仙自序，自簽押字，並鈐"寄傲六合放浪八荒"章。又有康熙壬戌（二十一年）林泉散人及同治五年侯邦典序，後有康熙壬戌良月道人及同治五年松阿理跋。侯序略謂："《肘後經》，余家舊有抄本，先君寶貴多年，後竟被有心者取去，以甲子冬（同治三年）在書林中偶爾得此，內有'玄妙'一門，於士農工賈趨吉避凶之道無所爲用，姑且刪之。講日用常經付諸剞劂云。"今此殘本或即侯氏所失之物，亦未可知。兼之零頁中尚存有"玄門類"、建天醮、祀上帝等十四事。猶可見本來面目，可貴也。因考證明人所寫殘卷附志刻本如右。

附二：《臞仙肘後經》楚藩刻本卷尾收藏者潘承弼（景鄭）手書跋

《臞仙肘後經》二卷，題"涵虛子臞仙編"。前有臞仙自序。《四庫》著錄存目作《肘後神經大全》三卷。《明史·藝文志》有《肘後神樞》二卷、《運化玄樞》一卷。又高儒《百川書志》作《臞仙肘後神髓》二卷九章七十七篇，與此卷帙不同。疑一書遞經傳刻，自有出入耳。臞仙爲明寧獻王權自號，著有《漢唐秘史》。蓋亦講究神仙方術者。此書上卷論天運星煞值日圖例，下卷爲擇日斷例。以月辰爲經，繫一吉凶生殺之理。上自□政，下逮種植□畜之事彌不畢具。蓋寧藩博采歷代諸家陰陽之書，其日辰星煞盡收於圖內。不用起例，一覽可知。頗便於日者所應用。嘗怪近代術家讀一二俗本，已自炫耀當世，叩以陰陽消長之道，茫乎莫辨。以此占驗，驗可得乎？此書藏家鮮有著錄。行格每半葉十一至十三行，疏密不等，版框寬闊，版心上下粗黑口，審是明初刻本，當爲寧藩初刻之帙，《提要》及他家曾作更易，題目疑經後人舛亂矣。此常舊藏篋衍，未經循覽。亂後攜至滬上。偶一展讀，惝恍如墮五里霧中。壬戌寅九月初三日吳縣潘承弼跋於滬（以下數字模糊）。

肘後神經大全（存）

三卷。《續文獻通考》卷一八二著錄《肘後神經大全》云："是編卷帙與史志不合，疑爲後人增益，非原本也。"《四庫總目》存目提要作"《肘後神經大全》三卷"，在"術數類"。存目提要所稱"上卷爲值日圖，中卷爲值時傍圖，下卷爲值日時斷例"，實際是《臞仙肘後經》的內容。《四庫全書存目叢書》收《臞仙肘後經》，後附《四庫總目·肘後神經大全》三卷提要。即視《臞仙肘後經》即《肘後神經大全》。雖然如此，但前者爲二卷，後者爲三卷。是否另有《肘後神經大全》，不能排除，故別錄於此。參見《臞仙肘後經》條。

浙江天一閣藏本 / 存

附：《四庫全書總目·肘後神經大全》（浙江范懋柱家天一閣藏本）存目提要

《肘後神經大全》三卷，舊本題涵虛子臞仙撰。臞仙者，明寧獻王權號也。權有《漢唐秘史》，已著錄。其平生頗講神仙方技之書。所著《肘後神樞》二卷，《運化元樞》一卷，見《明史·藝文志》。又高儒《百川書志》亦云："臞仙《肘後神樞》二卷，九章七十七條。"今是編所載皆推算諸星煞吉凶以爲趨避。上卷爲值日圖，中卷爲值時傍圖，下卷爲值日時斷例。卷帙篇章與《明史》志及高儒書志俱不相合，圖說亦皆疏陋。疑已爲後人增益，非原本矣。

（子部二十一術數存目二）

臞仙指南肘後合併神樞經（存）

二卷。存本名"新刊臞仙指南肘後合併神樞經"。與其他書名相近諸書關係待考。

明秣陵書林舒文泗刻本 / 存（國家圖書館藏）

造化鉗錘（佚）

一卷。一名《鉗錘》。《太清玉冊·天皇龍文章·道藏三洞經目錄》著錄無卷數。又見於《續書史會要》。《萬卷堂書目》《明史·藝文志》、光緒《江西通志》、乾隆《鳳陽縣志》、同治《新建縣志》等皆著錄。

運化玄樞（存）

一卷。朱權著《太清玉冊·天皇龍文章·道藏三洞經目錄》著錄無卷數。又見於《續書史會要》。《明史·藝文志》著錄在"子部·五行類"。光緒《江西通志》作"《臞仙運化元樞》八百六條"。《百川書志》著錄云《運化玄樞》五卷，入隱士類。《古今書刻》著錄作"運化玄機"。《讀書敏求記》云："涵虛子謂飲食起居必順天道以寧化育，故纂此書以備月覽。"《述古堂書目》作"鈔本"。《續書史會要》亦著錄。

明宣德九年刻本 / 存（國家圖書館藏）

明成化八年餘慶書堂刻本 / 存（國家圖書館藏）

明嘉靖弋陽王府刻本

二〇一六年中醫出版社《朱權醫學全書》葉明花、蔣力生整理本 / 存

附：《讀書敏求記》著錄《運化玄樞》一卷云

月十又二而成歲。其虛盈消長之數有差，候氣之運各異。涵虛子謂飲食起居必順天道以寧化育，故纂此書以備月覽，於攝生之道可謂詳矣。前載歲占圖，後附天地混元之數。及三元八會等辰。其以中元丁令威救母之日，釋氏謂之目蓮，未識其所本何自，姑識於此，以俟博聞者。

天地卦（佚）

朱權著《太清玉冊·天皇龍文章·道藏三洞經目錄》著錄，又見於《續書史會要》，俱無卷數。《盱眙朱氏八支宗譜》亦著錄。未見傳本。

北斗課（佚）

朱權著《太清玉冊·天皇龍文章·道藏三洞經目錄》著錄，又見於《續書史會要》，俱無卷數。《盱眙朱氏八支宗譜》著錄明景泰至萬曆間弋陽王府刻本。

明景泰至萬曆間弋陽王府刻本

重編猶龍傳（佚）

無卷數。朱權著《太清玉冊·天皇龍文章·道藏三洞經目錄》著錄。又見於《續書史會要》。

重編龍虎經（佚）

　　無卷數。朱權著《太清玉冊·天皇龍文章·道藏三洞經目錄》著錄。又見於《續書史會要》，作《龍虎經》。

三教本末（佚）

　　無卷數。朱權著《太清玉冊·天皇龍文章·道藏三洞經目錄》著錄。又見於《續書史會要》。

丹髓（佚）

　　無卷數。朱權著《太清玉冊·天皇龍文章·道藏三洞經目錄》著錄。又見於《續書史會要》。

洞天神品秘譜（佚）

　　無卷數。朱權著《太清玉冊·天皇龍文章·道藏三洞經目錄》著錄。《續書史會要》著錄作《夢稿洞天神品譜》。又別有《洞天神品秘譜》，或是一書二錄。

註解洞古經（佚）

　　無卷數。朱權著《太清玉冊·天皇龍文章·道藏三洞經目錄》著錄。《續書史會要》著錄作《洞古經》。

註解大通經（佚）

　　無卷數。朱權著《太清玉冊·天皇龍文章·道藏三洞經目錄》著錄。《續書史會要》著錄作《大通經》。

註解太上心經（佚）

　　無卷數。朱權著《太清玉冊·天皇龍文章·道藏三洞經目錄》著錄。《續書史會要》著錄《太上心經》。

註解長生久視經（佚）

　　無卷數。朱權著《太清玉冊·天皇龍文章·道藏三洞經目錄》著錄。《續書史會要》著錄作《長生久視書》。

唐聖祖傳（佚）

　　無卷數。朱權著《太清玉冊·天皇龍文章·道藏三洞經目錄》《續書史會要》著錄。

太清玉譜（佚）

無卷數。僅見於朱權《太清玉册·天皇龍文章·道藏三洞經目錄》。該目錄云："今我大明麗天其中國人必遵中國之道。故記其名目如左。"以下列九十種書目。前四十五種與朱權無涉。自《太清玉册》以下四十五種，其中雜有二十餘種爲朱權著作，已有存書或見於著錄，推知其餘十餘種亦當爲朱權所撰。

闡道論（佚）

無卷數。僅見於朱權著《太清玉册·天皇龍文章·道藏三洞經目錄》。

太諠（佚）

無卷數。僅見於朱權著《太清玉册·天皇龍文章·道藏三洞經目錄》。

蓬瀛志（佚）

無卷數。僅見於朱權著《太清玉册·天皇龍文章·道藏三洞經目錄》。

玉宸玄範（佚）

無卷數。僅見於朱權著《太清玉册·天皇龍文章·道藏三洞經目錄》。

玄範行移式（佚）

無卷數。僅見於朱權著《太清玉冊・天皇龍文章・道藏三洞經目錄》。

北宸奏告儀（佚）

無卷數。僅見於朱權著《太清玉冊・天皇龍文章・道藏三洞經目錄》。

水火煉度儀（佚）

無卷數。僅見於朱權著《太清玉冊・天皇龍文章・道藏三洞經目錄》。

禳五部儀（佚）

無卷數。僅見於朱權著《太清玉冊・天皇龍文章・道藏三洞經目錄》。

玉樞會醮儀（佚）

無卷數。僅見於朱權著《太清玉冊・天皇龍文章・道藏三洞經目錄》。

園堂儀（佚）

無卷數。僅見於朱權著《太清玉冊・天皇龍文章・道藏三洞經目錄》。

水府拔幽燈儀（佚）

無卷數。僅見於朱權著《太清玉冊‧天皇龍文章‧道藏三洞經目錄》。

祈天讖（佚）

無卷數。僅見於朱權著《太清玉冊‧天皇龍文章‧道藏三洞經目錄》。

保命燈科（佚）

無卷數。僅見於朱權著《太清玉冊‧天皇龍文章‧道藏三洞經目錄》。

涉世圖（佚）

無卷數。僅見於朱權著《太清玉冊‧天皇龍文章‧道藏三洞經目錄》。

神功妙濟丹方（佚）

無卷數。僅見於朱權著《太清玉冊‧天皇龍文章‧道藏三洞經目錄》。

雜藝類

焚香七要（存）

諸志不錄，存書一卷。僅數百字，含香爐、香盒、爐灰、香炭墼、隔火沙片、靈灰、匙箸諸條。文中有"宣銅"一詞。按明宣德年間之香爐以鑄造精良、質地優秀著稱，世稱"宣爐"。此"宣銅"即"宣爐"別稱。故書之著作年代當在宣德間或以後。

宛委山堂刻《說郛三種》本 / 存

貫經（附《禮記投壺篇》《投壺譜》）（存）

貫經一卷，禮記投壺篇一卷，投壺譜一卷合爲一冊。光緒《江西通志》《盱眙朱氏八支宗譜》《讀書敏求記》皆著錄。存本宣德間刻。此書係朱權據古制創製之投壺器及投壺法作出的相關解說。含"貫禮""貫樂""太清樂譜"（十一闋）"卜兆""壺式""貫律"等。又貫壺式等圖十七幅。《投壺譜》卷末有如下數語："投壺之禮，去古遠而失其真者久矣。自司馬光改易壺譜，其古之譜皆不存，今取《禮記》投壺之禮爲證。"字跡與之前相同，說明此《禮記投壺篇註》一卷、《投壺譜》兩種係朱權選編，與《貫經》合爲一書，作爲《貫經》的補充，非是不相干的幾種書合爲一冊者。今存明刻本有同治二年徐康（子晉）手書跋。

明宣德間寧王府刻徐康跋本 / 存（國家圖書館藏）

清抄本 / 存（上海圖書館藏）

附一： 《讀書敏求記》著錄《貫經》云

　　臞仙以陶質爲壺，取其脆而易破；以葦荻爲矢，取其脆而易折。仿古投壺之義，射禮之儀，著爲《貫經》。令人生戒愼，不敢燥進之意，寓規於戲，其旨微矣。

附二： 〔清〕徐康《貫經》卷首手書跋

　　臞仙爲宗潢宿學，凡天文地理象緯術數，下至琴瑟各樂器，無不洞清其理，□開鄭世子郁儀宗卿之先聲。惜僅傳兩世即爲宸濠斷祀。此《貫經》壺譜嘗見於《也是園書目》中，無從購覓，且曾王所藏乃抄本。此係明初印本，紙雖粗質，顯係宋元之物，亟宜珍閱。同治二年子晉。

茶譜 （存）

　　一卷。朱權著《太清玉册・天皇龍文章道經》目錄，又見於《續書史會要》，無卷數。《千頃堂書目》著錄。明梅純編《藝海匯函》叢書卷四收有此書手抄本。有關於茶之製作、飲用相關方法近二十條。卷首序署"涵虛子臞仙書"。《中國農業古籍目錄》亦錄之。

　　《藝海匯函叢書》明鈔本 / 存

爛柯經 （存）

　　收歷代圍棋史料、圖譜等。含皮日休《原弈》、班固《弈旨》、柳宗元《序棋》、馬融《圍棋賦》、張擬《棋經十三篇》、劉仲甫《棋法四篇》、無名氏《圍棋三十二法》等及棋勢圖五十幅。明初刻本佚。今見存本二。其一，國內私家藏本。見於 2017 年 12 月 20 日中國嘉德國際拍賣有限公司 2017 年秋季拍賣會"古籍善本金石碑帖"專場，拍品號2330。今歸私藏。一冊。不分卷。前有朱權序，卷尾有高嶼序，稱此本爲其據王天雨藏本刻。署正德辛未（1511）。有版本研究學者斷此本爲清末翻刻，與所據正德原刻本是否有出入尚不得而知。其二，日內閣文庫藏明本。作四卷，二册。前有歐陽旦正德三年序，無朱權、高嶼二序。二本後半棋勢圖有很多出入。注嘉靖本。前有歐陽旦正德三年序，無朱權、高嶼二序。內容與前本小有差異。光緒《江西通志》據《明史·藝文志》著錄《爛柯經》在藝術類。《千頃堂書目》著錄在"類書類"。《百川書志·雜藝類》誤註"象棋勢譜"。

明初刻本／佚

明正德間高嶼刻本

明嘉靖刻四卷本／存（日內閣文庫藏）

清翻刻明高嶼刻本／存

附一：《重刻爛柯經序》〔明〕高嶼

　　弈之爲數，小數也。中間攻困擊刺，進退坐作，運謀出奇，藏險設伏，深有似乎用兵。士君子之好之者，蓋亦有取焉。予承乏長興，政餘或與人較，苦不得其精。聞德清王君天雨家藏《爛柯經》板，購之，得一善本，披而閱之，玩而味之，亦有所得。既而試之，亦每有所效。及奉詔如京，王君束百本以寄，予以分送賢士大夫，又每每稱善。然恐其傳之不廣，後之不繼也，用是重梓。至如適情之説，喪志之戒，聖賢之言，則又各有攸歸。好事者當自得云。

　　正德辛未秋孟月之吉

　　賜進士第奉直大夫知泰安州事前監察御史崑山高嶼序。

注：高嶼，崑山人。弘治間壬戌進士。

（明正德間高嶼刻本）

附二： 《爛柯經序》〔明〕歐陽旦

　　棋之爲用，本於古之隱君子忘情世故者消遣歲月耳。儒家者流若皮日休、班固、馬融、柳宗元、張擬、劉宗甫輩，嘗爲之原，爲之旨，为之賦，爲之序，爲之經，爲之法三十有二，爲之勢八十有一。形勝有圖，剖析有注。所以發其旨趣，窮其玄妙者，無遺蘊矣。散見於百家傳記。迨遐齡老人朧仙迺集爲一編，取石室爛柯之義，合而名之曰"爛柯經"。版久而廢。近世士大夫深於其趣者，往往以不見其全集爲憾。

　　中相劉公奉璽書便宜之權，出鎮兩浙，凡利害有關於軍民者，大者驛聞，小者立斷。二三年間，政通民和。治用間暇，公舊藏有《爛柯經》善本，鋟梓以廣其傳。

　　昔孟子論弈之爲數，小數也。迺指其一事言爾。自經觀之，綱維布置，有攻有守，有正有奇。制敵取勝之法縱橫百出而不窮，實有兵法存焉。張擬以《棋經十三篇》自比於孫武子兵書，識者韙之。是固存乎經爾。神而通之，妙用無端。譬之雲合鳥散，變在倏忽。有不可揣摩測度者，則又存乎人爾。蓋局無定體，勝無常形。古之人固有背水而陣，陷之死地而卒以取勝者。亦有讀父書不知合變，而卒以取敗者。是故師乎古而不泥乎古，善用古者也。蓋必如珠之走盤，橫斜曲直，惟意所向而不出乎範圍之外，斯得之矣。今天下承平日久，民生不見干戈，而轅門將府膏梁子弟生長帷幄之中，正孔子所謂"飽食終日，無所用心"。苟獲此編而究意焉，不狃於宴安，不荒於驕情。弘其謀略，長其智慮。他日臨陣遇敵，因此識彼，成法具存。至於士大夫亦得以便於省覽，觸類而長增益其所未至，不亦偉哉！

　　昔者黃帝堯舜嘗以此而教丹朱，豈無所爲而置諸無益之地歟？然則公之此舉匪徒爲弈者惠也。仰體聖天子居安思危之盛心，措國家於久安長治，凡可以容心者，何所不用其極哉！用是輒不揆僭書此以爲天下告焉。

　　正德三年戊辰夏五月望前一日

　　賜進士中順大夫浙江等處提刑按察司副使奉敕總理學政安福歐陽旦序。

注：歐陽旦，字子相，安福人，成化進士。累官南京副都御史。

（日藏明嘉靖本）

書評（佚）

一卷。書法評論。僅見朱謀垔《續書史會要》著錄，云："（王）好古博學，旁通釋老，著述甚富，兼善書法，作《書評》一卷，程量允當，爲世所宗。"

臞仙續洞天清錄（佚）

一卷。《古今書刻》《述古堂書目》《匯刻書目》《續書史會要》皆載朱權著有"洞天清錄"。《江西歷代刻書》著錄"《臞仙續洞天清錄》一卷，弋陽王府刻本"。光緒《江西通志》不列入書目，在"道家類"書目後按云："又按權所著尚有《臞仙斗經》《洞天清錄》諸書。"《四庫全書》收有宋趙希鵠《洞天清錄》一卷，在子部雜家類。《四庫提要》云"所論皆鑒別古器、書畫之事"。又云："明寧獻王權嘗爲刻板於江西，見《寧藩書目》。"朱權於寧王府刻前人書多種，亦多有對前人著作改編、評點、修訂、補續、整理者。如朱權《神隱志》內容有來自趙希鵠《洞天清錄》者，或在刻印該書時，曾補一卷，爲諸史志所載，因別錄《臞仙續洞天清錄》。

明初寧府刻本

明嘉靖弋陽王府刻本

附：《四庫全書總目·洞天清錄》提要

《洞天清錄》一卷，宋趙希鵠撰。希鵠本宗室子，《宋史》世系表列其名於燕王德昭房下，蓋太祖之後，始末則不可詳考。書中有"嘉熙庚子自嶺右回至宜春"語，則家於袁州者也。是書所論皆鑒別古器之事，凡"古琴辨"三十二條,"古硯辨"十二條,古鐘鼎彝器辨二十條,怪石辨十一條,硯屏辨五條,筆格辨三條,水滴辨二條,古翰墨眞跡辨四條,古今石刻辨五條,古今紙花印色辨十五條,古畫辨二十九條。大抵洞悉源流,辨析精審。如謂刁斗乃行軍炊具,今世所見古刁斗乃王莽威斗之類,爲厭勝家所用。又謂今所見銅犀牛、天祿蟾蜍之屬,皆古人以貯油點燈,今人誤以爲水滴。其援引考證類皆確鑿,固賞鑒家之指南也。明寧獻王權嘗爲刊板於江西,見《寧藩書目》。曹溶《續藝圃》搜奇所載,與此本同,蓋皆從寧王舊刻傳錄。明錢塘鍾人傑輯《唐宋叢書》別載一本,與此本迥異。考其中有楊慎之說,寧庶人宸濠之名,及永樂、宣德、成化年號。希鵠何自知之?其爲未見此本而剌取他書以贋其名,固不待辨矣。

音樂類

神奇秘譜（存）

　　三卷。《天一閣書目》著錄二卷。保存了歷代相傳之古琴曲譜四十八曲，又調意十二，計六十曲。爲我國存世最早之琴譜集。朱權自序署"洪熙乙巳臞仙書"。云此集係寧王府琴生受之於各派琴家，並朱權本人親受之曲，相互參訂而成。上卷稱"太古神品"，爲唐宋傳譜的古琴曲；中、下卷稱"霞外神品"，爲宋末未經紫霞琴派改編的民間流傳之曲。朱權爲每一曲撰寫了解題。今傳明刻本非常精美，自序字跡與其他朱權刻本相同。上世紀六十年代中華書局陸續出版的查阜西編大型古琴文獻叢書《琴曲集成》《續修四庫全書》（1092冊）二書所收影印本所據之上海圖書館藏本皆屬此本。1956年中央音樂學院民族音樂研究所曾據此本影印出版，附袁荃猷《指法集註》，及查阜西《後記》。《千頃堂書目·禮樂類》載《神奇秘譜》三卷，又有"不知撰人"數種，含有《丹丘子琴譜》二卷。丹丘子，朱權別號，或即《神奇秘譜》之又一版本。

　　明洪熙刻本／存（上海圖書館、中央音樂學院圖書館藏）

　　明嘉靖十六年北京書林汪諒刻本／存（國家圖書館藏）

　　明萬曆間刻本／存

　　一九五六年音樂出版社影印明刻本／存

　　二〇一〇年中華書局《琴曲集成》本／存

附一：　高濂《遵生八箋·琴譜取正》

　　琴師之善者，傳琴傳譜；而書譜之法，在琴師亦有訛者。一畫之失，指法即左，以訛傳訛，久不可正，琴調遂失真矣。故琴非譜不傳，譜非真反失其傳也。近世以寧藩《神奇秘譜》爲最然，須得初刻大本。臞仙命工挍訂點畫不訛，是爲善譜可寶。若翻刻本不足觀矣。又如《風宣琴譜》亦可。外此何止數十家？刻譜無不訛者。余自燕中得故家琴譜，抄錄精細，調法俱善，欲刻未得。若欲求譜勾剔字法全備，並手勢形像飛動，在臞仙所刻《太古遺音》一書，最爲精到。奈坊中僅存翻本，使人恨不多見。臞仙留心音律，無不窮奇索隱，若詞曲之《太和正音譜》按律正腔，知音孰能過之？宜乎琴譜之精莫之與並也。

附二： 〔明〕楊掄《伯牙心法·飛鳴吟》解題

按是曲蓋所以寫秋鴻之飛鳴耳。夫鴻胡爲而飛哉？嘗聞之韓昌黎有云：凡物不得其平則鳴。自草木金石，以至風雷動植之物皆然。賓鴻者，德具五常，固羽蟲中之傑出者也。故鴻之飛鳴於秋者，殆有鬱中泄外，見聲於翱翔之間者乎？夫以秋氣凜冽，天道肅殺行焉。而鴻去彼樂土，適我南國，是以其聲哀痛淒慘，與秋聲而俱傷矣。今聽之者，宛然有羈旅離別之感云。別有《秋鴻曲》，此其引也。

附三： 查阜西《琴曲集成·神奇秘譜》據本提要

上海圖書館藏，明刻本，朱權（臞仙）輯。前有洪熙乙巳（1425）三月一日臞仙自序。上卷稱爲"太古神品"，凡十六曲。中下卷稱爲"霞外神品"，凡四十八曲。

朱權原序說明，此譜是他花了十二年功夫編成的。"太古神品"十六曲，從其減字形式研究分析，參照譜內各曲的解題，可以證明這十六曲多是唐宋間遺留下來的原寫曲譜。"霞外神品"，據元至大年間胡長孺"霞外琴譜序"稱，南宋淳祐、寶祐時，浙派琴家楊纘、毛遜、徐宇等人，編了一部《紫霞洞琴譜》，共收四百六十八曲。譜中不少琴曲在元明之際得到時人的不斷加工。"霞外"就是指所謂能"探少師（楊纘）譜外

"不傳之意"的那些經過加工的琴曲。因此，"霞外神品"是研究元明之際浙派琴藝的重要資料。

朱權原序明言："上卷太古神品一十六曲，乃太古之操，昔人不傳之秘，故無點句。"但現存《神奇秘譜》兩個刊本《太古神品》中的《遯世操》等曲都有點句。北圖本上卷之末，刊有辛未附註兩行，說明"以私意詳其聲趣，點於句下"。辛未晚於朱權卒年。此本在嘉靖汪諒書坊所刻《文選》第一卷第三十四頁廣告中，與《新刊太音大全集》並列。可以推定此本是嘉靖的翻刻本。上圖本則無此註。與嘉靖本相較，個別譜字且有誤刻之處。它可能是萬曆間所翻刻。嘉靖本雖然翻刻在先，但書版模糊之處過多，故本編仍用上圖本影印。

此外，兩本目錄均有漏誤：（一）漏刻"商角調"一類（用正角調定絃）。（二）在商角調類下《神化引》一曲之前，漏列"神品商角調"一曲。（三）《楚歌》屬於淒涼調，應提列在《離騷》之後（正調緊二絃、五絃各一徽）。

註：此《據本提要》中說的"漏刻'商角調'一類"，在"目錄"，影印本補入"商角"二字。正文不漏，且爲"神品商角調"。目錄"神化引"下小字"一名夢蝶引"爲"一名蝶夢引"之誤。

太古遺音（《新刊太音大全集》）（存）

原二卷。一作《新刊太音大全集》五卷，琴學專著。有關於琴體的認識，琴之樂理知識，琴的演奏方法，製作方法，文化史料等。初刻於永樂十一年（1413），書名"太古遺音"。自序云《太古遺音》原爲宋田芝翁所纂，爲三卷。至嘉定間楊祖雲又易名爲"琴苑須知"。二百餘年後已極少流傳。朱權自云得之於塗陽（即大寧），但已殘缺不全。後至江右，數見該書，皆非善本。乃自考校補訂爲二卷，仍名曰"太古遺音"。此本已佚。正統間袁均哲（字庶明。江西建昌人，曾知郴州、瓊州等地）在《太古遺音》基礎上改編，書名《太音大全集》。嘉靖間書商汪諒以朱權《太古遺音》與袁均哲《太音大全集》合編重刻，書名《新刊太音大全集》。署"南極涵虛子臞仙編輯，河南藩府殿下校正，書林汪氏重刊"。查阜西編《琴曲集成》（2010年中華書局）收《新刊太音大全集》，附朱權《太古遺音序》於後。又收《太古遺音》一種，與朱權原編《太古遺音》有關合處。二〇一三年中華書局《二十世紀琴學珍萃·汪孟舒先生琴學遺著》中收有《新刊太音大全集》原刻本，有汪孟舒校訂批註及相關考訂說明等。

明永樂癸巳初刻本

明正德間刊本／存（北京圖書館藏）

明嘉靖弋陽王府刻本

明嘉靖金臺汪氏重刻本／存（中國臺灣圖書館藏）

明刻六卷本／存（中國藝術研究院音樂研究所藏）

二〇一三年中華書局二十世紀琴學資料叢書·汪孟舒琴學遺著楊元錚整理本

附一： 錢曾《讀書敏求記·禮樂類·太古遺音》云

凡琴之制度，考訂咸備焉。鏤圖樸雅，援據該洽。琴譜中可謂集大成矣。

附二： 查阜西《琴學文萃·〈太古遺音〉考》（節錄）

今存專論古琴之書，在琴苑中最古者有揚雄之《琴清英》，蔡邕《琴操》。此類書籍，雖阮元力言其真，仍待存疑。其散見於各叢書及世傳孤本，如《廣陵止息》傳譜、《幽蘭譜》《烏絲欄譜》等皆止於片段。且迄隋唐為止，琴書皆不具體系，未足視為專學也。宋以來，琴書仍未進步。崔遵度《琴箋》、朱熹《琴律》諸說，類書、通志，能考之輯，已漸致意琴事。明抄《琴苑要錄》，姜白石歌曲，《事林廣記·琴略》，亦類皆一鱗半爪，仍非專書。內容雖視唐時較豐，而體裁駁雜之風未變。朱長文《琴史》，至今漸重琴苑，亦僅編考琴人，未編十書徒落馬班窠臼，且有潦草塞責之嫌，猶是《四庫提要》所謂"隸事之書，非審音之作"也。以琴事為學之專書，殆自田芝翁之《太古遺音》始。

附三：《琴曲集成·新刊太音大全集》據本提要

　　北京圖書館藏。明正德間刊本。全書共分五卷。一至四卷爲前集，第五卷爲後集。據書前序稱，編者曾"宦遊南北"，"取諸家琴譜，以近代所謂《太古遺音》，反覆紬繹"，"繁者別之，略者詳之，難疑者音釋之，駁雜者釐而正之"。重加編訂而成。此序因缺末頁，佚去作者姓名。然而第五卷書後，有袁均哲的題識，提到他曾"宦遊南北"的事實。據此可知，此書編者即袁均哲。袁氏明正統間人。明楊表正《重修正傳琴譜》稱他曾"註《遺音》"。現與《太古遺音》殘本比勘，說明袁均哲既是《遺音》的註釋者，也是改編者。

　　至於《新刊太音大全集》嘉靖金臺書林汪氏刻本，共六卷。賜書實際上是以袁氏《太音大全集》爲母本，稍加增訂而成。書前朱權的序，有可能是書商謀利託僞而放上去的。從書中不少指法譜字來看，《新刊》錯刻之處甚多，故本編決定將袁氏《太音大全集》全部影印，另將《新刊太音大全集》朱權序附列於後，作爲參考。

附四：汪孟舒校訂《太音大全集》卷首題

　　中央音樂學院民族音樂研究所影鈔周夢坡舊藏《太音大全集》，曾晒藍印本。孟舒攜与北京圖書館藏《太古遺音》相校，二者皆爲明汪諒翻刻本。錯訛特多。乃參考各舊譜，屢爲校正之。并添寫轉調等頁於後。《太音大全集》即《太古遺音》一書也。僅行格抬頭、琴樣次序間有所異。其他盡同。且皆載"臞仙曰"，"臞仙琴壇十友"及"均哲識""琴操辨議"，實可證其爲一。見《明史·藝文志》袁均哲《太古遺音》，古譜《琴賢名錄》"袁均哲注《遺音》，臞仙修《太古遺音》。"今見袁著刻本略小，昔見臞仙《神奇秘譜》與《太古遺音》，均刊大本。而汪氏重刻時，亦冠以"新刊太音大全集"書名。此亦汪刻，序缺不全。僅知《太音大全集》

203

爲其原書名。是否袁撰，與其所本俱不詳。朱權序《太古遺音》謂本於田紫芝、楊祖雲所遺《太古遺音》（序稱三卷，疑爲五卷之誤。）今《太音》卷四尾書"前集終"，卷五首行下書"後集"，是即《遺音》朱序所謂"定爲二卷，仍名曰太古遺音"是也。所中已將《神奇秘譜》印出，欲習此古譜，首從《太古遺音》今得此校本《太音大全》讀之，不亦相得益彰歟！（一九五六八，一）

（中華書局二十世紀琴學資料叢書・汪孟舒琴學遺著）

附五：楊元錚《汪孟舒校註太音大全集》解題

《太音大全集校註》五卷，《附錄》一卷，是汪孟舒先生一九五六至五七年間校訂《太音大全集》影寫本的成果。原稿存中國藝術研究院。

《太音大全集》刊本五卷，明人袁均哲整理宋以來流傳的琴書《太古遺音》，"反覆抽繹，訂其是非，繁者別之，略者詳之，難疑者音釋之，駁雜者釐而正之。門分類別，薈萃成編"。此書雖有兩部絲繪精抄本，分存於國立中央圖書館臺灣分館和中國藝術研究院圖書館，但刻本僅存一部，是海內孤本，彌足珍貴。迭經袁克文、周慶雲、鄭振鐸收藏。一九四九年冬，查阜西與鄭氏同寓北京飯店，得見此本，記錄鄭振鐸鑒定"確爲永樂或宣德年間版本"。據此查阜西先生於一九五三至五四年間撰寫了《跋袁均哲太音大全集》《太古遺音考》等文章，正確地指明袁均哲是《太音大全集》之編者，但同時又聲稱袁均哲與朱權"同時"，朱權刻之《太古遺音》，"殆即就袁書而損益者"；"今據袁、朱兩書互相印證，袁之此書不僅撰於永樂癸巳（一四一三）以前已無疑義，即謂其刻於癸巳以前，亦可以朱《序》'數見'之語徵之矣。"

從刊本版刻或琴論的時代風格出發，方家得出了"確爲永樂或宣德年間版本"即"謂其刻於癸巳（一四一三）以前，亦可徵之"殆結論。然而鑒藏家、彈琴家的論斷，終究被汪孟舒先生的校勘工作推翻了。

從孟舒先生的校稿來看，此書鏤圖雖精，但文字內容之訛誤脫衍頗多。

譬如卷五出自劉籍《琴義》但《左手指法》中"覆泛"一條，題目脫去"泛"字，剩一"覆"字，釋文僅妄刻"來去"兩字。他者如"亦同"作"亦曰"，"其名"作"共若"，"後"作"復"字等等，可以說是不勝縷舉。非但正文錯漏，就是袁均哲本人做的音釋也輾轉走樣。例如卷一《論徽》中的音釋："蕤，音睿，上平聲"刻成"又平聲"等等。如果此本刻成果在明初，"必爲宣德以前之本"，有可能"刻於（永樂）癸巳以前"，而袁均哲與朱權又是同時代人，則此本應該是《太音大全集》的初刻本。但是連袁均哲本人寫的音釋都誤刻成這個樣子，此本祇能是翻刻本。

今按袁均哲生卒年都遠晚於朱權。據記載：袁均哲，建昌人，係永樂二十一年江西癸卯鄉試舉人（《江西通志》卷五二）宣德五年，任廣東潮州海陽縣教諭（《嘉靖潮州府志》卷五）。正統六年，任湖南郴州知州（萬曆《郴州志》卷一二）。天順五年四月，以知郴州卓異，獲英宗賜誥敕（《國榷》卷三三）。後擢順天府治中（《楚記》卷五〇），歷任貴州黎平知府（正德《南康府志》卷六，海南瓊州知府（《江西通志》卷五二）。

袁均哲在《太音大全集題辭》："予自少時酷好是音，恨未得其傳。暨長，宦遊南北，既得其傳矣，恨未造其妙"，又在卷五《琴操辯議》裏講："予平生所彈，……不下十餘操，遍年宦遊南、北京。獲聞士大夫彈琴者數十餘家"，明顯都是老者口吻。而所謂宦游南、北兩京與他在宣德七年（一四三二）以冠帶舉人身份充南監監生（《南廱志》卷十五）以及天順五年（一四六一）後擢順天府治中（《楚記》卷五〇）的實情完全相符，毫無誇張。則此本《太音大全》的刻成，又必在天順五年（一四六一）之後。

根據孟舒先生校勘的結果，我們知道，這個《太音大全》的刻本不僅決非"宣德以前之刻本"，也不大會是天順五年後刊行之初刻本，頗可能是更晚之翻刻本。另有所謂《新刊太音大全集》六卷，是明嘉靖元年（一五二二）前後北京金臺書鋪汪諒混合朱氏、袁氏二書材料，拆分袁書卷五，而湊成六卷之數的一個坊刻本。金臺書鋪六卷刻本文字之錯訛，數倍於《太音大全》五卷刻本。孟舒先生校稿中稱《太音大全》五卷本也是汪諒翻刻，是出於誤記。

　　孟舒先生此稿，原校於民族音樂研究所影鈔晒藍本之上，但刻本不誤而影鈔本誤者，佔原校十之二三。如卷一《辨絲法》引《齊民要術》："柘蠶絲宜爲絃"，抄本誤作"柘蠶綠宜爲絃"，《綴徽法》"庶得徽不黑"鈔本誤作"庶得徽不黑"；卷二《琴式圖》伏羲式音釋："索，音色，取也"，鈔本誤作"者，音也，平也"等等。故而，此次出版，轉用刻本爲底本，誤鈔者即不在出校。有刻本蟲損，或紙墨疲敝，以致印出後有漫漶不清之處，則於校記中以"錚按"表出之，不再描補，以存其真。原稿即於行間逕作校改，並無完整校記，校記由編者在整理過程中寫出。

二〇一〇年六月十六日

續古霞外神品秘譜（佚）

　　無卷數。僅見於朱謀㙔《續書史會要》。按《神奇秘譜》下卷爲"霞外神品"，此譜或另選同類曲目以續《神奇秘譜》"霞外神品"者。待考。

琴阮啓蒙（佚）

　　一名《臞仙琴阮》。無卷數。《明史·藝文志》著錄《琴阮啓蒙》，在雜藝類。《續書史會要》著錄名《琴阮啓蒙譜》。《讀書敏求記》（清管庭芬校正）著錄四卷，云："晉風既泯，阮之失傳久矣。臞仙創爲此制，更造譜以行於世。"《古今書刻》著錄弋陽王府刻本作二卷。光緒《江西通志》著錄，按云："某氏書目作《臞仙琴阮》，補註云，一名《琴阮啓蒙》。朱權《神隱志》"阮制"條，述及古樂器"阮"早已失傳，遂按古畫中樣式製作了阮器，並著《琴阮啓蒙譜》

一書。《述古堂書目》著錄《琴阮啟蒙》，註"阮譜一卷，鈔"。此《阮譜》或爲《琴阮啟蒙》四卷中抄出者，爲歷史上阮譜之首。是知全書有述、有論、有阮譜。是爲學琴阮者啟蒙而編。

明嘉靖弋陽王府刻本 / 佚

一九二六年長洲童氏刻本 / 佚

附一： 朱權《神隱志》節錄

　　阮制。阮之制失於五代，而世無傳者久矣。予因觀畫有抱阮者，體氣像而製之，另成一家。故今世方有阮焉。其絃品而自取音調爲之，亦可與琴瑟之並音也。造法用桐木爲之，或梓木爲面則太重。莫若純用桐木者佳。背後亦立其名，如琴之製。其渾身皆題其銘贊，以快吾志。可又爲一代之製也。其尺寸制度，皆見予所製之《琴阮啟蒙譜》。嗚呼！阮之失者將八百年，而吾又繼而成之，豈非物有盛衰，必因人而興也。

附二： 錢曾《讀書敏求記》"禮樂類"著錄云

　　阮咸惡琵琶音繁，乃躬自製阮。恐後世不知所始，即以己姓名之。晉風既泯，阮之始傳久矣。臞仙创为此制，更造譜以行於世。

唐樂笛色譜（佚）

亦作《唐五調笛字譜》《唐五調曲》《唐樂笛字譜》。《四庫提要》卷三十八錄清毛奇齡撰《竟山樂錄》四卷，云："是書據明寧王權《唐樂笛色譜》爲准。以四、乙、上、尺、工、凡六字迴圈成七調。夫寧王《笛色譜》果否唐人之舊，未可知也。惟寧王譜今已不傳，存錄是編，俾唐以來教坊舊調，金以來院本遺音，猶有考焉。亦伎藝之一種也。"又毛奇齡《皇言定聲錄》卷七著錄"唐五調笛字譜"云："此明寧王臞仙所纂《唐樂笛字譜》也。

今衹存宮調曲一首，商調曲半首。《樂苑》曰：《歎疆場》，宮調曲也；《大酺樂》，商調曲也。"並附錄此工尺譜。明胡彥升《樂律表微》有此譜遺文。

附一： 《四庫全書總目·竟山樂錄》提要

《竟山樂錄》四卷，國朝毛奇齡撰。其書據明寧王權《唐樂笛色譜》爲准，以四、乙、上、尺、工、凡六字迴圈成七調。如四爲領調，則乙爲變宮，上爲商，尺爲角，工爲徵，凡爲變徵，六爲羽。又除羽無清聲，置乙、凡二字不用，復從六而推高四爲宮清，高上爲商清，高尺爲角清，高工爲徵清，合之共爲九聲。蓋簫、笛色字譜及金元曲調，其動盪曲折總不出此九聲之環轉。伶官遞相授受，稱爲唐樂之遺法。奇齡遂據以解五音十二律還相爲宮。以考司馬遷《律書》，蔡元定《律呂新書》之說，欲舉古來所謂三分損益隔八相生者一切廢之，並伶州鳩所對亦斥爲妄言。夫寧王《笛色譜》果否爲唐人之舊，未可知也。即真出唐人，而唐之雅樂固未聞能與三代比。乃執其優伶剩譜以定天地之母音，舉漢以來諸儒相傳去古未遠者悉指爲謬，揆以事理似乎未然。惟寧王譜今已不傳，存錄是編，俾唐以來教坊舊調、金以來院本遺音猶有考焉，亦技藝之一種也。是書本奇齡所作而託於其父鏡所傳，故題曰《竟山樂錄》。竟山者，鏡之字也。末一卷爲《采衣堂論樂淺說》十四條，稱出自其兄仁和教諭萬齡，而詞氣乃宛似奇齡。無可佐證，亦姑妄聽之焉。

附二： 毛奇齡《西河集》（節錄）

又曾受起吾所藏涵虛子譜《唐五調曲》二首，笛色工尺皆近代音律家所未有者。見檢討所輯公樂說名《竟山樂錄》凡三卷。（卷一百十一）

附三： 毛奇齡《皇言定聲錄》（節錄一）

唐樂笛字譜　此明寧王臞仙所纂《唐樂笛字譜》也，今衹存宮調曲一首，商調曲半首。《樂苑》曰：《歎疆場》，宮調曲也。又曰：《大酺樂》，商調曲。故所譜者，即此二詩字。

宮調曲　《歎疆場》

間上尺道工六工尺上行工四人六工四至工四六工尺
妝工六梳工尺對六四鏡四工工尺臺四上尺上四六
淚四尺上四痕六工六四猶上尺尺未尺工尺上四滅工四四六工尺尺
笑工六工臉六工六四自四尺上上四然尺工六工工工開尺

商調曲　《大酺樂》

淚上六滴尺上珠四六工難工六四盡上尺上四
容尺工六工殘尺工六玉工四六易四仕四六四銷六四六工

　　此皆宮調笛字也。以宮調合宮調曲，謂之宮之宮。黃鍾之宮以宮調合商調曲，謂之宮之商。黃鍾之商，蓋宮調以四字為宮聲，上字為商聲。上首次句最高字是鏡字，不過及伬字而止，即是宮調。次首首句淚滴用低上字，次句易字用高仕字，至高至低無非以上字掣調，即為商調。此雖遍易七調，而其為宮為商總如是者。調有變而宮與商不變也。先臣嘗謂《樂錄》有《思歸樂》，亦商調曲。註曰後一曲犯角，則以後曲次句有"三江雁亦稀"五字連用。"三江"二高陰字，而以雁之陽字接之，則其字已入高尺字內，非商調矣。以此比較，則思過半耳。

（卷七）

註：宋《樂府詩集》卷八十近代曲辭收此辭，引《樂苑》曰："《歎疆場》，宮調曲也。"《詩紀》云："此下三首，考樂府前後皆唐人之詩，或唐作也。"（又云：後兩句作"淚痕猶尚在，笑靨自然開"。）又，唐張文收《大酺樂》全文為："淚滴珠難盡，容殘玉易銷。倘隨明月去，莫道夢魂遙。"見《萬首唐人絕句》卷三十八。張文收，貝州人，善音律，貞觀初授協律郎，咸寧中遷太子率更令，撰《新樂書》十二卷。

附四： 毛奇齡《皇言定聲錄》（節錄二）

　　唐桂華曲笛字□□先臣曰：幼時聽先司馬臣唱《桂華曲笛字譜》云：王，新建籍，寧府時得之所俘老樂工者。其二、三、四句譜字尚存，但無首一句耳。按《白樂天集》有《聽都子歌》，是聽歌《桂花曲》者。其詩云："都子新歌有性靈，一聲格轉已堪聽。更聽唱到嫦娥字，猶有樊家舊典型。"此即唱法。其云"一聲格轉者"，以其唱"試問"二字，是高字已及領調字矣。故轉到"嫦娥"字，當如矩然折方而下，所謂格轉也。此即《樂記》所云"倨中矩者也"。又有聽唱《桂華曲》詩："桂花詞意慢丁寧，唱到嫦娥醉復醒。"所云"詞意丁寧"者，以歌時多頓折，如丁寧然。然感人處，仍在唱到"嫦娥"字。故又云"唱到嫦娥醉復醒"，此亦最善道唱法者。但一三四曲譜字，又以口授不復存。今祇存第二句矣。其譜字與宮商二調曲譜字尚有可疑處，已經訂正。因附載於此。

《桂花曲》正宮調譜字

遙知天上桂花孤　譜字亡

試工尺問□六工工尺□尺四六工嫦□四上尺四四四六娥□六四工工肯□上四要上上上四□四上四六四工工尺無□尺工工工□

月中亦有閒田地，何不中央種兩株。譜字亡。按譜字傍才是拍字。

（卷七）

補註：白居易《東城桂》三首（之三）全文爲"遙知天上桂花孤。試問嫦娥更要無。月宮幸有閒田地，何不中央種兩株"。見《白氏長慶集》卷二十四。

附五： 毛奇齡《皇言定聲錄》（節錄三）

　　古樂府節解譜　漢魏樂府，每爲晉宋間宴饗所奏，則略改原文，分章別節。如《豔歌何嘗行》《東西門行》諸曲，分註節解，曰一解，曰二解。且曰右一曲某樂所奏，至今可考也。先司馬臣曰："幼嘗聽寧府樂工歌《孤兒行》，是以唐人歌法歌漢魏樂府者。然亦分節解。更註散拍。一如金元曲子。其淒惻宛轉，聽之迪然起倫常之感。始知金元曲子，凡一切歌法皆仿隋唐。惜其笙笛色譜皆未傳也。但舊本尚有節解散拍明註詞下。今特錄存其概，以俟後之審聲者取鑒焉。

《孤兒行》曲節解序譜

孤兒生。孤兒遇生，命獨當苦。

（散序。按此三句如今引曲，然散序者散行無板曲也。）

孤兒命當若父母在時。乘堅車，駕駟馬。父母已去，兄嫂使我行估。南行九江，東到齊與魯。臘月來歸，又誰敢自言苦。

（拍序一拍。按此十句即今之過曲，以有板謂之拍序，一拍者拍序之一，猶胡笳十八拍以一拍始也。後仿此。）

孤兒苦，頭多蟣虱，面目多塵土。大兄教辦飯，大嫂教你且好飼馬。上高堂，隨取鞭筴下堂，教孤兒淚下一如雨。

（二拍。按此八句與今前腔同。）

欵我朝行汲，暮來歸，首無韜髮，足無扉。愴愴履霜多蒺藜，拔斷此蒺藜腸肉中，恨恨自悲，淚渫渫，涕累累，冬無複襦，夏又無單衣。

（三拍按此十句另變一韻，與今換頭前腔同。）

居生不樂，不如早下去從地下黃泉。

（掣拍，拍止。按此二句又去拍為掣拍。拍止者，謂前慢板從此斷也。）

春氣動，草萌芽。三月蠶桑六月收瓜。將是瓜車來到家。瓜車反覆，助我者少，啖瓜者多。

（促拍。按此九句又起板，漸入急調，謂之促拍。）

啖瓜者多，願還我蒂。兄嫂戚嚴，當持蒂歸，與兄嫂校計。

（長拍。按此五句又轉入慢調，然後作結，以板慢曰長拍。今曲名有"長拍""攧拍"，"攧拍"即"促拍"也。）

里中一何譊譊，但願寄尺書。將與地下父母，兄嫂難與久居。

散。然按此四句與煞尾同，以無板曰散煞。

寧府樂錄（佚）

附：毛奇齡《皇言定聲錄》（節錄）

　　皇言旋聲之法，隔八聲而還，其始聲則正，從七律轉旋之，覺實有所謂隔七者。凡歌聲曲調皆以八旋，惟《笛色字譜》小有不同。《寧府樂錄》字譜有云：以正生清，隔七得八；以清生正，隔八得八。如宮生宮清，以四生伵。

　　五聲訣　《寧府樂錄》有"五聲圖訣"，今其圖已亡，第記其訣於此。以備參考。

宮	六工尺上四　（乙凡不用）	要識宮曲，一清三濁。
羽	清徵　清角　清商　清宮	卑不逾尺，高不越腹。
商	乙六凡工上　（尺四不用）	商之所記，兩濁兩清。
羽	清徵　清角　清商　清宮	下從火立，上用金成。
角	上四六凡尺　（工乙不用）	何以為角，三清一濁。
羽	清徵　清角　清商　清宮	物作下止，民乃上觸。
徵	尺乙四六工　（凡上不用）	徵聲最激，全有四清。
羽	清徵　清角　清商　清宮	宮懸甫接，徵招可聽。

　　五調以宮調為主，宮調之中聲則四字也。宮四而下有羽徵角三聲（即六工尺）。宮四而上有商角徵羽四聲（即上尺工六），合此九聲以為宮調（合本四二聲為九聲），則凡聽其歌，其聲之最卑者不逾尺字，其最高者不越伵字，即為宮調。蓋下尺者工尺之尺，即角尺也。上腹者，腹為中聲

宮四,中聲也。繼此而商調,則爲下徵上商之九聲。徵爲火,故火立;商爲金,故金成也。又繼此而爲角調,則爲下羽上角之九聲。羽爲物,角爲民,則爲物止,而民觸羽者止也。角者觸也,又繼此而爲徵調,則爲下宮上徵之九聲。宮懸即宮徵,招即徵也。

(卷七)

註:清毛奇齡《皇言定聲錄》云其家藏有《寧府樂錄》,爲歌唱字譜,中有"五聲圖訣"。此處"寧府"是否即指朱權在世時之寧府,未敢確認,姑錄之。

詩文類

梅花百詠詩（存）

一卷。一作《賡和中峰詩韻》。元馮子振（海粟）與中峰（釋明本，俗姓孫）有唱和《梅花百詠》各百首。後中峰又作"春"字韻百首。朱權和中峰"春"字韻《梅花百詠》詩一百〇八首，合爲《梅花百詠》詩集。前有朱權序。

明景泰至萬曆間弋陽王府刻本

明嘉靖三十二年朱宸溇刻《梅花百詠詩》本／存（國家圖書館藏）

宮詞（存）

《百川書志》著錄"凡百八首"。明萬曆間周履靖（1549—1640）輯《唐蜀宋元明千家宮詞》，收朱權《宮詞》一百一十二首。清嘉慶張海鵬《借月山房匯鈔·宮詞小纂》錄存七十首，謂原一百七首，卷首有朱權小序。末署"永樂戊子五月臞仙題"，知初刻於永樂六年(1408)。周本前有周序而無臞仙序。詩中詞句有若干出入。明錢謙益《列朝詩集》收臞仙《宮詞》數首，於"忽聞天外玉簫聲"下加小註云："永樂間上寵倖高麗賢妃權氏，穠麗善吹簫，宮中爭效之。故臞仙有'天外玉簫'及'美人猶自學吹簫'之句。"周履靖輯本是今存唯一一百二十回本，但無臞仙自序，又改"玉簫"爲"瑤笙"，當爲明後期輯刻者避朱棣之忌刪改。《借月山房匯鈔·宮詞小纂》七十回本與錢謙益所引同，當近原本。

明萬曆二十八年周履靖編《唐蜀宋元明千家宮詞》本/存（南京圖書館藏）
清嘉慶十一至十七年虞山張氏刻增修本（中科院、浙江圖書館藏）
《借月山房匯鈔》本/存
《叢書集成初編》本/存

附一：錢牧齋《列朝詩集》選錄朱權《宮詞》"忽聞天外玉簫聲"註

　　永樂間，上寵倖高麗賢妃權氏，穠麗，善吹簫，宮中盡效之。故臞仙宮詞有"天外玉簫"及"美人猶自學吹簫"之句。王司采《宮詞》亦云："贏得君王留步輦，玉簫嘹亮月明中"，皆紀實也。

附二：〔清末〕陳田輯《明詩紀事》引《雙槐歲抄》

　　臞仙《宮詞》"忽聞天外玉簫聲"一絕，王司綵《宮詞》"瓊花移入大明宮，旖旎濃香韻晚風。贏得君王留步輦，玉簫嘹亮月明中"。是時賢妃權氏、順妃李氏、美人崔氏皆朝鮮人。權尤濃翠，善吹玉簫。永樂八年，侍上征虜，還至臨城薨，諡恭獻。朝鮮國王李芳遠，驛送妃父權永均至，拜光祿寺卿，食祿不管事。尋遣歸國，貢女不復至。聖德剛明，不為蠱惑如此。

四體宮詞（佚）

　　四卷，《盱眙朱氏八支宗譜》著錄。《續書史會要》僅著錄《四體宮詞》，無前錄之《宮詞》。關係待考。

重編海瓊玉蟾先生文集（存）

　　六卷，續集二卷，附錄一卷。原宋葛長庚著，朱權輯校重編。按葛長庚原有《上清集》八卷、《玉隆集》六卷、《武夷集》八卷。此集收三集未收之詩文。前有嘉熙改元彭耜（鶴林）及端平丙申潘牥二序。又有朱權明正統七年序，署別號"南極遐齡老人"。明清改編增補本甚多，皆署朱權校正銜名。《鐵琴銅劍樓藏書目錄》著錄並引彭序云："先生屬其校勘纂次，並以前賢時文錄於篇末，凡四十卷，則是不非其舊矣。"

　　明正統七年寧藩刻本 / 存（國家圖書館、北大、山東圖書館藏）

　　明嘉靖十二年白玉蟾摘稿十卷本 / 存

　　明萬曆二十二年劉雙松安正堂新刻瓊管白先生集十四卷本

　　明刻澹安居圈點本 / 存

　　明萬曆《漢魏諸名家集》（翁少麓刻）本 / 存（國家圖書館藏）

　　明萬曆間金閶世裕堂刻本 / 存（上海圖書館藏）

　　明汪乾行等刻（李滂跋）本 / 存（北京大學圖書館藏）

　　明藍格抄海瓊白真人文集六卷本 / 存（北京大學圖書館藏）

採之吟（佚）

　　朱權詩集。《千頃堂書目》著錄作四卷。《續修四庫提要》著錄"明刻本，不分卷"。羅福頤撰提要，僅介紹朱權其人，無一字及於《採之吟》，當亦未見此書。明黃襞《西江詩法·字眼》中例句有數句註明出自《採之吟》。

　　明嘉靖弋陽王府刻本

附：朱彝尊《明詩綜》卷二選寧獻王權三首，註云
　　　　王高皇帝第十六子。洪武二十四年封，二十七年之國大寧。永樂二

年移南昌。正統末薨。有《採之吟》《詩話》。獻王助長陵靖難，以善謀稱。及徙封豫章，頗多觖望。晚乃折節讀書。開雕秘笈，囊雲廬山之巔，鼓琴緱嶺之上，其有淮南八公之思乎。

感興集（佚）

無存本，亦未見著錄。唯《西江詩法·字眼》中例句有數句註明出自《感興集》，未標明作者。按其體例（如《採之吟》），當屬引自朱權之作。詩句內容符合朱權的思想傾向與藝術風格。推知此《感興集》當爲朱權之詩集。

壺天集（佚）

無卷數。朱權著《太清玉冊·天皇龍文章·道藏三洞經目錄》《續書史會要》皆著錄。《西江詩法·字眼》中例句有一聯註明出自《感興集》，未說明作者。按其體例（如《採之吟》）。朱權有別號"壺天隱人"，詩句內容符合朱權的思想傾向與藝術風格。推知此《壺天集》亦爲朱權詩集。

回文詩（佚）

三卷。一名《璇璣回文詩詞》。《續書史會要》《古今書刻》著錄。《千頃堂書目》著錄"璇璣回文詩詞"，註："集古今作。"

明嘉靖弋陽王府刻本

文論韻譜類

西江詩法（存）

存本一卷。爲詩論著作。前有自序。自謂曾徵得文江黃槊《詩法》二篇，後又得元儒（俱江西人）《詩法》，刪編而成此書，云"使知吾西江人傑地靈，氣勁趣高，有如此之才人，有如此之詩法，使高明孰不拱手而歸之也"。全書分詩體源流，詩法源流，詩家模範，詩法大意，作詩骨格，詩宗正法眼藏，詩法家數，詩學正法，作詩準繩，律詩法要，字眼，古詩要法，五言古詩法，七言古詩法，絕句詩法，諷諫詩法，榮遇詩法，登臨留題詩法，徵行詩法，贈行詩法，詠物詩法，讚美詩法，賡和詩法，哭挽詩法，作樂府法等二十五目，皆切於實用，不作空論。《續書史會要》著錄作《詩法》。《百川書志》云"爲目二十又二"，當誤。

明嘉靖十一年朱覲鍊刻本 / 存（浙江天一閣藏）

明嘉靖弋陽王府刻本 / 存

清抄本 / 存（河南圖書館藏）

二〇〇五年齊魯書社周維德輯校《全明詩話》本 / 存

附： 周維德《全明詩話》前言（節錄）

《西江詩法》一卷。朱權編。權（1378—1448）號丹丘、涵虛子，明太祖朱元璋第十七子。封寧王，卒諡獻，稱寧獻王。有嘉靖十一年重刻本。首有自序，謂"詩不在古而在今。非今不能明古之意；法不在詩而在我，非我不足以明詩之法"。他善長音律，崇尚典雅，主張獨創。此編輯錄前人詩論，內容包括詩體源流、詩法源流、詩家模範、詩法大意、作詩骨格等二十五類，使學詩者有法可依，有規可循。"法其法，曲者可以繩其直。"

太和正音譜（存）

二卷。此書爲首部北曲格律譜，稱南北曲譜之祖。全書含前後兩部分。前爲與北曲相關之史料及理論，爲體例完備的曲論之首。後三百三十五章爲曲譜，蓋選元明人成作，標註聲調以成之者。對後世多種南北曲之形成發展及曲論研究有重大影響。由於應用價值高，自明初以來傳刻版本甚多。書名也曾被改稱《樂府太和正音譜》《北曲譜》《北雅》等。清初康熙帝敕命王奕清等修訂南北曲譜，稱《御定曲譜》共一十二卷，前四卷《北曲譜》即以明程明善《嘯餘譜》中《北曲譜》三百三十五章（即《太和正音譜》）爲底本。其曲論部分也被分散引入多種曲論集或書目。如《四庫全書總目》著錄《詞品》一卷，提要誤云"元涵虛子撰"，實爲《太和正音譜》中"群英樂府格勢"一章摘出者。又明高奭編《豔雪齋叢書》八種，其中有《涵虛子評元詞》一卷，亦錄此"群英樂府格勢"。版本年代前人有誤者。如清藝芸書社藏本，其作者序署"洪武三十一年"，並有葫蘆形"洪武戊寅"印章，後人以爲係初刻本，不確。其他各本面貌亦多有差異，以今人整理本較勝。

明萬曆二十二年何鈁刻本 / 存（浙江圖書館藏）

明萬曆《嘯餘譜・北曲譜》本 / 存

明萬曆三十年張萱黛玉軒刻《北雅》本 / 存（國家圖書館、四川師大圖書館藏）

《四庫全書・御定曲譜》本 / 存

清鳴野山房藏本 / 存（復旦大學圖書館藏）

民國《涵芬樓秘笈》收藝芸書社藏本 / 存

續修四庫全書（1474 冊）影印本 / 存
一九五九年中國古典戲劇出版社《中國古典戲劇論著集成》本 / 存
二〇一〇年中華書局《太和正音譜箋評》本 / 存

瓊林雅韻（存）

無卷數。北曲曲韻書。光緒《江西通志·藝文志》《千頃堂書目》等皆著錄。《太和正音譜》自序云："余因清宴之餘，審音定律，輯爲一卷，目之曰'瓊林雅韻'。"《四庫全書》存目提要稱"無卷數"。朱權《西江詩法》目錄後註："作樂府北曲用《瓊林雅韻》。皆中州北音，與詩韻不同。"因此序尾有葫蘆形"洪武戊寅"印章。多以爲《太和正音譜》及《瓊林雅韻》等皆初刻於洪武三十一年，不確。參見"太和正音譜"條。《四庫提要》存其目。

明嘉靖弋陽王府刻本
清錢塘丁氏刻本 / 存（南京圖書館藏）
《四庫全書存目叢書·子部 426 冊》影印本 / 存

附：《四庫全書總目·瓊林雅韻》存目提要（原註：無卷數。編修勵守謙家藏本）

　　明寧王權編。權有《漢唐秘史》，已著錄。是書凡分十九韻。大抵襲周德清《中原音韻》體例：一穹窿，二邦昌，三詩詞，四丕基，五車書，六泰階，七仁恩，八安閒，九鸞鷟，十乾元，十一簫韶，十二珂和，十三嘉華，十四硨磲，十五清寧，十六周流，十七金琛，十八潭岩，十九慊謙。與《中原音韻》十九韻大略相似，特異其名耳。惟《中原音韻》第十韻標曰"先天"，而此書第十韻則標曰"乾元"。遂取"元"韻之半入於一先。又是書每韻皆取平聲二字以括三聲，而第六韻"泰階""泰"字則兼用去聲，是自亂其例。至云北方無入聲，以入聲附平上去三聲之後，與《中原音韻》體例全合，而亦微有不同。如第四韻曰"丕基"，其後附"悔"字，謂"去聲作上聲"。而《中原音韻》第四韻後不載此條。考"悔"字作上聲，其在"紙"韻，則有詩："不我以，其後也悔"可證。其在麌韻，則有陸機《淩霄賦》"悔"與"旅"爲韻可證。周德清於此條似乎失收。然曲韻自用方音，不能據古韻爲增減。權之所補亦知其一而不知其二也。

詩譜（佚）

一卷。《明史》本傳、《明史·藝文志》、光緒《江西通志》《寶文堂書目》《古今書刻》《列朝詩集小傳》《續書史會要》等著錄。一作《臞仙詩譜》。

明嘉靖弋陽王府刻本

文譜（佚）

八卷。《明史》本傳、《明史·藝文志》、光緒《江西通志》《古今書刻》《百川書志》《列朝詩集小傳》《續書史會要》等著錄。一作"臞仙文譜"。

明嘉靖弋陽王府刻本

詩格（佚）

一卷。光緒《江西通志》著錄。《百川書志》著錄云："十三格，古今一百二十八體。"

務頭集韻（佚）

  四卷。《太和正音譜》自序云："余因清宴之餘，搜獵群語，輯爲四卷，目之曰'務頭集韻'。"著錄初見於此。王驥德《曲律》云："涵虛子有《務頭集韻》三卷，全摘古人好語輯以成之者。"

大雅詩韻（佚）

  七卷。朱權《西江詩法》目錄後註："作詩當用《大雅詩韻》，乃國朝《洪武正韻》之正音也。押韻忌其南音多。吳越之聲，太傷於浮，不取。"《續書史會要》《古今書刻》著錄。《千頃堂書目》《萬卷堂書目》著錄云有"正統辛酉序"。

  明嘉靖弋陽王府刻本

北曲雜劇類

沖漠子獨步大羅天（存）

　　北曲雜劇。一本。題目作"天寶洞松壇望聖友，鳳麟洲弱水遇真仙"；正名作"呂純陽同赴瑤池宴，沖漠子獨步大羅天"，著錄首見於朱權《太和正音譜·群英所編雜劇》，作簡名《獨步大羅》。衍修道的皇甫壽爲呂洞賓和張紫陽度脫上天故事，實爲作者自况。自此以下至《客窗夜話》雜劇十二種，著錄最早見於朱權自著《太和正音譜·群英所編雜劇》，俱作簡名，繫丹丘先生（朱權號）下。按雜劇、傳奇爲通俗文學類，諸史志及明清大型書目多不錄；曲目類書中著錄，多有缺失或誤差。如明臧晉叔《元曲選》卷首《元曲論》著錄上述十二種簡名，作者誤柯丹丘；清黄丕烈編《也是園藏古今雜劇目錄》著錄此劇，作者誤"元本朝丹丘先生"；清姚燮《今樂考證》著錄十二種簡名，作者誤"柯丹丘"。惟明晁瑮《寶文堂書目》著錄正名。今存元明雜劇多來自明趙琦美脈望館所藏內府本、於小谷鈔本。中國戲劇出版社1958年出版了涵芬樓藏《孤本元明雜劇》，其中收有《沖漠子獨步大羅天》與《卓文君私奔相如》，爲朱權僅存雜劇作品。

　　明嘉靖弋陽王府刻本
　　脈望館抄校古今雜劇本 / 存
　　清黄丕烈編選《孤本元明雜劇》本 / 存
　　民國涵芬樓秘笈本 / 存

卓文君私奔相如（存）

北曲雜劇。一本。題目作"蜀太守揚戈從後，成都令負弩前驅"；正名作"陳皇后千金買賦，卓文君私奔相如"。著錄首見於朱權《太和正音譜·群英所編雜劇》，作簡名《私奔相如》。衍卓文君與司馬相如私奔故事。本事最早見於《史記》，後以多種文學形式流傳，惜今皆不傳於世。此作爲卓文君與司馬相如故事以戲劇形式傳世最早的作品。對此後此一題材的戲劇創作影響甚大。明人孫柚所作傳奇《琴心記》情節全依此劇敷衍。近人王季烈云此作："有元人之古樸，而無元人粗野之弊；有明人之工麗，而無明人堆砌之病。"今存版本來源參見上《沖漠子獨步大羅天》。

脈望館抄校古今雜劇本 / 存
民國涵芬樓秘笈本 / 存
清黃丕烈編選《孤本元明雜劇》本 / 存
中國戲劇出版社 1958 年孤本元明雜劇本 / 存

瑤天笙鶴（佚）

北曲雜劇。一本。著錄首見於朱權《太和正音譜·群英所編雜劇》，作簡名《瑤天笙鶴》。題目正名無考。《寶文堂書目》《今樂考證》亦著錄簡名。《元曲選目》作《瑤天松鶴》。作者誤作元人柯丹丘。莊一拂《古典戲曲存目匯考》云："本事未詳，疑演王子喬（一作王子晉）緱山笙鶴事，見《列仙傳》。當亦神仙道化劇類。"《列仙傳》云："王子晉好吹笙作鳳凰鳴。道士浮丘接之上嵩山也。"據南昌府縣志，南昌西山也有蕭峰及緱嶺，朱權曾建別墅於此。晚年於嶺下建南極長生宮及生墳。卒後葬此。

附：《太平廣記·列仙傳》卷四（節錄）

　　王子喬者，周靈王太子也。好吹笙作鳳凰鳴。游伊、洛之間，道士浮丘公接以上嵩山三十餘年。後求之於山，見桓良曰："告我家：七月七日待我於緱氏山頭。"果乘白鶴駐山嶺。望之不到，舉手謝時人，數日而去。後立祠於緱氏及嵩山。

淮南王白日飛升（佚）

　　北曲雜劇。一本。著錄首見於朱權《太和正音譜·群英所編雜劇》，作簡名《白日飛升》。《元曲選目》《今樂考證》《曲錄》亦著錄簡名，作者皆誤作元人柯丹丘。《寶文堂書目》有《淮南王白日飛升》《薩真人白日飛升》兩種名目與之相類，皆未題作者。淮南王劉安爲高祖劉邦之孫，屬王劉長子。武帝時因造反自殺。劉安好道術，又好鼓琴讀書，曾聚集四方賓客於府中，編輯《淮南鴻烈》等大量著作。王充《論衡》、葛洪《神仙傳》等記其在八公指引下得道成仙，雞犬隨之白日升天。朱權地位、遭際、志趣與淮南王相類，劇情當本此。薩真人升天故事流傳於民間，與淮南王比較，距離朱權則較遠。

附一：〔東漢〕王充《論衡·道虛》（節錄）

　　儒書言：淮南王學道，招會天下有道之人，傾一國之尊，下道術之士，是以道術之士並會淮南，奇方異術莫不爭出，王遂得道，舉家升天，畜產皆仙。犬吠於天上，雞鳴於雲中。此言仙藥有餘，犬雞食之並隨王而升天也。

附二：〔晉〕葛洪《神仙傳》卷八（節錄）

　　淮南王安好神仙之道，海內方士從其游者多矣。一旦，有八公詣之，容狀衰老，枯槁傴僂。閽者謂之曰："王之所好，神仙度世長生久視之道，必須有異於人，王乃禮接。今公衰老如此，非王所宜見也。拒之數四。公求見不已，閽者對如初。八公曰：王以我衰老不欲相見，卻致年少又何難哉？於是振衣整容立成童幼之狀，閽者驚而引進，王倒屣而迎之，設禮稱弟子。……（八公）乃取鼎煮藥使王服之。骨肉近三百餘人同日升天，雞犬舐藥器者亦同飛去。八公與王駐馬於山，石上但留人馬蹤跡，不知所在。

周武帝辯三教（佚）

北曲雜劇。一本。著錄首見於朱權《太和正音譜·群英所編雜劇》，作簡名《辯三教》。《今樂考證》《元曲選目》等亦著錄簡名。《寶文堂書目》著錄此劇正名，題目無考。北周武帝宇文邕禁佛道二教，曾召集三教人士論三教高下。此劇故事當本此。

附：《周書·武帝紀》天和四年（節錄）

癸酉，帝御大德殿，集百僚及沙門道士等親講《禮記》。

春二月戊辰，帝御大德殿，集百僚、道士、沙門等討論釋老義。

齊桓公九合諸侯（佚）

北曲雜劇。一本。著錄首見於朱權《太和正音譜·群英所編雜劇》。作簡名《九合諸侯》。《今樂考證》《元曲選目》等亦著錄簡名。《寶文堂書目》著錄此劇正名《齊桓公九合諸侯》，未題作者。題目無考。此劇內容衍齊桓公稱霸故事。本事出《史記·齊世家》。齊桓公以管仲為相，滅譚、遂諸國，伐魯、蔡、楚等國，大會諸侯於葵丘，推為盟主，九合諸侯，一匡天下。

附： 司馬遷《史記·齊太公世家》（節錄）

桓公能宣其德，故諸侯賓會於是。桓公稱曰："寡人南伐至召陵望熊山，北伐山戎離枝、孤竹，西伐大夏，涉流沙，束馬懸車，登太行至卑耳山而還，諸侯莫違寡人，寡人兵車之會三（張守節正義：魯莊十三年會北杏以平宋亂，值四年，侵蔡，遂伐楚；六年，伐新城也。），乘車之會六，（張守節正義：魯莊十四年，會於鄄；十四年又會鄄；十六年，同盟於幽；僖五年會首止；八年，盟於洮；九年，會葵丘是也。）九合諸侯，一匡天下。昔三代受命有何以異於此乎？

豫章三害（佚）

北曲雜劇。一本。著錄首見於朱權《太和正音譜·群英所編雜劇》，作簡名《豫章三害》。《今樂考證》《元曲選目》《寶文堂書目》等並皆著錄簡名，題目正名無考。《考證》《選目》並誤作者爲元人柯丹丘。莊一拂《古典戲曲存目匯考》云："本事出《晉書》，《世說新語》亦載之。演周處故事。"《世說新語》有周處斬蛟等除三害故事。然周處故事發生在陽羨（今江蘇宜興），此劇名指明故事地點在"豫章"（即今南昌），當與周處無干。南昌多水患，有淨明道奉爲教宗之許真人（晉許遜）斬蛟龍除水患故事流傳。朱權亦奉淨明道。本劇或當與此相關，待考。

肅清瀚海平胡傳（佚）

北曲雜劇。一本。簡名《肅清瀚海》，著錄首見於朱權《太和正音譜·群英所編雜劇》。題目無考。《今樂考證》《元曲選目》亦著錄簡名，誤作者爲元人柯丹丘。《寶文堂書目》有《肅清瀚海平胡傳》，或即此劇正名，但未題作者。本事是否與朱權在大寧與胡元作戰事相關，待考。

北酆大王勘妬婦（佚）

　　北曲雜劇。一本。簡名《勘妬婦》，著錄首見於朱權《太和正音譜·群英所編雜劇》。題目正名無考。《今樂考證》《元曲選目》亦著錄簡名，作者誤元人柯丹丘。《寶文堂書目》正名作《北酆大王勘妬婦》。題目無考。本事不詳。

煙花判（佚）

　　北曲雜劇。一本。著錄首見於朱權《太和正音譜·群英所編雜劇》。題目正名無考。《今樂考證》《元曲選目》亦著錄簡名，作者皆誤元人柯丹丘。《寶文堂書目》作《煙花鬼判》。

楊娭復落娼（佚）

　　北曲雜劇。一本。簡名《復落娼》，著錄首見於朱權《太和正音譜·群英所編雜劇》。劇名作《楊娭復落娼》，亦非正名全稱。題目無考。《今樂考證》《元曲選目》同，作者皆誤爲元人柯丹丘。

客窗夜話（佚）

　　北曲雜劇。一本。著錄首見於朱權《太和正音譜·群英所編雜劇》，作簡名《客窗夜話》。題目正名無考。《今樂考證》《元曲選目》俱著錄此簡名。作者皆誤爲元人柯丹丘。《百川書志》亦著錄有《客窗夜話》，註"明洪武中宋讓著"。或別是一種。

南曲戲文類

臞仙本琵琶記（存）

《琵琶記》，南曲傳奇。元高明作。《琵琶記》自元末流行，版本訛誤改竄甚多。而凌刻《臞仙本琵琶記》最近高明原作。凌濛初所撰《凡例》云："即今時所撰古曲，如《荊釵》《拜月》，皆受改竄之冤，惜無從得一善本正之。獨此曲偶獲舊藏臞仙本，大爲東嘉（高明）幸，亟以公諸人，毫髮必遵，有疑必闕，以見恪守。"凌氏又云："歷查古曲，從無標目。其有標目者，後人僞增也。且時本亦相互異同，俱不甚雅。從臞仙本，不錄。"此本文字亦經朱權校勘整理，特別是文學修辭、格律協調，凌氏於眉批中大爲讚賞。

明初寧府刻本。
明凌濛初蟬隱廬刻本 / 存

荊釵記傳奇（存）

南曲戲文。原題柯丹邱撰，明清間曾被誤以爲是丹邱先生朱權，並爲某些曲目著錄。據考，其撰作與朱權無關，但也可能與《琵琶記》一樣，朱權曾加工並出版。錄此以備一說。

汲古閣六十種曲本 / 存
1969 年中山大學中文系 55 級整理本 / 存
《續四庫全書》（1768 冊）本 / 存

附一： 《續四庫全書提要·荊釵記傳奇》提要（節錄）

  按呂天成《曲品》著錄此記柯丹丘撰。黃文暘《曲海》目仍之。蓋舊本原題"丹邱先生"。天成不知爲寧獻王道號，故遂以爲柯敬仲耳。此記凡四十八出，演王十朋錢玉蓮事。

附二： 莊一拂《古典戲曲存目匯考》（上海古籍出版社 1959 年）《王十朋荊釵記》（節錄）

  柯丹丘，字里未詳，事蹟無考，由宋入元者。《王十朋荊釵記》，《南詞敘錄·宋元舊篇》著錄。吳門學究敬先書會柯丹丘著。見《寒山堂曲譜》引題。……按王氏（國維）《曲錄》以爲明朱權（別號丹邱）撰，實誤。

附三： 1959 年中山大學中文系五五級明清傳奇校勘小組整理本《荊釵記·前言》（中華書局）節錄

  《荊釵記》原是宋元民間流行的戲曲，最初大約是由元人"吳門學究敬先書會柯丹邱"寫定，經過由元到明許多文人不斷加工，特別是寧獻王朱權的潤色，而失去了它最初在民間流傳的許多本色。

附錄

（一）《四庫全書總目》朱謀垔《續書史會要》提要

寧獻王諱權，號臞仙，高皇帝第十六子也。始封大寧，徙南昌。王神姿秀朗，慧心天悟。始能言，自稱大明奇士。好古博學，旁通釋老，著述甚富，兼善書法。作《書評》一卷，程量允當，爲世所宗。所著書目並載於後：

《寧國儀範》《家訓》《豫章志》《遐齡洞天志》、*《凌虛八景詩》《神隱》《原始秘書》、*《金縢秘錄》《天運紹統》《通鑒博論》《史斷》《漢唐秘史》《史略》、*《太極闡道論》、*《豸史》《採之吟》、*《滄海遺珠》《文譜》《詩譜》《詩法》《大雅詩韻》《瓊林雅韻》《文章歐冶》《乾坤生意》《十藥神書》《壽域神方》《活人心》《神應經》、*《小兒靈秘方》《肘後神樞》、*《神樞內篇》《肘後靈樞》《肘後經》《月令經》、#《明雷經》《龍虎經》《丹髓》《救命索》、*《代天言辯》《猶龍傳》《太清玉冊》《太清天籙》、*《太上寶錄》《唐聖祖傳》《原道》、*《辯僞錄》《運化玄樞》、#《古本化胡書》、*《神光經》《庚辛玉冊》《三教本末》《造化鉗錘》《四體宮詞》《梅花百韻詩》、#《太易鈎玄》《琴阮啓蒙譜》《太古遺音》《爛柯經》《貫經》《神奇秘譜》《洞天清錄》、*《仙境瑤經》《蓬瀛志》《異域志》、*《蒙學指南》、#《斗南詩》《回文詩》《北斗課》《天地卦》《茶譜》、#《頤庵文選》、*《太清鈞天譜》《聖賢精義》、*《傳丹破惑》、*《九霄鶴音》《長生久視書》、*《保命集化書》《壺天集》《素書》、*《蓍經》、*《漁樵閒話》《夢槁洞天神品譜》《洞天神品秘譜》、*《拋球樂》《涉世圖》、*《續古霞外神品秘譜》《樂府太和正音譜》、*《彤庭樂章》《務頭集韻》《批註道德經》、#《陰符經》《清靜經》《大通經》《太上心經》、#《釋氏心經》《洞古經》、#《金剛經》。

註：以上計九十一種。書名前無標志者，已作爲朱權著作（含撰著、註解、整理加工者）錄入。

　　書名前有#號標志者，已知非朱權著作。有*號標志者，不見於其他著錄，不能確認作者。

（二）《四庫全書總目·寧藩書目》存目提要

　　《寧藩書目》一卷（浙江范懋柱家天一閣藏本），不著撰人名氏。初寧獻王權以永樂中改封南昌，日與文士往還，所纂輯及刊刻之書甚多。嘉靖二十年弋陽王世子多焜求得其書目，因命教授施文明校刊行之。所載書凡一百三十七種，詞曲、院本、道家煉度、齋醮諸儀俱匯焉。前有多焜序及啟一通，後有施文明跋。多焜啟中所稱父王者，乃弋陽端惠王拱樻，以嘉靖初受命攝寧府事。多焜後亦襲封，諡曰"恭懿"。見《明史·諸王世表》。

註：此《寧藩書目》明刻本，已佚。

（三）江西人民出版社1994年《江西歷代刻書》

　　著錄朱權著《增奇集》有弋陽王府刻本。佚，未見於他處。

第四卷 朱權年譜

朱權年譜

洪武十一年（戊午 1378）一歲。

五月壬申朔（1378 年 5 月 27 日）朱權生於南京宮中。母楊妃。

朱權《天皇至道太清玉冊・朝修吉辰章》記："五月初一日……南極沖虛妙道真君下降。"朱權自稱"南極沖虛妙道真君"。

是年：

朱元璋五十一歲。

皇太子朱標二十四歲。標，高皇后馬氏出（或云李妃出）。洪武元年立爲太子。

皇二子朱樉二十三歲。樉，高皇后馬氏出（或云李賢妃出）。洪武三年封秦王。都西安。本年之國。

皇三子朱棡二十一歲。棡，高皇后馬氏出（或云李貞妃出）。洪武三年封晉王。都太原。本年之國。

皇四子朱棣一十九歲。棣，高皇后馬氏出（或云蒙古女碩妃出）洪武三年封燕王。都北平。

皇五子朱橚一十八歲。橚，高皇后馬氏出（或云非馬后出，母氏不詳；或云與朱棣爲同母兄弟）。洪武三年封吳王，都杭州。未之國，是年改封周王，都開封。

皇六子朱楨一十八歲。楨，胡貞妃出。洪武三年封楚王。都武昌。

皇七子朱榑一十三歲。榑，達定妃出。洪武三年封齊王。都青州。

皇八子朱梓一十二歲。梓，達定妃出。洪武三年封潭王。都長沙。

皇九子朱杞，洪武三年生，封趙王。洪武四年殤。

皇十子朱檀九歲。檀，郭寧妃出。洪武三年封魯王，都兗州。

皇十一子朱椿八歲。椿，胡惠妃出。於本年正月甲戌日封蜀王。同時受封者有十二子柏、十三子桂、十四子楧、十五子植。

皇十二子朱柏八歲。胡順妃出。本年封湘王，都荊州。

皇十三子朱桂五歲，郭惠妃出，本年封豫王，都大同。

皇十四子朱楧三歲，郜氏出，封漢王，後改封肅王，都甘州，移蘭州。

皇十五子朱植二歲。郭寧妃出（一云朝鮮人韓妃出），封衛王，後改封遼王，都廣寧。

皇十六子朱㮵是年四月以前生。余妃出。

是年：

七月癸巳，朱棣長子、皇四孫朱高熾（明仁宗）生。

山西平遙縣訓導葉伯巨應詔上書。其一曰"分封太侈"。元璋怒，下葉伯巨刑部，死獄中。伯巨字居升。寧海人。

洪武十二年（己未1379）二歲。

是年：

皇十八子朱楩生。楩，周妃出。

皇十九子朱橞生。橞，郭惠妃出。

朱有燉生。有燉，周王朱橚世子。字誠齋。號全陽、老狂生、錦窠老人。為明初重要戲曲作家。有《誠齋樂府》。含雜劇三十餘種。

十二月，馬雲平大寧還京。大寧，元設大寧路，治大定（今內蒙自治區赤峰市寧城縣大明鎮）。洪武初，為北元所據。至是平。

洪武十三年（庚申1380）三歲。

是年：

皇二十子朱松生。松，周妃出。後封開原，未就藩。

皇二十一子朱模生。模，趙貴妃出。

正月，左丞相胡惟庸、御史大夫陳寧以謀反罪賜死。餘黨連坐一萬五千餘人。朱元璋自此罷丞相不設，析中書省之政歸六部。

三月壬寅燕王朱棣之國北平。

江西龍虎山道教天師張正常卒，子張宇初嗣教。爲四十三代天師。

洪武十四年（辛酉1381）四歲。

是年：

楚王柏之國武昌。

正月徐達、湯和、傅有德奉命率師出征故元平章乃兒不花。

徐達等北征勝。八月，徐達返京師。

洪武十五年（壬戌1382）五歲。

本年前後就讀於宮中之大本堂。

是年：

齊王榑之國青州。

五月乙酉，皇嫡長孫雄英卒。雄英，皇太子朱標長子。

八月丙戌皇后馬氏卒，年五十一。諡曰孝慈。此後太祖不再立皇后。

諸藩王奔馬皇后喪來京，十月還國。

九月選僧侍諸王，令誦經修佛事。吳僧道衍（俗名姚廣孝，江蘇長洲人）從燕王朱棣，隨往北平，深相結納。

洪武十六年（癸亥1383）六歲。

皇二十二子朱楹生。楹，朱權同母弟，楊妃生。

洪武十七年（甲子1384），七歲。

四月，皇太子諸王獵於荊山，講武事。朱權有可能隨往。

是年：

十一月辛卯，詔親王儀仗內之交椅、盆、罐內用銀者，悉改用金。

洪武十八年（己丑 1385）八歲。

是年：

潭王之國長沙。魯王檀之國兗州。楚王柏之國荊州。

二月，以陰雨雷雹久，太祖詔臣民極言得失。國子祭酒宋訥上言陳邊事。謂爲防邊之各皇子計，謹邊備則須實兵屯田，可以東西五百里爲制，立法分屯，布列要害，遠近相應，遇敵則戰，寇去則耕。太祖嘉納之。

三月，黃子澄中進士，授修撰。後爲建文帝主要畫策者之一。

四月，戶部侍郎郭桓坐盜官糧誅。累死數萬人。朱權《太和正音譜》"無名氏雜劇目"著錄有《郭桓盜官糧》一本。

八月，馮勝爲征虜大將軍，偕傅友德、藍玉備邊北平。

九月，御製《大誥》成，頒賜天下。

洪武十九年（丙寅 1386）九歲。

皇二十三子朱桱生。桱，李賢妃出。

洪武二十年（丁卯 1387）十歲。

是年：

正月，馮勝、傅友德、藍玉、李景隆等奉旨率大軍征納哈出。

二月，馮勝等出兵松亭關，分築大寧、寬河、會州、富峪四城，駐兵大寧。景隆幕僚唐之淳隨往，有《唐愚士詩》記其事。詩中稱大寧爲"塗陽"。

五月，留兵五萬守大寧，唐之淳亦住大寧。率大軍出金山，降納哈出部。八月還京。至是，遼東全部平定。

九月，大寧置都指揮使司。又置大寧中、左、右及惠州、木榆、新城等衛，悉隸之。逾年，改爲北平行都司。

洪武二十一年（戊辰1388）十一歲。

是年：

皇二十四子朱棟生，棟，劉惠妃出。

皇二十五子朱㰘生，㰘，葛麗妃出。

四月，贛州衛指揮同知張泰奉敕，與廣州右衛指揮僉事吳誠鎮壓惠州府龍川縣民蘇文山等聚衆起事。張泰，朱權妃張氏父。

九月，秦、晉、燕、周、楚、齊、湘、魯、潭九王朝。凡七日，過天壽節辭歸。

洪武二十二年（己巳1389）十二歲。

是年：

十二月，魯王檀服丹致死。諡曰荒。

五月，置泰寧、朵顏、福余三衛指揮使司於烏梁海（兀良哈），故元遼王阿扎失里等爲各衛指揮使，久之皆叛去。

洪武二十三年（庚午1390）十三歲。

是年：

正月，故元丞相耀珠、太尉乃兒不花等仍爲邊患。詔晉王棡、燕王棣率師北伐，敕傅友德軍聽燕王節制。王弼軍亦聽燕王節制。燕王進軍，收乃兒不花部。

三月，潭王梓死，國除。梓英敏好學，善屬文。妃於氏，都督於顯女。顯子琥，坐胡惟庸黨，父子俱誅。梓不自安。太祖遣人召其入見，梓大懼，與妃自焚死。無子爵除。

閏四月，殺李善長。善長，鳳陽人，佐太祖定天下，其子尚臨安公主。位左丞相，封韓國公。連坐家人七十余人，以逆黨被殺者二十餘人。

洪武二十四年（辛未 1391）十四歲。

四月朱權受封寧王（《寧王壙志》云五月十三日），都大寧。

五月朱權練兵臨清。於臨清獲古瓦硯。

是年：

與寧王同時受封者有朱㮵，封慶王；朱楩，封岷王；朱橞，封谷王；朱松，封韓王；朱模，封沈王；朱楹，封安王；朱桱，封唐王；朱棟，封郢王；朱㰘，封伊王。

與寧王同往練兵者有漢王楧、衛王植、慶王㮵、岷王楩、谷王橞。傅友德同往。

蜀王椿之國成都。

八月，太祖命太子標巡撫陝西。秦王樉有罪，召還京師，錮之。後太子標爲言，得解。

十月，江西南豐縣典史馮堅上書言九事，有"慎擇老臣，以爲諸王之福"條。

十一月，晉王棡隨太子朝。棡亦多不法，亦賴太子救，得免罪。棡返藩，後以恭慎聞。

朱元璋遣人求張三丰，不得。

洪武二十五年（壬申 1392）十五歲。

本年以前朱權都生活在南京宮中。

是年：

三月，敕燕王棣及北平都指揮使周興率軍搜捕殘胡。

九月，立皇第三孫、標次子允炆爲皇太孫。

十一月戊戌，北平行都司奏：大寧等七衛及寬河千户所今歲屯種所收谷麥凡八十四萬〇五千餘擔。

改封豫王桂爲代王，漢王楧爲肅王（初封甘州，後改蘭州），衛王植爲遼王，都廣寧。

四月丙子，太子標卒，年三十八。七月葬於孝陵之東，諡曰"懿文"。

八月，詔代王桂之國大同。

洪武二十六年（癸酉1393）十六歲。

正月癸亥之國大寧（《壙志》謂二十七年三月二十三日之國。此從《明實錄》）。

同時之國者有肅王楧，當之甘州；遼王植當之廣寧；慶王㮵當之寧夏。惟寧王府建成得直入大寧，餘皆俟完邸集餉。肅王暫駐平涼，遼王駐大寧河北，慶王駐韋州城。

十二月，得太祖所頒《永鑒錄》。書爲太祖敕編，輯歷代宗室諸王爲惡及悖逆者，以類爲編，直敘其事，頒賜諸王以爲鑒戒。

是年：

皇二十六子朱楠生。逾月殤。

改封朱植遼王。

慶王朱㮵之國韋州。

二月藍玉坐謀反被殺，列侯以下連坐被殺者萬五千人。

三月辛亥，敕代王桂率護衛軍出塞，聽晉王棡節制。馮勝、傅友德備邊山西。其屬衛將校亦悉聽晉王棡、燕王棣節制。凡軍中應有機務，一奏朝廷，一啟王知，永著爲令。

同月庚申，諭棡、棣：軍中賞罰，大者以聞，小者從宜處分。

詔召長春真人劉淵然至京師，賜號高道，居西山朝天宮。劉淵然，贛縣人，正一派祥符宮道士。張宇初曾師事之。

洪武二十七年（甲戌1394）十七歲。

本年十月完婚。按制，皇子婚禮在南京宮中舉行。妃，張泰女。張泰，山西大寧縣人，曾爲江西贛州兵馬指揮同知。

是年：

正月，太祖敕禮部於河南、北平、山東、山西，凡職官及軍民家或前朝故官家女十四歲以上、十七歲以下，有容德而家法良者，令有司禮遣之，俾其父母親送至京。俟選立爲皇太子、諸王、世子、郡王妃。其不中選者，賜道里費遣還。

十一月，傅友德冤死。傅友德初爲陳友諒將，九江之役率衆降。後因戰績卓著，封穎國公，加太子太師。

洪武二十八年（乙亥1395）十八歲。

九月，與諸王奉敕進京，太祖諭以減祿米歲供至五百石之故。按洪武九年定親王歲供祿米五萬石。鈔二萬五千貫，金絲羅絹及鹽茶等均百千數。後遞減，各王不等。至本年度，減祿米五之四。寧王以"民少賦薄"減至五百石。代、肅、遼王同。晉、燕、楚、蜀、湘給如數。

受賜《皇明祖訓條章》。《條章》爲洪武六年太祖命儒臣編。其目十三，曰：箴戒、持守、嚴祭祀、謹出入、愼國政、禮儀、法律、內令、內官、聽制、兵衛、營繕、供用。初名《昭鑒祖訓錄》，太祖親爲之序。至是更定名《皇明祖訓條章》。諭曰："後世有敢言更制者，以奸臣論。毋赦。"

閏九月，世子磐烒生，張妃出。

是年：

二月，賜馮勝死。馮勝雄勇多智略，積功爲元帥，官太子太師，封宋國公。坐事賜死。至是，功臣宿將相繼殆盡。

四月，秦王樉卒。年四十，諡曰潛。

九月，岷王楩之國岷州。谷王橞之國宣府。

洪武二十九年（丙子1396）十九歲。

五月撰《通鑒博論》成。署"洪武二十九年五月初九日寧王頓首謹序"。九月進京朝見，呈進。太祖曾親閱此稿。

九月，與肅王楧、安王楹等兄弟五人，問寢於西宮，太祖對權兄弟等講漢唐故事，命朱權撰寫《漢唐秘史》。

於宫中藏書府披覽書籍，得前人所撰歷代帝王圖譜，後據以撰《天運紹統》。

回大寧。巡邊。上書言："近者騎兵巡塞，見脫輻道上，意爲胡兵往來蹤跡，慮且寇邊。"太祖聞奏，命燕王率師巡大寧、全寧等地，棣大敗胡兵而還。太祖又命周世子有燉巡北平關隘。

此數年間於大寧得宋田芝翁《太古遺音》三卷殘本，後於南昌整理刻版。

是年：

大寧衛言：屯田軍士多乏農具，紅螺山舊有鐵場，宜開爐製造農具。太祖謂勞民，不許，命有司運農具給屯田軍士。

洪武三十年（丁丑1397）二十歲。

正月，得太祖敕及《西北沿邊要塞地圖》示，祇許諸王、駙馬等在荒地山場放牧樵采，不許侵佔軍民草場耕地及屯種田地。

仲春，自編《原始秘書》成，於王府之太清館召奉祠臣陳尚明及前元儒姬紹周等，令彼等爲之校其可否。三老於王府逸亭，校之二載。

六月，與晉、燕、遼、代、谷六王俱得太祖敕，以天象示變，占北方當有警，令六王勒兵備邊。

是年：

五月，楚王楨、湘王柏等奉敕征古州洞蠻，以不親蒞軍中，詔書斥責，並敕築銅鼓城。

洪武三十一年（戊寅1398）二十一歲。

閏五月初十，朱元璋病逝。謚曰高皇帝，廟號太祖。葬孝陵。遺詔令皇太孫允炆繼位。

朱權及衆兄弟諸王奔喪至途中，得詔："諸王臨國中，毋至京師。"遂皆返國。

作《家訓》。

是年：

皇太孫朱允炆即位。以明年爲建文元年。用方孝孺爲翰林院侍講，齊泰爲兵部尚書，黃子澄爲太常侍卿，同參國事。

二月，晉王棡卒。諡曰恭。

六月，戶部侍郎卓敬密奏裁抑宗藩，齊泰、黃子澄議先取周。乃命曹國公李景隆率兵至河南，執周王及世子妃至京師，削爵廢爲庶人，八月，遷之雲南蒙化。

十一月，以代王有貪虐狀，遷之入蜀，使與蜀王居。

建文元年（己卯 1399）二十二歲。

春夏間，朝廷召權還京師，權以張妃病重不赴，坐削三護衛。

十月，燕王率軍趨大寧，至寧王府，挾持寧王權及其世子妃妾往北平。

離大寧前，燕王命放火焚燒王府，府中大量財物、藏書皆焚燒盡淨。正在編輯校勘中的《原始秘書》稿因在府外雷壇中得以保存。遂攜帶之。原寧王府人員隨行者中見於記載者，有尚祠臣陳尚明、姬紹周等。姬紹周等中途失散，陳尚明隨行。

是月隨軍入松亭關，至遵化，軍中聽李良辰歌。記見朱權《太和正音譜·知音善歌者三十六人》。

抵北平，因城爲朝廷軍包圍，居於宛平。

自此隨在靖難軍中。"時時爲燕王草檄"，"軍中啟事設二榻"。

是年：

二月，令親王不得節制文武吏士，更定官制。同月，燕王入覲。卓敬奏請徙燕王於南昌，允炆不聽。燕王歸國，稱病。

四月，以岷王不法，廢爲庶人。又以湘王柏造僞鈔及擅殺人，以兵迫執之，湘王闔府自焚死，諡曰戾。（後改諡獻。）

又以人告齊王榑陰事，詔至京，廢爲庶人，拘繫之。幽代王桂於大同，廢爲庶人。

遼王植被召，取道海上赴京師。

七月，燕王朱棣誅都指揮使謝貴、張昺。以誅齊泰、黃子澄爲名，起兵反。自去建文年號，仍稱洪武三十二年。克懷來、開平、龍門、上谷、永平等。

大寧都指揮卜萬及所部陳亨、劉貞等引兵十萬出松亭關。陳亨陰欲降燕，朱棣用亨爲離間之計。卜萬被執下獄，松亭關不守。

八月，耿炳文等率大軍至真定一帶與燕軍戰，不勝，召耿炳文回。李景隆率軍攻永平。

十一月，燕軍敗李景隆於北平城下。

建文二年（庚辰1400）二十三歲。

十一月，《原始秘書》完稿於軍中燕山之旅邸。自序署"□□（建文）改元之二年庚辰十一月初九日書於燕山之旅邸"。以此，書初名曰《庚辰集》。

是年：

燕軍與李景隆、盛庸等苦戰於河北、山東一帶。

建文三年（辛巳1401）二十四歲。

隨燕軍轉戰河北。

三月，於軍中撰《漢唐秘史》成。自序署"時在□□辛巳三月燕山之旅邸"。

是年：

盛庸、鐵鉉等與燕軍鏖戰。互有勝敗。建文再貶齊泰、黃子澄。諭棣罷兵，棣不奉詔。

東昌之戰，朱棣數挺身出，爲庸軍追擊。得王子高煦率軍來救得脫。棣喜，以煦肖己，慰勞之。

十二月，燕軍大舉南進。

建文四年（壬午1402）二十五歲。

隨大軍繼續南進。

四月九日，張妃病故。朱權或於此前後離開靖難軍。護送張妃前往南昌。

六月，朱棣賜諸王。賜權黃金百兩，白金千兩，綵幣四十匹，紗羅各二十匹，鈔五千錠。

七月，在南昌得朱棣賜書，云前遣人往迎其來京未果，今又遣人往迎，囑如行未遠，可候秋涼。

八月，朱權遣人奏請封國，欲得杭州，朱棣賜書報之不允。以建寧、荊州、崇慶、東昌皆善地，可於其中擇一，遣人報來。朱權又請蘇州，仍不允。

十月，朱權至南京朝見。丙辰，朱棣宴權於華蓋殿。權奏張妃逮今未葬。棣命工部給明器、儀仗，令所在有司經營喪事。令改藩司爲寧王府，改南昌左衛爲寧府護衛。

十二月，安王朱楹在宮中爲《漢唐秘史》作跋。

是年：

五月，燕軍渡淮，陷揚州。允炆下罪己詔，遣慶成郡主至燕軍議和。朱棣不允。

六月，燕軍渡江至南京城外，允炆遣李景隆、茹瑺詣燕師議和，朱棣不允。又遣谷王橞、安王楹往，終不允。盛庸於浦子口力拒燕軍，燕王欲且議和北還，會高煦引北騎至死戰。進兵金川門。朱橞、李景隆開門迎降，燕軍入城。

宮中火起。允炆不知所終。

慶賞諸藩，視功勞大小，數額不等。

七月壬午朔，朱棣即皇帝位。本年仍以洪武三十五年爲紀，改明年爲永樂元年。

殺齊泰、黃子澄、卓敬、練子寧等大批不降之臣，方孝孺誅十族。

遷朱標墓於園陵，仍稱懿文太子。復周、齊、代、岷四王爵。

九月，周世子有燉自雲南來朝，賜鈔二萬錠。

十月，詔重修《太祖實錄》。

永樂元年（癸未1403）二十六歲。

改封南昌。

三月二日，朱權離開南京。諸王兄弟相送至城外。行前朱棣接見世子師胡奎。胡奎有詩《三月二日陛辭欽蒙賜賞》記其事。

經水路前往南昌。隨行人中，有世子師胡奎、內侍蔣康之等。

途中夜宿鄱陽湖。聽蔣康之唱歌。

三月二日到達南昌。入江西布政使司府所改之寧王府。

是年：

正月，復周、齊、代、岷四王國。谷王橞以開金川門功，請移封長沙，許之。遼王植改封荊州。

岷王楩、代王桂皆有罪。楩降官屬，削護衛；桂削護衛。谷王橞移封長沙。

三月，以朵顏三衛助靖難有功，以大寧地畀兀良哈。

永樂二年（甲申1404）二十七歲。

封長子磐烒爲世子。

是年：

三月，皇太子高熾立，詣武英殿見諸叔，行家人禮。

十月乙丑殺駙馬都尉梅殷。丁卯齊王榑有罪，三賜書戒之。戊子頒祖訓於諸王。

永樂三年（乙酉1405）二十八歲。

二月，朱權命世子磐烒赴京朝見，皇太子宴之於文華殿。自是，朱權不常赴京，由世子磐烒代其入朝。

三月丙寅朔日食。永樂年間共有日食六次。朱權有《日食》詩一首，或作於本年。

是年：

六月，首遣中官鄭和率舟師使西洋諸國。

齊王榑有罪，成祖賜書戒之。

永樂四年（丙戌 1406）二十九歲。

二月，撰《天運紹統》成付梓。自序"時在永樂四年二月"。號"臞仙"首見於此書。

《送張天師》詩，約寫於本年十一月。詩首聯云"霜落芝城柳影疏，殷勤送客出鄱湖"。按本年秋張宇初奉詔赴京修《道藏》，與詩中描寫季候相符。

是年：

齊王榑再奪爵，置廬州，子孫俱廢爲庶人。

朱棣始營建北京宮殿。

五月敕命張宇初修《道藏》。張宇初《道門十規》云："永樂四年夏，伏蒙聖恩，委以纂修道典，入閣通類。"十一月十九日敕張宇初云："前者命汝編修道教書，可早完進來通類。"張宇初當於是時進京。

八月，齊王榑以"兇暴驕縱"廢爲庶人。

永樂五年（丁亥 1407）三十歲。

《太和正音譜》約成書於是年前後。《瓊林雅韻》《務頭集韻》當成於此前。

七月乙卯，皇后崩。權遣寧府中官奉祭大行皇后。

是年：

韓王朱松卒，諡曰憲。

永樂六年（戊子 1408）三十一歲。

五月，朱權撰《宮詞》一百餘首成。序署"永樂戊子五月臞仙題"。

撰《神隱志》成，並刻於是年。序署"壺天隱人涵虛子臞仙書，時在戊子也"。

是年：

九月，鄭和復使西洋。

岷王梗有罪，罷其官屬。瀋王朱模之國潞州。安王朱楹之國平涼。唐王朱桱之國南陽。郢王朱棟之國安陸。伊王朱㰘之國洛陽。

永樂七年（己丑 1409）三十二歲。

　　朱權遣使送世子師胡奎歸海寧。按：胡奎歸家後自稱"五年爲客在洪都"，朱權《斗南老人集序》云奎"在南昌七年"，乃計其首尾。

　　是年：

　　二月，忠誠伯茹常坐不送趙王得罪，又以還過長沙不謁谷王下獄，服毒死獄中。

永樂八年（庚寅 1410），三十三歲。

　　胡奎卒。朱權《斗南老人集序》云："遣使送歸海寧，明年卒於家，其年七十有五。"

　　是年：

　　朱棣征韃靼，大敗之。十一月還京師。權賢妃（朝鮮人）卒於軍旅。

　　四十三代天師張宇初卒，弟張宇清嗣教爲四十四代天師。

永樂九年（辛卯 1411）三十四歲。

　　《原始秘書》於本年刻版。卷首有識云："永樂九年九月初三日臞仙識"。

　　是年：

　　十一月，朱棣立長孫朱瞻基爲皇太孫。

永樂十年（壬辰 1412）三十五歲。

　　是年：

　　十一月，鄭和復使西洋。

　　二月，削遼王植護衛。永樂二年，植改封荊州時，祗請一衛，留其三護衛於廣寧護邊。至此，並其一衛亦削之。

　　成祖命修武當山宮觀，歷時七年而成。

永樂十一年（癸巳 1413）三十六歲。

十一月，整理編纂《太古遺音》成。自序署"時永樂癸巳十一月望日序"。

是年：

春正月辛巳朔日食。

賜正一道張宇清《太嶽太和繕圓光圖》，令其選道士爲武當山住持。

成祖住北京，皇太孫從，皇太子監國。

伊王朱㰘卒，諡曰厲。

永樂十二年（甲午 1414）三十七歲。

是年：

成祖發北京，親征衛拉特，皇太孫從。

十一月令翰林學士胡廣等修《性理大全》成，頒行天下。

郢王朱棟卒，諡曰靖。

永樂十三年（乙未 1415）三十八歲。

是年：

五月丁酉朔日食。

二月，唐王朱桱卒。諡曰定。

永樂十四年（丙申 1416）三十九歲。

是年：

十二月，鄭和復使西洋。

永樂十五年（丁酉 1417）四十歲。

正月癸巳朝於京師，上宴王於華蓋殿。賜從官於中左門。

三月辭還國，賜賚甚厚。又賜從官鈔幣有差。

是年：

安王朱楹卒，諡曰惠。無子，爵除。

二月，谷王橞恃開金川門功，驕恣，謀不軌，得罪。橞及二子廢爲庶人。是年卒。

三月，丙午，漢王高煦謀逆事覺。帝欲免爲庶人，以皇太子解救，徙封樂安州。削二護衛。壬子北巡，發京師。皇太子監國。

冬十月丁丑，成祖次鳳陽，祀皇陵，癸未至自京，謁孝陵。十一月壬寅詔文武群臣集議營建北京。

谷王橞坐謀逆，自焚死。

永樂十六年（戊戌 1418）四十一歲。

是年：

姚廣孝死。

夏五月庚戌重修《太祖實錄》成。

永樂十七年（己亥 1419）四十二歲。

是年：

秋七月庚申鄭和還。

永樂十八年（庚子 1420）四十三歲。

是年：

六月丙午，北京地震。

八月丁酉朔日食。

永樂十九年（辛丑 1421）四十四歲。

是年：

成祖遷都北京。

春，鄭和復使西洋。

永樂二十年（壬寅 1422）四十五歲。

春正月己未朔，日食。罷朝會，詔群臣修省。辛未大祀天地於南郊。

永樂二十一年（癸卯 1423）四十六歲。

是年：

六月庚戌朔，日食。

蜀王椿病卒，諡曰獻。

岷王楩移國武岡。

永樂二十二年（甲辰 1424）四十七歲。

八月，遣世子磐烒入京賀皇太子即帝位。

九月與諸王得增祿米九千五百石。通前萬石，悉支本色。又得賜白金千兩，絲四十表裏，錦十匹，西洋布十匹，紗、羅各十匹。

上書仁宗，言南昌非其封國，請改封，遭拒絕。

庶子四人磐煇、磐烑、磐炷、磐㷒封臨川王、宜春王、新昌王、新豐王。

七月二十三日，高熾壽誕，親往南京祝壽，至途中，賜書止之，還南昌。

九月，與慶王、代王、沈王同獲賜白金千兩，鈔一萬錠，苧絲四十表裏，錦十匹，羅二十匹，紗二十匹。

是年：

三月，癸巳鄭和復使西洋。

四月，御駕親征阿魯臺，發北京。

七月庚寅，朱棣至榆木川，大漸，遺詔傳位皇太子；喪禮一如高皇帝遺制。辛卯崩，年六十有五。葬昌平長陵。諡曰"文皇帝"，廟號成祖。

八月十五日，仁宗即位。以明年爲洪熙元年。立長子瞻基爲皇太子。冊妃張氏爲皇后。

遼王植卒，諡曰簡。

楚王楨卒，諡曰昭。

賈仲名《增補錄鬼簿》成書於是年前後。附於《增補錄鬼簿》後之《錄鬼簿續編》收有"賈仲名"，稱其"嘗傳文皇帝於燕邸甚寵愛之，每有宴會、應制之作，無不稱賞"。朱權《太和正音譜》明代雜劇作家中，收有賈仲名雜劇《度金童玉女》一種，稱其詞"如錦幃瓊筵"。

洪熙元年（乙巳 1425）四十八歲。

編輯《神奇秘譜》成，序署"洪熙乙巳三月一日臞仙書"。

編輯《神應經》成。序署"時在洪熙乙巳四月二十一日書"。

是年：

罷西洋寶船。

五月辛巳，皇帝崩，年四十八，謚曰"昭皇帝"，廟號仁宗。葬昌平獻陵。

六月庚戌，朱瞻基即位。是爲宣宗。尊皇后爲皇太后，立妃胡氏爲皇后。以明年爲宣德元年。

七月庚申，與周、慶、代、沈諸王同受賜各白金五百兩，文綺二十三表裏，錦五匹，西洋布十匹，鈔三萬貫。視晉、楚等十王有加。

九月乙酉，增諸王歲祿。

十一月壬申朔，詔禮部：建文諸臣家屬在教坊司、錦衣衛、浣衣局及習匠功臣家爲奴者悉宥爲民，還其田土。言事謫戍者亦如之。

周王橚病逝，謚曰定。世子朱有燉襲爵，是爲周憲王。

十二月癸卯，宥建文諸臣外戚，全家戍邊者留一人，餘悉放還。

宣德元年（丙午 1426）四十九歲。

十月癸亥上書言男女將婚，未有第宅，請免衛士屯田，並力營作，詔從之。

同月甲子，獲賜樂人二十七户。

庶二子磐烒封臨川王。烒天順二年以罪降庶人。居鳳陽。成化二十一年卒。嘉靖時復王爵，謚曰康僖。

請於封内選子女爲使。上既不可，又重違其意，賜女婦八十四人。

《貫經》於宣德間成書，並刻板刊行。

是年：

八月，漢王朱高煦反。朱瞻基親征，平，廢爲庶人，錮於西內。後焚死。

胡儼辭官歸南昌。胡儼，歷遷國子監祭酒。致仕前加太子賓客。自此家居不仕。

宣德二年（丁未 1427）五十歲。

二月癸亥，上書請樂器並樂工衣服。上命工部賜之。

乙丑，封三、四、五、六、七、八、九、十、十三等九女郡主，給儀賓陳逸等各歲祿八千石。

請於封內選婦女給諸郡王、郡主使令，宣宗以"毋爲民擾"不許，由朝廷賜中官八十四人。

以府中乏內史爲請，詔送火者二十人供使令。

上書請賜南昌灌城鄉土田，俾諸子耕種自給。不許。

上書請赦高煦。（據《欽定古今儲貳金鑒》（卷六）云："後數年，寧王權上書請赦高煦，不從。"）

宣德三年（戊申 1428）五十一歲。

上書請乞近郭灌城鄉土田。

上書言：慶賀拜表，儀賓未有定制。上命本年十二月定儀賓班次。

七月丁卯，遣人進扇與朝廷，並請鐵笛，與之。

庶三子磐烑封宜春王。磐烑弘治五年卒，諡曰安簡。

是年：

齊王榑卒。

宣德四年（己酉 1429）五十二歲。

上書論宗室不應定品級。帝怒，頗有所詰責。權上書謝過。宣宗復書慰諭之。

是年：

春正月兩京地震。己未大祀天地於南郊。

宣德五年（庚戌 1430）五十三歲。

《西江詩法》刻成。自序署"宣德五年後臘一日涵虛子臞仙書"。

庶四子磐炷封新昌王。炷卒於天順四年，諡曰安僖。無子爵除。

是年：

韓王朱松卒，諡曰簡。

宣德六年（辛亥 1431）五十四歲。

是年：

瀋王朱模卒。諡曰簡。

宣德七年（壬子 1432）五十五歲。

爲胡儼《頤庵文選》作序二。一爲"文選"作，署"宣德壬子正月十六日涵虛子臞仙書；一爲"詩選"作，署"宣德壬子正月十九日涵虛子臞仙書"。寧府刻《頤庵文選》當在本年。

庶五子磐煤封信豐王。磐煤正德四年卒，無子爵除。

寧王府起火。

是年：

七年春正月辛酉朔，日食，免朝賀。

宣德八年（癸丑 1433）五十六歲。

是年：

三月丙寅，慶王橚奏請入朝。復書曰："叔祖年高途遼，跋涉爲難。且祖訓：親王年逾五十不朝。此祖宗垂訓子孫以優待長老之禮，予感叔祖親愛之意至矣，然未可從命也。"

宣德九年（甲寅 1434）五十七歲。

宣德十年（乙卯 1435）五十八歲。
是年：
正月朱瞻基病逝，年三十八。諡曰"章皇帝"，廟號宣宗。葬景陵。
皇太子朱祁鎮即位，時年九歲，是爲英宗。以明年爲正統元年。
封弟祁鈺爲郕王。
皇太后命"三楊"（楊士奇、楊溥、楊榮）輔政，均直內閣。

正統元年（丙辰 1436）五十九歲。
是年：
封張三丰"通微顯化真人"。

正統二年（丁巳 1437）六十歲。
正月十九日，世子磐烒薨。諡曰惠。
立磐烒長子奠培爲世孫。
江西布政副使石璞奏，賀寧王元旦長至千秋節，王令省中官服朝服，用天子儀仗，習儀鐵樹觀。敕罪其長史王堅。按石璞，正統初任江西按察使，正統三年坐逸囚降副使。故此事當在本年或稍後。

正統三年（戊午 1438）六十一歲。
效法太祖《祖訓錄》，作《寧國儀範》七十四章教訓子孫。
奏請建生墳及建南極長生宮，准奏。英宗皇帝遣使劉通敕詣郡牧，七月動工營建生墳及南極長生宮於西山之緱嶺。敕賜"南極長生宮"匾額。
是年：
慶王朱㮵卒，諡曰靖。

正統四年（己未 1439）六十二歲。

三月辛亥，上書請賜醫藥。上命禮部遣醫士三人至。

磐煩卒，謐曰悼惠。無子爵除。

是年：

周憲王朱有燉卒。（一說卒於 1442 年。此從《弇山堂別集》）

三月，遼王貴焓有罪廢爲庶人。

正統五年（庚申 1440）六十三歲。

正月甲寅，上書言教授游宗年老，當致仕。請以其子游堅繼任王府教授。

上書言子磐輝、磐姚、磐炷歲祿二千石，折鈔四之三，日用不足，請中半支給。詔從之。

是年：

十一月丁巳，廣西僧楊行祥僞稱建文帝，械送京師，錮錦衣衛獄死。

正統六年（辛酉 1441）六十四歲。

十一月乙卯，又以子女俱長，欲令護衛屯田軍士造宅居住，優免籽粒。

《救命索》一書於本年在龍虎山天師府重刊。版刻有"時正統六年歲在辛酉秋七月吉日龍虎山丘斌重刊行"標識。書之初刻當在此前。

正統七年（壬戌 1442）六十五歲。

《重編海瓊玉蟾先生文集》成書。《序》署："時在正統壬戌（七年）孟秋一日也南極遐齡老人臒仙書。"

磐炷庶三子奠壘（號東林）封鎮國將軍。

是年：

正月己亥朔，日當食不見。

三月庚子，下兵部侍郎於謙於獄，五月釋於謙爲大理少卿。

正統八年（癸亥1443）六十六歲。

是年：

八月，胡儼卒於南昌，年八十三。

正統九年（甲子1444）六十七歲。

正月初九，《天皇至道太清玉冊》成書付刻。自序署："皇明第二甲子正統之九年正月之九日也。"

南極長生宮建成，英宗御賜區額。此前已由胡儼奉命撰寫《碑記》。

正統十年（乙丑1445）六十八歲。

是年：

二月丁巳京師地震。

正統十一年（丙寅1446）六十九歲。

是年：

代王桂卒，謚曰簡。

正統十二年（丁卯1447）七十歲。

是年：

八月庚申朔，日食。

正統十三年（戊辰1448）七十一歲。

九月癸巳以王府醫生張時成、馬文貞、袁霖或病故、或年老，請以三人之子代役爲使，詔從之。

九月十五日巳時以疾薨。

正統十四年（1449）二月二十一日己巳，葬於緱嶺。英宗輟朝三日，遣官致祭，諡曰獻。

　　世孫奠培襲寧王封。

　　是年：

　　岷王楩七十歲。楩卒於景泰元年。諡曰莊。

第五卷 朱權後裔史料簡錄

明史·諸王世表（節錄）

洪武中，太祖以子孫蕃衆，命名慮有重複，乃於東宮、親王世系各擬二十字，字爲一世。子孫初生，宗人府依世次立雙名。以上一字爲據，其下一字則取五行偏旁者，以火、土、金、水、木爲序。

寧府曰：磐奠覲宸拱。多謀統議中。總添支庶闊。作哲向親衷。

（《四庫全書》本卷一〇〇）

續文獻通考·寧國傳授世次

寧王權，太祖庶十七子。洪武二十四年四月封，二十六年就藩大寧。建文元年八月召寧王歸京師，不至。削護衛。永樂元年移封南昌府。

臣等謹按：王圻《續通考》：權以封國大寧，故稱寧王。成祖時乞改南，王欲得蘇州、杭州，成祖皆不許。後因不得已，乞封南昌，從之。洪熙初又言江西非其封國，請改封，仁宗不從。

傳：

磐烒，封世子，未襲卒。以子奠培襲爵追封。

奠培，正統十四年襲，弘治四年薨。

覲鈞，治五年，以上高王襲。十年薨。

宸濠，治十二年，以上高王襲。正德十四年六月反逆伏誅，國除。

…………

臨川王磐輝，權庶二子。宣德元年封。天順五年罪降庶人。鳳陽居住。成化二十一年卒。嘉靖三十五年追復王。

傳：

奠埨。磐煇嫡一子。正德七年封長子，天順五年罪降庶人。嘉靖二十五年追封王。子孫不襲，國除。

臣等謹按：追復、追封宜在一年表中。追復則云三十五年，追封則云二十五年，當有一誤。

宜春王盤烑，權庶三子。宣德三年封，弘治五年薨。

傳：

奠㘞，弘治八年襲，九年薨。

覲鐏，封長子。未襲卒。以子宸澮襲爵追封。

宸澮，弘治十一年襲，十三年薨。

拱㭎，正德二年襲，十五年從宸濠反，死，國除。

新昌王盤炷，權庶四子。宣德五年封，無子國除。

信豐王盤烑，權庶五子。宣德七年封，無子國除。

瑞昌王奠墠，磐炑庶二子。景泰二年加封，成化十三年薨。

傳：

覲錫，成化十四年襲，弘治元年薨。

宸瀞，鎮國將軍。未襲卒，追封王。

拱栟，弘治十二年襲，正德十五年坐宸濠反，死，國除。

樂安王奠壘，磐炑庶三子。景泰二年加封，弘治元年薨。

傳：

覲鐺　鎮國將軍。未襲，卒。以子宸湍襲爵追封。

宸湍　弘治四年襲。嘉靖二十一年薨。

拱欏　嘉靖二十四年襲。三十八年薨。

多㷿　嘉靖四十年襲。萬曆間薨。

謀㙔　天啟二年襲封。

石城王奠堵　磐炑庶四子，景泰二年加封，成化二十二年薨。

傳：

覲鎬　鎮國將軍，未襲，卒。以子宸浮襲爵。追封。

　　宸浮　弘治二年襲，十二年革爵，嘉靖二十四年奏復冠帶，無子國除。

弋陽王奠壏　磐烒庶五子，景泰二年加封。天順五年薨。

傳：

　　覲鍒　成化二年襲，弘治十年薨。

　　宸炳　弘治十七年襲，正德九年薨。

　　拱樻　嘉靖二年襲，三十年薨。

　　多焜　嘉靖三十三年襲，萬曆五年薨。無子國除。

鍾陵王覲錐　奠培庶三子。成化九年封。弘治十八年罪降庶人，送鳳陽，國除。

建安王覲鍊　奠培庶四子。成化十七年封，嘉靖十七年薨。

傳：

　　宸瀟　嘉靖二十一年襲，三十三年薨。

　　拱棪　嘉靖三十六年襲，隆慶四年薨。

　　多節　萬曆元年襲，二十九年薨。

　　謀壥　萬曆三十一年襲，薨年闕。

　　統鎤　萬曆四十五年封長子，既而襲封。

（《四庫全書》本卷二百八）

註："宸濠"下引《寧王傳》述宸濠叛逆事。按事已見前第一卷《明史諸王傳寧獻王權傳》，此略。

續文獻通考·寧國宗屬

一世　太祖庶十七子權

二世　權子磐烒、磐煇、磐姚、磐烓、磐㷫。

（按：本文內"磐"，原本皆誤作"盤"。文中此處原註云："盤字前擬名內書作磐。考《春明夢餘錄》亦作磐。今表中皆作盤，疑誤。"又：煇原誤輝，亦改。）

三世　磐炑子奠培、奠埠、奠壘、奠堵、奠墾

　　　磐煇子奠埨

　　　磐烑子奠坫

四世　奠培子覲鈞、覲錐、覲鍊

　　　奠埠子覲鍚

　　　奠壘子覲鑑

　　　奠堵子覲鎬

　　　奠墾子覲鍒

　　　奠坫子覲鐏

五世　覲鈞子宸濠

　　　覲鍊子宸瀟

　　　覲鍚子宸瀔、宸渠

　　　覲鑑子宸湍

　　　覲鎬子宸浮、宸潤、宸浦、宸溏、宸浑

　　　覲鍒子宸汭

　　　覲鐏子宸澮

六世　宸瀟子拱楒

　　　宸瀔子拱栟

　　　宸渠子拱枘、拱楱

　　　宸湍子拱櫂

　　　宸潤子拱梃

　　　宸浑子拱槊

　　　宸汭子拱槓

　　　宸澮子拱樧

263

　　　　　拱橚（祖父未詳）

七世　拱棡子多㶊、多熅、多燉、多炉、多熷、多煃、多炘（原註：皆拱枘之子姪，無可分考）

　　　　　拱橮子多姨

　　　　　拱槩子多爌

　　　　　拱槽子多焜

　　　　　拱橮子多㷜

　　　　　多㷧（父未詳）

　　　　　多炗（輔國將軍系未詳）

　　　　　多煌　奉國將軍弋陽王奠壏五世孫，祖父未詳

　　　　　多炡　奉國將軍系未詳

八世　多㶊子謀壠

　　　　　多姨子謀□

　　　　　多爌子謀埠，鎮國中尉

　　　　　多炡子謀埕、謀晉（系未詳）

九世　謀壠子統鐶

(《四庫全書》本卷二百五)

明史·武宗本紀（節錄）

　　正德十四年……六月丙子，寧王宸濠反。巡撫江西右副都御史孫燧，南昌兵備副使許逵死之。戊寅陷南康，己卯陷九江。秋七月甲辰，帝自將討宸濠。安邊伯朱泰爲威武副將軍，帥師爲先鋒。丙午，宸濠犯安慶，都指揮楊鋭，知府張文錦禦，卻之。辛亥，提督南贛汀漳軍務副都御史王守仁帥兵復南昌。

丁巳，守仁敗宸濠於樵舍，擒之。八月癸未，車駕發京師。丁亥次涿州，王守仁捷奏至，祕不發……。十五年……八月閏月癸巳，受江西俘。丁酉發南京，癸卯次鎮江，幸大學士楊一清第。臨故大學士靳貴喪。九月己巳，漁於積水池，舟覆救免，遂不豫。冬十月庚戌次通州。十一月庚申治交通宸濠者罪，執吏部尚書陸完赴行在，十二月己丑，宸濠伏誅。甲午還京師，告捷於郊廟社稷。

（卷十六）

江城名跡（節錄二）

〔清〕陳宏緒

陽春書院　寧庶人宸濠建以祀高禖祈嗣，廣求詩文揄揚。每士子秋捷，設宴邀請，人各一律，得一聯云："光聯滕閣文章煥，春透徐亭草木香。"宸濠嘉賞，刻榜懸之，標爲絕唱。

建安王府　在高士橋東，建安簡定王之宮殿也。簡定王諱覲鍊，寧靖王之第四子。再世而傳莊定王宸潚，三世而傳昭靖王拱樧，四世而傳康懿王多燽，五世而傳王謀㙋。㙋號豈軒。能詞翰，而躭禪學。至六世而遂遭鼎革，國除。其府第傍有園可數畝，頗饒古木奇石，鄭仲愛《偶記》云：建安王半隱園有古池，深丈許，中有石砌一方，堆若古墓然，內時作金鼓聲。

樂安王府　在永和門內，寧惠王第三子昭定王奠壘肇封於此。昭定子鎮國將軍覲鑑先卒，孫宸湔嗣封。覲鑑追諡溫隱王。宸湔諡靖莊王。靖莊子端簡王栱㭎，號眠雲。以文雅才辨著稱。善繪菊石，嘉靖四十年，端簡子多煁嗣王爵，再傳而賦黍離。所謂兔園雁池，鶴洲鳧渚，盡蕩爲牧馬之場。過者哀之。

匡吾王府　建安鎮國將軍朱多某之居，家有女優可十四五人，歌板舞衫，纏綿婉轉。生曰順妹，旦曰金鳳，皆善海鹽腔。而小旦彩鸞尤有花枝顫顫之態。萬曆戊子，予初試棘闈。場事竣，招十三郡名流大合樂於其第，演《繡襦記》至"斗轉河斜"，滿座二十餘人，皆沾醉燈前，拈韻屬和。予詩有"風振幽鳴花夢醒，月寒香玉酒巡頻"之句。大爲泰和曾端甫先生歎賞，一夕風流可數。曾幾何時，路隅寶玦散亂於秋雨梧桐，而匡吾老人亦已厭世久矣。子謀㙃，字禹卿，能爲五七言近體，追琢不遺餘力。刻有《深柳居》《種園》諸草。

　　芙蓉園　在府城東北。嘉靖中，瑞昌府奉國中尉朱多煃構。多煃字用晦，工爲五七言詩，與里人余憲副曰德相倡和。刻《芙蓉園稿》其同府鎮國中尉朱多熉，字宗良。亦博雅修詞，與多煃齊名。萬曆初，諸王孫稱詩，未有不屈指於宗良用晦者。迨後七子一派，海内群相詆訶，於是案頭有兩君之集者，輒指而揶揄之。然其於選體顏謝諸篇，終未若兩君之精熟也。

（《四庫全書》本史部四卷二）

〔同治〕南昌縣志·古跡（摘錄）

　　寧獻王墓在新建金墳廠

　　封樂安王朱奠壘諡昭定墓　在新建盤龍山蓮花心

　　封惠王朱磐烒諡惠墓　在新建西山金墳廠

　　封宜春王朱磐姚諡安簡墓　在新建芽窝

　　封新昌王朱磐炷諡安僖墓　在新建西山遐齡

　　封信豐王朱磐㷆諡悼惠墓　在新建西山遐齡

　　封臨川王朱磐燁追諡康僖墓　在新建

　　封靖王朱奠培諡靖墓　在新建烏溪遷葬雙嶺

　　封新昌王朱奠埄諡恭僖墓　在新建青山頭

封弋陽王朱奠壏謚榮莊墓　在新建洪崖鄉

封石城恭靖王朱奠堵墓　在鄧家埠子山午向

封石城端隱王朱覲鏑墓　在鄧家埠之望水岡

封石城安恪王朱宸浮墓　在下鄧埠之老龍窩

封鍾陵王朱覲錐墓　在牛尾閘

封建安王朱覲鍊謚簡定墓　在新建雙嶺

中尉林時益墓　在寧都州冠石東岩上（據《四庫全書・江西通志》卷一百十補）

（卷三十一）

註：林時益，原名朱議霶。參見《朱權後裔著作述錄》。

江西出土墓志・寧藩墓志目錄

寧獻王朱權壙志（正德十四年二月）

新昌王妃葛氏壙志（景泰元年十二月）

鎮國將軍朱覲鏂墓志（成化二十二年）

樂安昭定王朱奠壘壙志（弘治二年七月）

樂安昭定王妃宋氏壙志（成化十一年十一月）

樂安昭定王妃錢氏墓志銘（正德十二年閏十二月）

寧康王次妃馮氏壙志（正德十二年十月）

宜春宣和王夫人劉氏墓志（弘治十一年十一月）

康僖王朱宸澮壙志（弘治十四年九月）

鎮國將軍朱覲釧墓志銘（弘治十六年十月）

進賢縣主朱氏壙志銘（弘治十六年十月）

儀賓李廷用墓誌銘（弘治十七年二月）

寧康王女菊潭郡主壙志（正德十年十二月）

（門內加受）鄉縣君壙志銘（弘治十八年十二月）

奉國將軍朱宸㵟墓誌銘（正德十二年閏十二月）

奉國將軍朱宸㵟妻劉氏墓銘（嘉靖十五年閏十二月）

庄僖王朱宸汭妻裘氏墓誌銘（嘉靖三年十月）

輔國將軍朱宸淌墓誌銘（嘉靖四年一月）

輔國將軍朱宸淌妻張氏墓銘（嘉靖二十六年十二月）

臨川王府朱奠坳壙志（嘉靖十年六月）

鎮國將軍朱宸潽妻謝氏墓銘（嘉靖十五年中一月）

輔國將軍朱宸澤墓誌銘（嘉靖年二十六年十月）

輔國將軍朱宸澤妻張氏墓銘（嘉靖三十六年八月）

輔國將軍朱拱樑墓誌銘（嘉靖三十五年十一月）

黎城郡君朱氏墓誌銘（嘉靖四十年八月）

端簡王朱拱欘妃江氏壙志（嘉靖四十二年十二月）

輔國將軍朱拱棟墓誌銘（萬曆二年閏十二月）

奉國將軍朱多炡暨妻陳氏墓銘（萬曆十二年二月）

（陳柏泉《江西出土墓誌選編》江西教育出版社，1991年）

風月錦囊·寧王

引

奈何奈何！自恨我不是，做差了這場事。叫我怎生結果？

山坡羊

恨衹恨我時乖運蹇，怨衹怨淩十一李士實王兵備。領那一干強賊。一心扶我在南京做了帝位。誰知禍起蕭牆內。那時節衹有婁氏妻。他左諫不從，右諫不聽，將身跳入黃石磯。爲衹爲忠言直語。到如今衹做銜冤鬼。死在黃泉地。他是諫夫不從，萬古標題。傷悲。普天下那一年那一月那一個不罵幾句寧王賊。思知。船到江心補漏遲。

耍孩兒

洪都本是興賢地。作歹寧王亂施爲。六月十四刀兵起。江西要立君王駕，怎奈三司不肯從，鋒刀取斬難容取。也是他時乖運蹇命犯災危。

可惜孫都喜富賢，他是忠臣不肯隨。將刀屈殺分天地。聽得一聲聲炮嚮，嚇得他魂散魄飛。六月三，七月初，領精兵，擺鑾駕，過了鄱陽湖。

康山廟裏把真情訴。神明本是分明報，就是鬼使神差不肯休。讒佞賊，令人惱。都怨我自家不是，退悔無由。

伍知府，沒道理。黃韭菜，老米飯，叫我怎生吃？陽春書院真難棄。婁妃翠妃在那裏？何時再得和你重相會？

上囚車，珠淚垂。從今再不得回轉江西地。你把千歲話兒再休提起。

（中華書局2000年孫崇濤、黃仕忠《風月錦囊箋校》）

附：孫崇濤、黃仕忠箋校《風月錦囊箋校·寧王》箋

它出自《寧王》戲文。《寧王》戲文，《南詞敘錄》"本朝"著錄。題《王陽明平逆記》。……戲文全本已佚。按《堯天樂》收有《陽春記》之《婁妃諫主》《點化陽明》二齣。《樂府菁華》收有《護國記》之《點化陽明》一齣，皆出自本戲傳本；故本戲亦別名《陽春記》《護國記》。此戲以"宸濠之亂"歷史故實危題材敷衍成劇。明正德十四年（1519）六月，寧王朱宸濠起兵反於江西南昌，出鄱陽湖，陷九江，沿江東指，攻安慶，聲言直取南京。奪取帝位。同年七月，爲僉都御史王陽明調集各部兵馬

所敗，宸濠被俘，歷時四十三天。翌年十二月，宸濠被誅。事載《明史》《太子諸王傳二》《武宗記》《王守仁傳》等及《明史紀事本末》《國朝列卿記》等書。本戲之作，當在明正德十五年（1520）之後。本段寫宸濠兵敗被俘禁時的自悔自責心情。無別本可校，僅據文意與史實予以校錄。

註： 正德間四世寧王朱宸濠叛亂被誅的重大政治事件，對寧王一支包括始祖朱權身後的社會地位與聲譽，造成極大負面影響。民間戲文《王陽明平逆記》反映了這種影響。故附錄於此。《風月錦囊》全稱《新刊耀目冠場擢奇風月錦囊正雜劇兩科全集》。明徐文昭編輯。共四十一卷，正編二十卷，續編二十卷。續補一卷。絕大部分不署作者姓名。署名者僅朱權散曲《黃鶯兒》八首。《風月錦囊》僅存孤本已流入西班牙埃里科里亞爾的聖·勞倫佐皇家圖書館。國內版本有孫崇濤、黃仕忠據西班牙藏本製作、中華書局 2000 年《風月錦囊箋校》本。

朱權後裔著作述錄〔明清〕

○朱奠培（1418—1491）　號竹林嬾仙。寧獻王朱權孫。明正統十三年朱權薨，因世子盤烒早逝，以世孫奠培襲寧王爵。卒諡"靖"，史稱"寧靖王"。《明史·諸王傳》寧王權傳附。

　　卻掃吟

　　仙謠

　　擬古詩二百篇

　　竹林漫稿三卷

　　　明刻本 / 存

　　　弋陽王府刻本

　　　【按】《千頃堂書目》著錄"嬾仙竹林漫稿"。《江西歷代刻書》著錄"嬾仙竹林漫錄二冊"。

　　文章大模式（一作文章格式）

　　　【按】據《千頃堂書目》錄。

　　松石軒詩評一卷

　　　明成化十年寧王府刻本 / 存

　　　明白綿紙印本

　　　二〇〇五年齊魯書社出版的周維德輯校《全明詩話》本 / 存

　　　【按】《續四庫提要》云："前冠小序，署成化甲午，爲其成書之年。"又云："刊刻殊草草。白綿紙印。多蛀。范氏天一閣舊籍也。首敘詩之所由起，及正變升降，累數千言。文雜駢散，純駁間出，持論皆失允當。"歷修志書皆作"詩評"。《千頃堂書目》作"竹林嬾仙松石軒詩評二卷"。

五聲琴譜

明刻本／存

一九六二年中華書局琴曲集成本／存

二〇一〇年中華書局新版琴曲集成本／存

【按】署名"懶仙"。前有"天順元年長至日懶仙序"及《懶仙五聲正變琴訣》。譜收五調各一弄。《琴曲集成》卷首《據本提要》稱此書"與《琴苑要錄》爲姊妹本，不分卷"。

古今法書

○朱桂華　寧靖王奠培女。孔子五十八世孫景文妻。天順元年封安福郡主。

【按】光緒《江西通志》據《明史·藝文志》、陳宏緒《江城名跡》錄。《江城名跡》云："寧靖王奠培女安福郡主，能屬文，尤長於詩。配孔景文，亦善吟。居常聯章賡和，積成卷帙。主號桂華軒，有《桂華軒集》四卷。五七言詩一百七十餘首，聯句三之一。尤善草法。"

桂華軒集四卷

○朱幼杼（？—1501）　寧獻王朱權裔孫。正統十一年封清源王。卒謚莊簡。

飲河集

【按】據朱謀㙔《藩獻記》錄。

○朱宸濠（？—1519）　明三世寧王朱覲鈞庶子。弘治十年（1497）繼位爲四世寧王。正德十四年起兵反，爲王守仁起兵平。宸濠合族被誅。

浙音釋字琴譜〔編釋〕

明刻本／殘

一九六二年中華書局琴曲集成本／闕

一九九八年（美）唐世璋打譜（書名《希聲》）五線譜本／存

二〇一〇年中華書局新版琴曲集成本 / 存

【按】今存天一閣藏孤本《浙音釋字琴譜》二冊，卷上僅存四頁；下卷首署"南昌板澤稽古生龔經效孔編釋"，卷尾有殘缺。全譜殘存三十九曲，其中有寧王朱權《神奇秘譜》中曲目二十餘首，譜字與《神奇秘譜》多同，故成書當在《神奇秘譜》之後。個別曲譜爲傳統琴歌，如八段的《陽關三疊》，是現存的最早版本。又每曲首有解題，稱"希仙云"。希仙當爲朱權之裔孫。文中有"祖王"之稱，當指稱朱權。前人曾以其爲朱奠培。當代琴家王風《琴學存稿·南宋浙派古琴源流並及琴曲〈秋鴻〉考辨》（重慶出版社2016年）引高儒《百川書志·琴音註文》云："國朝涵虛子臞仙編。宗室洪藩虛白希仙音釋"，認定《浙音釋字琴譜》編者爲宗室藩王。弘治間寧府藩王衹有朱奠培与朱宸濠，而朱奠培號懶仙，希仙衹能是朱宸濠。此推論應屬合理。朱宸濠或有其他著作，因謀反之罪，与其所署名號俱被明代史籍抹煞而失傳。龔經，字效孔，號稽古生。南昌板澤（今麻圻）人。當時或爲王府幕僚，曾爲《浙音釋字琴譜》各曲逐音配文詞。又明楊表正《琴譜大全·聖賢名錄》列"龔稽古，作《希仙操》《歎世操》《王道頌》（皆琴曲名）"。

〇朱宸渥　寧獻王朱權四世孫。封鎮國將軍。正德十四年，寧王朱宸濠舉兵反，宸渥不從被囚。以交關守者得脫走建昌。不數年薨。

玉降遺稿

【按】《遺稿》爲其子拱樹刻。王世貞《瑞昌王府三輔國將軍龍沙公暨元配張夫人合葬志銘》云："於是（拱樹）乃梓鎮國詩曰《玉降遺稿》。"

〇朱宸浮（1472—1539）　號宏毅，寧獻王朱權四世孫，明正德間襲石城王爵。弘治十二年以兄弟互訐奏，革爲庶人。後爲寧王宸濠所忌，幽於請室，宸濠敗始獲釋。嘉靖間復冠帶，追封端隱王。

孤憤詩集一卷

明萬曆刻本

【按】羅治《孤憤詩集序》云："石城王號宏毅者"，"稟性高潔，憤世不平。生當逆濠，乃身嘗豹虎，致逢彼怒。一旦坐幽請室，頭觸屏風，訴繼以泣，著詩以貫階禍。懼後世莫述，特爲梓茲集行世。"《明史·諸王傳》云"宸浮與母弟宸浦、庶兄宸潤皆淫縱殺人"，與羅治所云宸浮爲人頗相徑庭。《千頃堂書目》《徐氏家藏書目》作《孤憤詩草》一卷。

○朱拱㮅（1473—1539）　寧獻王五世孫，石城王支，封輔國將軍。

巢雲集四卷

江國風雅

○朱拱枘（1487—1550）　號白賁。寧獻王朱權五世孫。瑞昌王府輔國將軍石渠長子。封奉國將軍。正德間宸濠變，牽其父，拱枘代其父遷中土。越三年召還。善書法，草書名重一時。嘉靖十一年舉。

望雲 [輯]

孝感異芝詩集 [輯]

【按】嘉靖《江西通志》云："（拱枘）性至孝。年十四，母病危，剪左手股肉煎湯飲母得愈。後父病重，服藥無效，又剪臂肉煎湯飲亦愈。詔差中官褒獎。嘉靖十年，酒甕產異芝，縉紳士夫有《望雲》《孝感異芝詩》（拱枘輯之）傳於世。"

○朱拱樻（1497—1551）　號洪泉。寧獻王五世孫，嘉靖二年襲爵，三十年薨，諡端惠。

新刊三士錄四卷

明嘉靖四年刻本 / 存

東樂軒稿

明嘉靖弋陽王府刻本

【按】朱拱檳及以上著作二種據光緒《江西通志》錄。《東樂軒稿》《古今書刻》著錄弋陽王府刻本作"東樂軒詩集六卷"。

訓忠堂集四卷

【按】據《徐氏家藏書目》錄。《千頃堂書目》亦錄，註拱檳"嘉靖三十三年襲封"，與《明史諸王世表》不符，待考。

○朱拱榣（1503—1574）　寧獻王朱權五世孫，瑞昌王裔，拱枘弟。封奉國將軍。父宸渠為宸濠累，逮繫中都。兄拱枘請以身代，拱榣佐之。嘉靖九年上書請建宗學等，皆得旨俞允。

天啟聖德中興頌一卷

明嘉靖十六年刻本 / 存

【按】據《中國古籍善本書目》錄。《明別集版本志》著錄云："目錄前作'天啟聖德中興頌詩目奏疏附'，有拱榣嘉靖十三年'天啟聖德中興序'、十六年'頌九廟皇嗣序'"。

豫章既白詩稿四卷

明嘉靖二十九年朱拱榣刻七卷本 / 存

【按】《明分省縣刻書》《千頃堂書目》錄七卷，皆作朱拱榣作。《江西歷代刻書》著錄朱拱樋作，未詳所據。《中國古籍善本書目》錄作者為"朱□□"。參見"朱拱樋"。

題贈錄 [輯]

明嘉靖刻本 / 殘

【按】總集。僅見國家圖書館存十五卷，總卷數不詳。據錄。《江西歷代刻書》錄《題贈錄存十五卷》，作朱拱樋輯。詳"朱拱樋"。

○朱拱樹（1510—1582）　號龍沙。寧獻王朱權五世孫。封輔國將軍。正德十四年，寧王朱宸濠舉兵反，拱樹之父鎮國將軍宸渥不從被囚。府且破，九歲之拱樹見識卓異，訴於王陽明部下將領得保其家人府第，父稱其異。多讀書，尤邃於天文遁甲奇門諸家言。

龍沙集六卷

【按】王世貞《瑞昌王府三輔國將軍龍沙公暨元配張夫人合葬志銘》云："所著《龍沙集》凡六卷，藏家塾。"

○朱拱樋（1513—1591）　字子深，號匡南。明寧獻王朱權五世孫，建安王裔，襲輔國將軍。

瑞鶴堂近稿三卷

明嘉靖刻本 / 存

【按】國家圖書館藏嘉靖刻《瑞鶴堂近稿》有三卷本及一卷本兩種，據錄。光緒《江西通志》及歷修《南昌府志》皆作《瑞學堂詩集》二卷，按云："《天一閣書目》有《瑞鶴近稿》十卷。"《千頃堂書目》《江西歷代刻書》稱有"嘉靖間寧王府刻本"。然正德時寧王朱宸濠反，為朝廷所滅，王府籍沒，"寧王府刻書"可疑。以下同。

匡南先生詩集四卷

明嘉靖刻本 / 存

明嘉靖二十九年刻七卷本 / 存

盛明百家詩前編一卷本 / 存

【按】據國家圖書館藏本錄。《明別集版本志》著錄明嘉靖刻本云："卷端題'豫章朱拱樋子深著，柳溪余彌選。有嘉靖戊申余彌《匡南先生詩集序》。"光緒《江西通志》"瑞鶴近稿"按語云："《天一閣書目》有《匡南詩集》四卷。"《千頃堂書目》錄"《瑞鶴堂詩》二卷"；《盛明百家詩》存嘉靖刻本作"《宗室匡南詩集》一卷"。《江西歷代刻書》著錄作朱拱樋《豫章既白詩稿》四卷，未詳所據。參見"朱拱榣"。

爽臺稿二卷

【按】《千頃堂書目》亦著錄。

○朱拱檜（1513—1560）　寧獻王朱權五世孫。弋陽王裔。

負初集二卷

【按】據《千頃堂書目》錄。

○朱拱梃（1519？—？）　號樵雲。寧獻王朱權五世孫。

樵雲詩集一卷

明嘉靖二十七年傅弘刻藍印本／存

【按】據《中國古籍善本書目》錄。有吳桂芳《樵雲邦君詩集序》。傅弘《樵雲邦君詩集後序》。吳序云"余自己亥（嘉靖十八年）得友時，君齒甫冠"，據以推其生年。

○朱多焜（1522—1577）　寧獻王朱權六世孫，弋陽端惠王拱樻庶一子。嘉靖三十三年襲爵。萬曆五年薨，諡恭懿。無子，爵除。

寧藩書目一卷

明刻本

【按】《四庫總目提要》云："寧獻王權以永樂中改封南昌，日與文士往還。所刊刻之書甚多。嘉靖二十年，多焜求得其書目，因命教授施文明刊行之。所載書一百三十七種，詞曲院本、道家煉度齋醮諸儀俱匯焉。前有多焜序及啟一通，後有施文明跋。"《天一閣書目》曾著錄，後佚。

忠訓堂集

【按】僅見錄於光緒《江西通志》。

○朱多煃（1530—1607）　字宗良，號貞湖，一號密庵。寧獻王朱權六世孫，輔國將軍拱橚子，封鎮國中尉。與多烓齊名。工書法。後病痿，不廢吟詠。人稱"朱邸之雋"。

  石蘭館稿（一名國香集）

    明刻本

    【按】明李維楨《朱宗良詩序》云："其詩初名《石蘭館稿》，王世貞改題曰《國香集》。"

  朱宗良集十二卷

    明萬曆二十五年朱謀㙔刻本／存

    明萬曆間刻八卷本

    【按】王重民《中國善本書提要》著錄萬曆間刻八卷本云："原題'豫章朱多煃宗良著，臨海王士昌永叔校'。卷內有'汪魚亭藏閱書''館閣詞臣'等印記，有李維楨、喻鈞、王士昌等萬曆二十五年序。"《明別集版本志》著錄萬曆二十五年刻本為宗良門生游及遠刻，子謀㙔、謀遠等校閱，並有羅治後序。《江西歷代刻書》著錄版本為"萬曆二十五年寧王府刻本"。

○朱拱榴　寧獻王朱權五世孫。瑞昌恭懿王曾孫。封奉國將軍。

  聖嗣誕慶賦一卷

  聖嗣頌一卷

    【按】以上二書皆據《千頃堂書目》錄。該《書目》註："嘉靖十五年進上。"於《聖嗣頌》下註："同賦進呈。"

○朱多炫　寧獻王朱權六世孫。建安王裔，封鎮國中尉。

  支離市隱集

  北郭子魚樂詞三十卷

    【按】二書僅見錄於《千頃堂書目》。

○**朱多煃**　寧獻王朱權六世孫。

龍砂八百純一

玄藻

【按】據《明史·藝文志》《千頃堂書目》補。

○**朱謀㙔**（1533—1604）　字素臣，號謙山。寧獻王朱權七世孫，瑞昌王支。好辟穀求仙術。

招仙詩集

明刻本

【按】同治《南昌縣志》引羅治《招仙詩集序》有"恥同腐草，志專辟穀。夢寐靈山之勝奇，流連小天之浮景。直欲要羨門於太路，攀天龍於鼎湖"云云，知此集類遊仙詩。

○**朱多煃**（1534—1593）　字用晦，寧獻王朱權六世孫，瑞昌王拱樹子，襲奉國將軍。與李攀龍、王世貞吟詠往還。與王道行、石拱辰、黎民表、趙用賢等同列"續五子"之目。

朱用晦集（一作芙蓉園稿）一卷

【按】《國朝獻徵錄》《藩獻記》及《明史·藝文志》皆作《朱用晦集》。陳宏緒《江城名跡》作《芙蓉園稿》。《千頃堂書目》作《芙蓉園集》。

○**朱多煌**（1536—1613）　寧獻王朱權六世孫。弋陽王支，封奉國將軍。萬曆五年王嗣絕，詔多煌攝王府事。

委蛇集四卷

【按】據《千頃堂書目》錄。

○**朱謀墇**（1537—1619）　字佳甫，寧獻王朱權七世孫。

擊轅稿五卷

明刻本 / 存

【按】崔健英《明別集版本志》著錄明刻本，卷首題"豫章朱謀㙔佳甫著，瑞陽陳邦瞻德遠校"，無序跋，無總目。

○朱多爍（1538—？）　號存仁。寧獻王五世孫，弋陽王支，封輔國將軍。

大司成集

尚書旨

○朱謀垏 （1538—1620）　字樅岑，號達人。寧王朱權七世孫，封鎮國中尉。

筮吉肘後經註

遐齡志註疏

神隱志註疏

【按】以上《筮吉肘後經》等三種爲寧王朱權原著，謀垏爲之註疏者。

道德經註疏

陰符經註疏

素書註疏

○朱多炡（1541—1589）　字貞吉，號瀑泉。寧獻王朱權六世孫。弋陽王支。封奉國將軍。嘗變姓名曰"來相如"，字不疑。善詩，工書畫。游蹤遍吳楚。卒，私諡清敏先生。

倦遊草

【按】僧雪浪編。光緒《江西通志》作《倦遊稿》。

五遊集

【按】據《藩獻記》錄。湯顯祖有《諷瀑泉王孫四游詩》，有"廬嶽歸來即倦遊"句，作於多炡逝世後。《倦遊草》或即《四遊詩》。《五遊集》爲後增補。貞吉有書畫作品今存世，如《絕命帖》。江蘇無錫博物館藏有其山水扇面。

○朱多燣（1544—1622？）　字桓左，號崇謙，一號覺庵。寧王朱權六世孫，樂安王支。封輔國將軍。書畫兼擅。

長嘯亭集

○朱多㷿（1546—1590）　字啟明，號履謙。寧王朱權六世孫，樂安王支。封輔國將軍。有詩癖，善書畫。

滋蘭堂稿

【按】朱謀垔《畫史會要》云其"外樸中慧，得全於酒。其時吾宗作詩多以名附七子間，從其聲調。叔獨宗尚六朝，苦心琢句，鮮秀自異。有《滋蘭堂稿》數卷，後嗣不延不能行世，惜哉。

新詠一卷

【按】據《徐氏家藏書目》錄。

○朱多炤（1547—？）　字孔陽，一字臨汝，號默庵、無私道人。寧獻王朱權六世孫。弋陽王支。

友雅三卷（一作八才子詩）[選輯]

明嘉靖依隱亭精刻本 / 存

明隆慶三年依隱亭刻本 / 存

【按】《續四庫提要》云："（多炤）喜弘、正李、何輩之作。選李夢陽、邊貢、朱應登、何景明、徐禎卿、鄭善夫、薛蕙、孫一元八人之作。摘其所贈答、宴餞、簡寄、思悼諸作二百四十六首，目之爲'八才子詩'。李、何二人諸體皆備，餘或錄或不錄，以時代先後爲次。爵里隆顯，略具於姓氏之下。自序云：'仰觀諸君子詩，渢渢乎力變靡麗。風雅以降，再振厥響。矧其生幷清時，更唱迭和，契同蘭臭，誼判斷金。匪謂文運是昌，世俗亦由以反者，豈其微哉！'書首列王世貞評語，人爲一首，幷多炤凡例八條及自序。按是書不多見。其上下之末，均有刻書牌子，頗爲珍貴也。"歷修南昌諸志不錄，此據《千頃堂書目》

及《續四庫提要》。

曹詩二卷 [輯]

明隆慶三年依隱堂刻本

【按】魏曹植詩，朱多炡輯。

五體集唐五卷 [輯]

明刻本 / 存

【按】據《中國古籍善本書目》著錄。

默存自娛集二十二卷

【按】據《千頃堂書目》《徐氏家藏書目》錄。

○朱多熲　字以昭，號斗齋。明寧獻王朱權六世孫。封輔國將軍。

古雪齋近稿一卷

【按】民國《南昌縣志》謂"志皆失載"。《四庫總目提要》存其目，云："在萬曆間，與李維楨、曹學佺等唱和。其詩修飾風調，流易有餘而短於精詣。"

○朱多魽　字齊雲。寧獻王朱權六世孫。石城王支。封輔國將軍。

鵠齋稿一卷

落花詩一卷

【按】《徐氏家藏書目》著錄。

○朱多㷿　字敬甫。寧獻王朱權六世孫。

謙益堂集一卷

漫遊草一卷

【按】《徐氏家藏書目》著錄。

○朱謀㙔（1551—1624）　字郁儀，一字明甫。寧獻王朱權七世孫，石城王奠堵支。襲封鎮國中尉。萬曆十九年以學行薦於朝，理石城王府事三十餘年。《明史》有傳。

　　周易象通八卷

　　　　明萬曆刻本 / 存

　　　　續修四庫全書本 / 存

　　　　【按】此本前有李維楨、湯顯祖、曹學佺序。《四庫總目提要》云："是書惟釋上下經文，不及十翼。大旨欲稍還古義，而轉生臆說。此書尤爲曹學佺所推許，然多屬臆見，不爲定論。"湯顯祖《易象通序》云："郁儀王孫好揚雄氏之學，方言奇字，多所訓明。憮然而歎曰：'文字之所起者，畫也；理義之所變者，易也。通於《書》而蔽於《易》，不足以診天地人物之變。'乃追而學易。凡子夏所傳，九家所爲變象互體者，潛測幽討，不遺餘力，久而隱括彷彿，爲一家言，名曰'易象通'。"其子朱統鏗萬曆十五年五月五日於其所刻《駢雅》卷首跋云："鏗學詩賦於家公，恒苦見聞未博，既奉《駢雅》，遂得肆觀夫要妙幽奇之文，若登玄圃，臨昆侖，熊熊魂魂，駭心奪目。鏗敢以自私，以諱我家公之寶哉。遂梓以傳。公著有《周易象學》《五經稽復》《古今通曆》《字統》《宏雅》《皇典》《肇史》《海語》《玄覽》《南昌耆舊傳》四百餘卷。以貧不能遽刻，尚俟他日。"所云《周易象學》當即《周易象通》，不另錄。

　　周易寱言

　　周易占林

　　詩故十卷

　　　　明萬曆三十七年刻本 / 存

　　　　四庫全書本 / 存

　　　　清抄吳敬符校閱本

　　　　豫章叢書（胡思敬輯）本 / 存

【按】據江西省圖書館藏本錄。《四庫總目提要》云："是書以小學首句爲主，說詩亦多以漢學爲主，與《朱子集傳》多所異同。謀㙔深居朱邸，不藉進取於名場，乃得以研究遺文，發揮古義也。"

書箋疏

春秋箋疏

魯論箋疏

禮箋疏

大戴禮記箋疏

五經稽復

【按】各府、縣志皆有"書禮春秋魯論及大戴禮記箋疏"，列作一目，光緒《江西通志》、民國《江西通志稿》皆分別五種著錄，無"五經稽復"。朱統鏸《駢雅》卷首跋著錄此目而無《書》《禮》等五種。應即以上"書箋疏"等五種統稱。（參見"周易象通"。）無他證，姑別錄之。

毛詩草木蟲魚疏集解

【按】僅見於《冷賞》。

七音通軌

【按】諸府、縣志不錄，此據光緒《江西通志》及民國《江西通志稿》。

古音考

【按】光緒《江西通志》及民國《江西通志稿》及《千頃堂書目》著錄。

楚辭古音

【按】僅見於《冷賞》。

樂語名

【按】與上目"楚辭古音"是否一種書名待考。僅見於《冷賞》。

方國殊語五卷

【按】各府縣志錄，無卷數。此據民國《江西通志稿》。

駢雅七卷

明萬曆十五年朱統鏸玄湛堂刻本／存

清刻駢雅訓纂十六卷首一卷本 / 存

四庫全書本 / 存

清嘉慶借月山房匯鈔叢書本 / 存

清道光二十五年有不爲齋刻本

續修四庫全書本 / 存

【按】歷修南昌諸志作六卷，然存書皆作七卷。有音釋一卷。明刻本《自序》及《跋》皆署"萬曆十五年輔國中尉統鋘"。《跋》云："（家公）暇日又攬古駢偶合並之言近於典麗者，依《爾雅》而作《駢雅》，珠累璧峙，裒然乎稱異書焉。"《四庫總目》提要云："此書皆剌取古書文句典奧者，依《爾雅》體例分章訓釋。凡二十篇。其說以爲聯二爲一、駢異爲同，故名'駢雅'。徵引詳博，頗具條理，非鄉塾陋儒捃拾殘剩者可比。"《提要》亦指出其有缺乏典據及多冗蕪之病。又云："然奇文僻字，蒐輯良多。擷其膏腴，亦不爲無補也。"魏茂林《駢雅訓纂》以《四庫全書》本參用有不爲齋刻本補過。凡例稱"原書七卷十三目（上中下）。今加訓纂。篇數不啻倍之。茲分十三目爲十三卷，而分'釋詁''釋訓'爲上下二卷，共十六卷。篇內仍標七卷原目以存其舊"。

宏雅

演爾雅

六書著論

【按】諸府縣志不錄。此據光緒《江西通志》、民國《江西通志稿》。《千頃堂書目》《冷賞》俱作《六書緒論》。朱謀垔《書史會要》錄之。

六書正義十二卷

【按】諸府縣志不錄。此據光緒《江西通志》、民國《江西通志稿》《千頃堂書目》。《書史會要》亦錄之。

六書貫玉

【按】見於光緒《江西通志》、民國《江西通志稿》。《千頃堂書目》《冷賞》、朱謀垔《書史會要》亦錄之。

六書本原一卷

【按】《千頃堂書目》作《六書原本》。《冷賞》《書史會要》亦錄。

古文奇字解十二卷

明萬曆四十三年刻本 / 存

清抄本 / 存

【按】諸府縣志無卷數。存本皆十二卷。杜信孚《明分省分縣刻書考》著錄"萬曆四十三年朱謀㙔刻本"。《（同治）新建縣志》卷四十七《儒林》謀㙔傳稱其"疾李斯之變壞頡誦舊文也，作《古文奇字解》，追述先聖之製作，以針砭漢世訓詁之沉痼"。《冷賞》作"古文奇字輯解"。

三古文釋

【按】朱謀垔《書史會要》錄之云："又考訂大禹碑、周宣石鼓比干墓銘，手自摹臨而詮釋之曰'三古文釋'。"《冷賞》亦錄。

說文舉要

【按】據光緒《江西通志》及民國《江西通志稿》錄。

說文質疑

【按】諸府縣志皆無。《冷賞》及《書史會要》列此目。

字源表微

【按】《冷賞》作"字原表微"。

字統

【按】僅見於朱統鍡《駢雅跋》。

邃古記八卷

明嘉靖間刻本 / 存

明萬曆間刻本 / 存

四庫存目叢書本 / 存

【按】《四庫總目提要》云："是書所記始於盤古，迄於有虞。提綱計事而雜引諸書以為目。大抵出入劉恕《外紀》、胡宏《皇王大紀》。所引多緯書荒誕之說。既非信史，又鮮異聞。謀㙔號為博洽，平生著述一百餘種，今不盡傳。傳者，此爲最劣矣。"《四庫全書存目叢書》所收本，自序署萬曆三十六年。

藩獻記四卷

明萬曆刻本 / 存

說郛本 / 存

【按】《續四庫提要》云："是書就明代諸藩中取其事業文章有聲於時者，擇爲立傳。敘其事功、行誼、著述等，爲藩三十，爲傳七十五，總爲四十卷。是書久不傳，杭州抱經堂得抄本，梓以行世。"又引魏廣國序，云："惟魏序謂'爲藩二十四，傳六十五，列傳三'，是其書原本三卷，第四卷當係續增者。"《冷賞》亦錄。

皇明惇史

歷代名臣言行錄

默記

皇圖

【按】朱統鍠《駢雅跋》記有《皇典》一目，未知是否即此書。以上四種據《冷賞》錄。

皇典

【按】見於朱統鍠《駢雅跋》。

頤記

江右名勝記

江右小史

【按】以上三種據《冷賞》錄。

豫章耆舊傳三卷（一作南昌耆舊記校註）

【按】同治《縣志·名賢》謀埠傳作二卷。《冷賞》作"南昌耆舊記校註"。

豫章古今記

廬山記

羈縻合志

【按】以上三種據《冷賞》錄

異域圖說

【按】同治《新建縣志》著錄謀㙔《異域志》一卷。按寧獻王朱權著有《異域志》，已見前錄。《冷賞》記謀有"異域圖說"，當係二人二書。《新建縣志》有誤。又（英）劍橋圖書館藏東亞收藏室藏有明孤本《異域圖志》一種，有圖有文，已殘。作者及年代不明。英國學者孟席斯於《1421-中國發現世界》（京華出版社）第五十四章稱爲寧獻王朱權作，但其內容涉及明後期事。該本或即謀㙔之"異域圖說"。記以備考。

水經註箋四十卷 [箋]

明萬曆四十三年刻本 / 存

明崇禎二年竟陵譚元春刻本

清康熙五十四年歙縣項氏群玉堂附山海經十八卷刻本

【按】《水經》，漢桑欽著，後魏酈道元作《水經註》。謀㙔箋。此據民國《江西通志稿》著錄。同治《南昌縣志作"水經註疏"。《四庫總目提要》《水經註》云："是書自明以來絕無善本。惟朱謀㙔所校盛行於世，而舛謬亦複相仍。今以《永樂大典》所引各按水名逐條參校，非惟字句之訛層出迭見，其中脫簡、錯簡有數十至四百餘字者。"《續四庫提要》著錄萬曆孫汝澄、李克家同纂本，且云："《水經註》以傳寫既久，訛誤相仍，經註混淆。是書（朱箋本）惟酈註尋源采隱，頗爲淹貫。雖不能復舊觀，然鉤稽考證之功，固未可沒也。書中校改之字，與宋本合者，或署己說，或署汝澄、克家說，各未免不脫明人標榜之習耳。然其有功於酈註，又親見宋本。馮班稱其精審之至，楊守敬稱其開闢蠶叢，多掛荊棘，皆定論也。"當代學人陳橋驛云："（《水經註》）除了《大典》本以外，明刊其它版本沒有甚麼可取的。他們的底本大多是流行的坊刻本。在這樣一類的版本中，《水經註箋》就顯得是雞群之鶴。應該承認這部被顧炎武譽爲'三百年來第一書'（閻若璩《古文尚書疏證》）的版本，除了深藏內庫爲衆人所不能見的《永樂大典》

外，無論在校勘和簡註方面，在明刊各本中都是首屈一指的。在朱氏本和殿本的校勘過程中，朱箋都是重要的依據。清趙一清《水經註釋》卷首列參校本多達二十九種。趙一清最後說'以上諸本予悉取之與明南州朱謀㙔中尉《箋》相參證，錄其長而舍其短。趙一清并爲此寫了《水經註箋勘誤》一書。朱《箋》給予清代各版本的影響是十分深遠的。"《中國農業古籍目錄》亦著錄。

水經註抄

【按】據《冷賞》錄。

曆原

曆記

曆纂

合朔算例

【按】以上四種據《冷賞》錄

古今通曆

【按】《（同治）新建縣志》卷四十七《儒林》謀㙔傳云："（謀㙔）晚成《古今通曆》，用其法推《左傳》僖五年正月辛亥冬至，昭二十年二月己丑朔冬至，以爲《魯史》所用皆周正。"

今曆矩度

甲曆

歷代紀年考

怪史

廣國語

兩漢逸事

南齊記

三朝甲曆

世紀今論

明典故藩大記

玄象記

玉燭記

物緯

閩海異物志

小酉記

【按】以上十五種據《冷賞》錄。

海語

【按】朱統鎤《駢雅跋》引此目。

物識

【按】僅見於朱統鎤《駢雅跋》。與上"物緯"是否一書待考。

金海一百二十卷

【按】《千頃堂書目》著錄在"類書類"。《冷賞》中亦記此目。

玄覽八卷

明萬曆二十二年刻本

【按】民國《江西通志稿》作"元覽"。《販書偶記續編》著錄傳抄本無卷數，有萬曆甲午臨海王士昌序，凡十篇。《冷賞》中亦作"元覽"，避清康熙諱改。

異林十六卷

明萬曆帥廷鏌刻本 / 存

四庫存目叢書本 / 存

【按】諸通志及府縣志皆著錄謀㙔作《異林》十六卷。而《四庫總目提要》子部小說家類收《異林》十六卷，著者為朱睦㮮。無確切版本說明，云："明朱睦㮮撰。乃摘諸家雜史中所載異事，分為四十二目，頗為雜揉。但詳註所出書名，在明末小說家中體例差善耳。"《四庫存目叢書》所收明萬曆帥廷鏌刻本《異林》十六卷為朱謀㙔作，卷首序署"子婿帥廷鏌"。序云："江國宗侯工詩者十室而五。郁儀先生獨以著述名海內。茲又整齊百家雜史所載千百年以來異常之事，作《異林》十有六卷，簡要賅博，前無古人。"書名相同之外，卷數、目數皆相同，則是書爲謀㙔作無誤。《四庫全書存目叢書》亦以該"提要"附其尾，說明未發現朱睦㮮所撰之別一《異林》，則亦非二人有同名之書明矣。《四庫總目提要》有誤。《冷賞》中錄作"古今異林"。

鉛梨志

頤記

古今名言

國朝善語要言

隱子新說

莊子約

淮南子要解

五苑

南北史膽

法苑珠林抄

【按】唐釋道世撰有《法苑珠林》，是否即該書抄本，待考。以上十種據《冷賞》錄

太乙金匱

選擇捷要

陰陽通宅兆

元經

奇門摘要

內經要略

內經小傳

醫詮

岐黃鈎玄肘後

鴻寶秘方

武策

【按】以上十一種據《冷賞》錄。

天寶藏書

【按】朱謀㙔所著百餘種書統稱。曆修南昌諸志及書目不錄此目。其子輔國中尉朱統鋢玄湛堂刻本《駢雅》卷首收有"諸家評論"，按云："鬱儀事不多見，茲採諸家說部有涉中尉事者備錄之，以資考核，凡八事。"首列信州鄭仲夔《冷賞一事》（簡稱《冷賞》），云："西山天寶洞，道書爲'十三洞天'。朱鬱儀嘗曰：'吾書成，其藏諸此乎？'故後人目其所撰書曰'天寶藏書'，凡一百二十種。"文列謀㙔書目中一百〇六種云："計百有六種，已刊布者十五種，未就梓九十一種，外有六種《天寶藏書目》佚其名。"爲今所知最全的謀㙔著作目錄。然亦有十數種爲《天寶藏書》所無。參見上列諸書目。

註庾開府哀江南賦

【按】當係爲北周庾信《哀江南賦》作註之書。

校正文心雕龍

【按】不見曆修南昌諸志及諸書目。《文心雕龍》，梁劉勰著。清光緒七年成都淪雅堂刊魏茂林《駢雅訓纂》卷首收謀㙔《校正文心雕龍跋》云："《文心雕龍》舊無善本，遂註意校讎。往來三十餘年，參考《御覽》《玉海》諸籍，幷目力所及，補完改正三百餘字。（他本）未若此本之善矣。"

金石文選

廣廣文選

六朝殊選

祇園語

明文繁露

古學府拾遺

六朝詩類璧

詩韻

宋詩選 [選]

元詩選［選］

明藻

詩精英

藩藻

麟角集

初雅

　　【按】以上十五種據《冷賞》錄。

枳園近稿

　　【按】朱謀垔《續書史會要》云："（謀㙔）著述百有餘種，總名《天寶藏書》。"《千頃堂書目》註："謀㙔著書一百二十種，不能盡見。"

枳園文集

豫章社稿

罕言編

　　【按】以上三種據《冷賞》錄。

○朱謀圭　字禹錫。寧獻王朱權七世孫。瑞昌王支。

　禹錫詩集

○朱謀覲　字孔光。寧獻王朱權七世孫。弋陽恭懿王裔。

　存存齋詩稿

　　【按】據同治《南昌府志》錄。

○朱謀㘧（1553—？）　字君美，號懶竹。寧獻王朱權七世孫。封鎮國中尉。

　君美詩集

　　明萬曆刻本

　　【按】同治《南昌縣志》引羅治《君美詩集序》云："余所最善兩先進，宗良、伯誠兩公。君美，伯誠仲子也。"

○**朱謀㙔**　字子魚，號圖南，又號天池，寧獻王朱權七世孫，貞吉子。封鎮國中尉。出遊三湘吳越間。變姓名曰"來鯤"。

朱謀㙔集

【按】據《千頃堂書目》錄。又錢謙益《列朝詩集小傳》云："有集行世，湯若士為之序。"

明宗三逸詩集

學詩草

不詩集

入山詩三卷。

【按】《徐氏家藏書目》著錄。

○**朱謀㴹**　字文翰，號藩章。寧獻王朱權七世孫，宜春王裔。封鎮國中尉。

龍光詩社草一卷 [輯]

明刻本

【按】朱彝尊《靜志居詩話》云："南昌郭外有龍光寺。萬曆乙卯二月豫章結社於斯。宗子與者有謀㴹，字文翰。宜春王孫，緝《龍光詩社草》。"《千頃堂書目》註云："同社凡四十三人。"

可齋經進文存一卷

清同治十一年舊書齋刻本 / 存

退思粗訂文稿二卷

清嘉慶刻本 / 存

斯陶社詩草二卷

【按】據《徐氏家藏書目》錄。

芳草詩一卷

【按】據《徐氏家藏書目》錄。

○**朱謀城**　字幼晉，寧獻王朱權七世孫，弋陽王裔。封鎮國中尉。

退省稿六卷

【按】據《千頃堂書目》錄。《徐氏家藏書目》作"朱謀㙔《退翁稿》六卷"。

○朱謀𡎺（1558—1620）　字藩甫，號浦泉，別號運宇。寧獻王朱權七世孫，石城王裔。封鎮國中尉。邑庠生。

朱謀𡎺詩集

【按】雍正《江西通志》卷七十："按明宗室在江西者多好學，茲所采外，尚有石城王孫謀𡎺，字藩甫，工詩，有集。今不傳。"《盱眙八支宗譜》記其"明嘉靖三十七年生，萬曆四十八年卒"。

○朱謀墾　字希之，號和宇，寧獻王朱權七世孫。石城王裔。封鎮國中尉。

落花詩一卷。

【按】《徐氏家藏書目》錄。

○朱謀埻　字伯堤。寧獻王朱權七世孫。石城王裔。封鎮國中尉。

雄飛軒稿三卷

【按】《徐氏家藏書目》錄。

○朱謀墙　字元長。寧獻王朱權七世孫。石城王裔。

新詠一卷

【按】《徐氏家藏書目》錄。

○朱謀墡　字德操。寧獻王朱權七世孫。石城王裔。

新詠一卷

【按】《徐氏家藏書目》錄。

○朱謀堪　字元琳。寧獻王朱權七世孫。

西遊稿二卷

○朱謀㙔（1564—1628）　字隱之，號八桂，又號厭原山人、寒玉館主人。寧獻王朱權七世孫，樂安莊靖王曾孫。封奉國將軍。工書。宗室初不許參加科考，遂寄情翰墨著述以終老。

春秋指疑二卷

【按】刻而未竟。參見"唐雅同聲"條。

毛詩要旨四卷

【按】手稿本，刻而未竟。參見"唐雅同聲"。

三韻同聲十二卷

【按】手稿本，刻而未竟。參見"唐雅同聲"。

書史會要續編一卷

明崇禎三年朱氏刻本

明朱統鉷重刻本／存

四庫全書本／存

【按】胡繼謙《隱公先生懿行紀略》云："又喜陶氏《書史會要》有益書家，乃摭我明一代續其卷後，并薛尚功鐘鼎款識刻之。"《四庫總目》陶宗儀《書史會要九卷補遺一卷續編一卷》云："是編載古來能書人上起三皇，下至元代，凡八卷，末爲《書法》一卷，又《補遺》一卷。據孫作滄《螺集》所載宗儀小傳稱《書史會要》凡九卷，此本亦以《書法》《補遺》共爲一卷。而刻本乃以《補遺》別爲卷，又以朱謀㙔所作《續編》題爲卷十，移其次於《補遺》前。殆謀㙔之子統鉷重刊是書，分析移易，遂使宗儀原書中斷爲二。今仍退謀㙔所補自爲一卷，題曰'續編'，以別宗儀之書。"《書畫書錄解題》云："是編續陶書而作，采輯明代書家亦頗周詳。惟九成於諸家得失直抒己見，隱之則多託於評者之言，評者爲誰遂無可考，或因事屬本朝，時代較近，有所顧忌而然也。"又《徐氏家藏書目》著錄朱謀垔有《匡山讀書草》一卷，《移家詩》一卷。又錄其生平曰："字禹卿，號恒厓。建安王府鎮國中尉。"與他書記載不符。附記於此，不另錄。

畫史會要五卷

明稿本 / 存

清順治十六年朱統鈝重修本 / 存

清松南書舍抄本 / 存

清道光依樣葫蘆山館抄本

四庫全書本 / 存

【按】卷一三皇至五代，卷二北宋，卷三南宋，卷四明，卷五畫法。《四庫總目提要》云："謀垔既續陶宗儀《書史會要》，因推廣其類，采上古迄明能畫人姓名事蹟輯爲此編。亦附以《畫法》一卷。成於崇禎辛未，全用宗儀之體例，故書名亦複相因。然宗儀之書止於元代，故謀垔所續明人別爲一卷，列之外域之後可也。此書爲謀垔所自編，既以金列元前，稍移其次，而所列明人，雖太祖、宣宗，亦次於外域之後，則拘於舊目，顛倒乖剌之甚矣。"《提要》且以其目錄卷次舛迕尤甚，爲明末士大夫以潦草脫略爲高尚之習氣使然。末云："今爲改正其文，而附註原目之謬於右。其書雖採摭未富，疏漏頗多，而宋金元明諸畫家頗賴以考見始末。故御定《佩文齋書畫譜》畫家傳中多引以爲據，亦談丹青者所不可遽廢也。"《書畫書錄解題》云："《四庫》本業經四庫館爲之改定，已非盡朱氏之舊編。"又云："是編所載，元以前畫家於張郭諸家所述之外絕少增補，僅於封膜等數條間有辨證而已。至明代畫人傳則以前作者無聞，搜輯頗見勤，至後來考錄明代畫家者多本之。然全書不註所出，終爲俗學。卷五……雜采前人成言，殊乏倫次。明季著書風氣如斯，難以深責。"

寒玉館正續帖二十卷 [輯]

明手寫本 / 存

【按】《續書史會要序》云:"余不佞,喜集名人墨蹟。歲乙卯,雙鉤以授鐵史,十有三年始竣事,題曰《寒玉館帖》。"胡繼謙《隱公先生懿行紀略》云:"復期嘉惠來學,搜古今名跡,替瑕陟瑜,殫心雙鉤,勒成《寒玉館帖》正、續二帙,諸名德競為跋識。"

古畫錄四卷

清抄本／存

鍾鼎考文二十卷

清順治十六年朱統鉳刻本／存

四體千文四卷

山居詩百首

【按】胡繼謙《隱公先生懿行紀略》云:"著《山居詩百首》,韻致不減李杜。"

刪補輟耕錄

【按】《輟耕錄》,元陶宗儀著。

玉館燈抄二卷

三韻同聲十二卷

分韻唐詩五十卷

【按】以上四種皆手稿本,刻而未竟。謀㙔子統鉳順治十六年撰《重修諸先刻弁言》云:"祖宗朝,同姓制科未辟,瑰材偉抱者多寄傲於圖書翰墨之林。庚申、辛酉特允臺省所請,始及第、出身有差。是時先君子已當強仕之年矣。恨早歲八股未嫺,不獲進取,沉酣經史,日以校閱著述為事。雙鉤古今名跡則有《寒玉館正續帖》二十卷,《四體千文》四卷。書籍則有《書史》《畫史》各十卷,《分韻唐詩》五十卷,《鍾鼎考文》二十卷,《山居詩》百首。刻而未竟則有《刪補輟耕錄》《玉館燈抄》二卷、《三韻同聲》十二卷、《春秋指疑》二卷、《毛詩要旨》四卷。而先君子苦心四十載者,不肖輩不敢以敝屣視之也。維時家伯子載版籍相與播遷終始焉。丙戌遭兵火,幾同灰爐。丁亥斗米千鈔。不肖糊口武林醝署，返櫂時檢閱諸書，已殘去十之六七矣。未竟者原稿幷無可覓。不肖輩撫零星而痛哭之，意謂將來必盡歸樵蘇。庚寅，督學使樊公相招，捐資五十金，命不肖邁求遺本、補輯故物，而散之四方、藏之經笥者又安能立致乎？袁李敞庵、王公祖臨、李玄簡觀察、施公祖卉圃、李公祖，後先各捐俸以成其美。戊戌冬而《書史》《畫史》《文》始克就緒，諸刻尚謀而未逮。若雙鉤勒石，不肖雖嘗竊取，而殺青無力。鐵史無人，竟同《廣陵散》矣。"又《中國古籍善本書目》著錄"《唐雅同聲》五十卷《目錄》二卷，明毛懋宗輯，明萬曆十六年毛謙刻，崇禎六年朱謀㙔重修"。此書順治十八年刊本卷首有謀㙔序云："《同聲》繼《會要》而作也，廣搜博采似乎過之。吉水毛懋宗取唐人近體按沈韻鱗次之。業未竟，予又率子姪輩搜輯三載，始付剞劂。"文尾署"天啟乙丑秋月寒玉館主人朱謀㙔謹識"。是朱謀㙔對《唐雅同聲》亦有貢獻。

深柳居

明刻本

種園譜

明刻本

【按】陳宏緒《江城名跡》云"刻有《深柳居》《種園》諸草"。

草事行采

【按】《徐氏家藏書目》著錄。

〇**朱統鐼** 字時卿，寧獻王朱權八世孫。封奉國中尉。僻處城東。好異書，傾祿入以購秘冊，得輒讀。

詩解頤錄

六書微

【按】《千頃堂書目》著錄。同治《南昌縣志·文苑》按云：所著《詩解頤錄》《廣余寅同姓名錄》十六卷、《牡丹草》《六書微》等，皆博贍可觀。

古史記四十卷

【按】道光《南昌縣志·文苑》統鎜傳云："由黃帝、堯舜迄三代，若蘇轍之《古史》、劉恕之《外紀》、金履祥之《通鑒前編》，并稱該恰。著《古史記》四十卷，志居其半。"又云："《古史記》四十卷，補蘇轍、劉恕、金履祥所未備。"

寧獻王事實一卷

盱眙朱氏八支宗譜本／存

【按】內容爲其始祖寧獻王朱權傳記。不見於歷修南昌諸志書目。據道光《南昌縣志·文苑》統鎜傳錄。《西江志》《千頃堂書目》亦著錄。民國《盱眙朱氏八支宗譜》卷首錄其文，有殘缺，未署作者名。

廣同姓名錄十六卷 [增廣]

【按】歷修南昌諸志書目不錄。《西江志·經籍》著錄作《廣同姓名賢錄》十六卷。乾隆《南昌縣志·文苑》統鎜傳云："余寅有《同姓名錄》，僅三卷，推而廣之，得十六卷。"余寅，鄞人，字君房，萬曆進士。

牡丹志一卷

【按】《千頃堂書目》著錄。道光《南昌縣志·書目》等作《牡丹草》。《四庫總目》著錄《亳州牡丹志》一卷，提要云："不著撰人名氏。《千頃堂書目》列朱統鎜《牡丹志》後，疑亦統鎜作也。後附《牡丹雜事》四條，第一條稱'神隱'者，乃寧王朱權之別號。"《千頃堂書目》錄作"朱統鑌"撰，鑌乃鎜之誤。

廣之得十六卷

〇朱統鈘　寧獻王朱權八世孫，貢生。

紀行詩一卷

【按】據《千頃堂書目》錄。

○朱統鉳　字堅白。寧獻王朱權八世孫，弋陽王裔。封輔國中尉。

　　芝雲遊稿一卷

　　吳越遊稿一卷

　　【按】《徐氏家藏書目》著錄。

○朱統崟　字夷庚。寧獻王朱權八世孫，弋陽王裔。封輔國中尉。

　　畫禪齋別稿二卷

　　近稿二卷

　　【按】《徐氏家藏書目》著錄此書及作者簡介。據錄。

○朱統鎬　字景周，一字宗武。寧獻王朱權八世孫。瑞昌王裔。

　　白門近草二卷

　　白門遊草二卷

　　【按】《徐氏家藏書目》著錄。

○朱統鋌　字安仁。寧獻王朱權八世孫。弋陽王裔。封輔國中尉。

　　挹秀軒詩一卷

　　夢瀑齋稿一卷

　　【按】《徐氏家藏書目》著錄。

○朱不億　名佚，以字行。寧獻王朱權裔孫。嘗暢遊吳、閩、楚。

　　二濟稿

　　　明萬曆刻本

　　【按】民國《南昌縣志》作"朱逸名"。同治《南昌縣志》書目有《二濟稿》，著者題"朱失名"。所引羅治《二濟稿序》云："往余偕諸侯王子不億稱詩於豫章城。不億東游吳越，南極閩楚，所遇名山大川輒有吟詠之什，新歡故交輒有贈答之音。歸而握其草二稿，曰《濟勝草》，謂其專以尋山名也；曰《濟川稿》，專以問水名也。問序羅治，羅命其名爲《二濟稿》。"據録。

○朱文季　名佚，字文季。寧獻王朱權裔孫，不億弟。

廬居稿

明萬曆刻本

【按】民國《南昌縣志》作"朱逸名"。同治《南昌縣志》卷二十五引羅治《廬居稿序》稱："是爲宗侯文季宅先太夫人憂時所稱《廬居詩稿》也。"又曰："自詩而有哭有懷有怨有慕，爲季之母也者；而有倡有益有答有復，爲季之友也者。是知所輯不祇爲居喪之詩，亦有平居之唱和。光緒《江西通志·書目》《君美詩集》按云："同時有朱文季《廬居稿》，皆寧支。失其名。"

○朱謀㙔（1568—1648）　號元南。寧獻王朱權七世孫。瑞昌王支。封鎮國中尉。

樸素居詩集

【按】據《盱眙朱氏八支宗譜》著錄。

○朱謀㙻（1572—1633）　字巍甫，號承玉。寧王朱權七世孫，瑞昌王支。封鎮國中尉。

享帚集六卷

連枝集

【按】據《盱眙朱氏八支宗譜》《明詩紀事》等錄，與其從弟謀墇合著。

○朱謀敖（1577—1643）　字用莊。寧獻王朱權七世孫。授鎮國中尉，重封奉直大夫。遊戲詩文書畫。

六書正訛註

【按】光緒《江西通志》作《六書正訛》。

周史籀文註

【按】民國《江西通志》作《周史籀文》。

閒閒閣稿

【按】民國《江西通志》《西江志》作《閒閒閣集》。

城南草

○朱統鐵（1585—1625）　字佛大。樂安靖莊王裔，封鎮國中尉。崇禎十六年進士。父以禍被逮，上書救父，舉國稱"純孝子"。

適園詩集

面壁齋文集

○朱謀晉（1587—？）　字康侯，更字公退。寧獻王朱權七世孫，石城王裔，謀㙔從弟。封鎮國中尉。結廬蛟溪龍沙之北，躬耕賦詩。後寓居金陵。

羔雁集

蕪城集

淹留集

巾車集

朱謀晉初集四卷

【按】以上諸種皆據《千頃堂書目》卷十七著錄。《朱謀晉初集》四卷爲前四種之合集。

西堂詩一卷

廬山詩一卷

【按】《朱謀晉初集》《西堂詩》《廬山詩》三種見《千頃堂書目》卷十七吳騫補。《徐氏家藏書目》著錄《西堂詩》一卷、《初集》一卷、《廬山詩》一卷，誤作者朱謀晉樂安王裔。

○朱統鋌（1591—1644）　一作統鉶。字章華。寧獻王朱權八世孫，瑞昌王裔。

崇禎元年進士，選庶起士。與編纂六曹章奏，升右諭德、經筵日講。纂修《玉牒》《大明會典》。升南國子監祭酒。辭不獲。赴任而歿。

　　玉牒［纂修］

　　大明會典［纂修］

　　我法居集

　　　明刻本

　　　【按】據熊明遇《序》，該集收有講義、疏條、代臣工綸命及詩賦序記志狀等文字。

○朱統鎏　字夷庚。寧獻王朱權八世孫，弋陽王裔。封輔國中尉。

　　畫禪齋別稿二卷

　　近稿二卷

　　　【按】以上二書據《徐氏家藏書目》著錄。

○朱統鎬　字景周，一字宗武。寧獻王朱權八世孫，瑞昌王裔。

　　白門近草二卷

　　白門遊草二卷

　　　【按】以上二書據《徐氏家藏書目》著錄。

○朱議汴（1609—1676）　字天中，號卜初。寧獻王朱權九世孫，樂安莊靖王裔。明崇禎十六年進士，官行人。甲申棄官，挈家徙奉新奉化鄉，後又遷城東。

　　郵河遮說一卷

　　得未閣文集

○朱統錫（1600—1668）　字運之，號風伯，別號蓬萊。封輔國中尉。郡廩生。

　　試草

　　　【按】據《盱眙朱氏八支宗譜》錄。

○**朱議霶**（1618—1678）　即林時益。字確齋。寧獻王朱權九世孫，統鐼子。封鎮國中尉。崇禎十年進士。明亡變姓名，與彭躬庵至寧都，與魏禧兄弟等結易堂講學，稱"易堂九子"。後卜居冠石，傭田而耕，種茶賣茶，如是者三十年。

  朱中尉詩集（一作冠石詩集）五卷

    豫章叢書（胡思敬輯）本 / 存

    【按】此本編爲《豫章叢書》"明季六遺老集"之一，附魏元曠校勘記一卷，胡思敬校勘續記一卷。

  確齋文集

  林確齋文鈔一卷本 / 存

    清道光刻易堂九子文鈔本 / 存

    【按】此本爲寧都彭玉雯所編。

  寧都三魏全集八十三卷 [編]

    清康熙二十九年易堂刻本 / 存

    清道光二十五年絾園書屋重刻本 / 存

    四庫禁毁書叢刊本 / 存

    【按】康熙本稱"易堂藏版"，近原刻。道光重刻本有删削，稱"易堂原版"。《四庫禁毁書叢刊》集部收道光本。此書爲林時益所輯寧都魏祥、魏禧、魏禮詩文集計五十九卷；并附魏氏興士、昭士、敬士文集二十四卷。

○**朱容重**（1620—1697）　譜名議淛，字子莊，號冰壺、槎石。寧王朱權九世孫。石城王支。封奉國中尉。國變後隱南昌蓼洲。爲八大山人姪輩。精書畫，善蘭竹小品。其畫名初在八大山人之上。

  初吟草（一名朱子莊詩）

    【按】清乾隆《南昌縣志·方伎》有徐世溥《朱子莊詩序》稱"讀朱子莊詩，未嘗不如脱濘淖就坦途也"。其存世畫作有《竹石海棠圖》藏臺北博物院。北京故宫博物院藏有其《松泉圖扇》等。

〇劉丁（1621—1692）　字先庚，號惺嵐。爲諸生五十年。以孫吳龍貴。

　　歷代典略

　　家居便覽

　　　【按】據《碑傳集》卷一三八録。

　　正學粹言

　　惺嵐逸草

　　　清刻本

　　　【按】民國《南昌縣志》著録稱"《逸草》詩數十首，其孫吳龍序刻於京師"。《南昌文徵》卷十有劉吳龍《惺嵐遺草序》云："辛亥春，叔啟儀自鄉里來京師，因行篋中手録詩數十首，則先王父遺作也。嗚呼，先王父歿四十餘年矣，其生平撰著脱稿後從游諸子即轉相傳録，以故多散佚人間，藏於家者十不得四五。素貧薄，未能剞劂行世。今此數十篇，以散佚中之一鱗片甲也。幸敬付梓人，聊以伸僾見愾。"據録。道光《南昌縣志》著録"有邑人劉吳龍《惺嵐逸草序》"。稱"邑人"者，未知吳龍爲其孫也。

〇朱多㷿　寧王朱權六世孫。

　　古今錢譜一卷

　　　【按】據《清史稿·藝文志》史部金石類録。

〇朱中楣（1622—1672）　原名儀則，字遠山，寧王朱權十世女孫。瑞昌王支，朱議汶女。嫁少司馬李元鼎。

　　隨草二卷

　　　清順治刻本 / 存

　　　【按】楊家駱編《歷代婦女著作考》（1973年臺灣鼎文書局出版，下同），有順治丙申李鍇序、傅振錦《石園倡隨集序》、順治甲午李元鼎《隨草小引》。

隨草續編詩餘

清刻本 / 存

【按】據楊家駱編《歷代婦女著作考》著錄。

亦園嗣響一卷

【按】據楊家駱編《歷代婦女著作考》著錄。

石園隨筆二卷

清順治刻本 / 存

【按】楊家駱編《歷代婦女著作考》卷八著錄。並引《宮閨氏籍藝文考略》："《神釋堂脞語》云，'按夫人近體時有勝句。五言七言皆有秀拔之氣'。《國學圖書館現存書目》藏有《石園隨草》二卷，《續編》一卷。原刊本。"

文江唱和集二卷

清刻本

【按】楊家駱編《歷代婦女著作考》卷八據《江西通志》《然脂集》著錄云："此爲夫婦唱和之作。"《江西歷代編著人物傳略》著錄有《文彙集》，不見於他處，疑是《文江唱和集》之誤，不別錄。

石園唱和集

【按】《西江詩話》卷十二云："有《唱和》《隨草》諸集，虞山錢牧齋 序之行世。"又楊家駱編《歷代婦女著作考》卷八據《衆香詞》著錄"石園唱和集"。

鏡閣新聲一卷

清道光二十四年刻國朝閨閣詩抄本 / 存

清光緒二十二年南陵徐乃昌刻本 / 存

【按】楊家駱編《歷代婦女著作考》卷八著錄云："是書列入《小檀欒室匯刻閨秀詞》第一集。"

〇朱道朗（1622？—1688？） 字良月。號涵虛玄裔、破雲樵者。寧王朱權後裔，石城王系。爲南昌淨明派道士。曾於西山洪崖下築室養親，往來南昌，施藥於市。與馬道常等創建青雲譜並住持。

青雲譜志略 [修]

　　清康熙二十年刻本 / 存

　　民國九年徐云巖巖重刻本 / 存

　　【按】康熙六年朱道朗主持修青雲譜道院成，修《青雲譜志略》，弟子沈兆奎纂。卷首有黎元寬《青雲譜志略序》。民國重刻本署延壽居士訂。

○朱耷（1626—1705）　名統𨨗，號彭祖。別號八大山人。寧獻王朱權八世孫，弋陽王支，多炡孫，封輔國中尉。幼攻書畫。早年隱居南昌西山。國變後遁奉新山，二十三歲在耕香院剃度爲僧。二十八歲於進賢介岡燈社正式皈依弘敏禪師，法名傳綮，又名法堀，字刃庵，號雪個、個山驢、驢屋驢等。往來南昌奉新間。中年曾得狂疾，後痊癒，與時流饒宇朴、熊一瀟、裘璉、丁宏誨、蔡秉公、方世琯等交密。一生大量寫作書畫，並售以爲生。晚居南昌寤歌草堂。

傳綮寫生冊

　　清順治十五年稿本 / 存

　　八大山人全集本 / 存

　　【按】紙本墨筆或設色。十五開。稿本藏臺北故宮博物院。關於八大山人生平，因黃竹園畫《個山小像》饒宇樸題識，稱其爲貞吉（朱多炡）四世孫，"四世"二字有刪除跡，不排除後人所刪。故是否朱氏世系統字輩有爭議。八大平生作書畫作品極多，今存世千幅以上，大多以單幅傳世。至今無全部作品準確著錄。本志錄所知已結集成冊者。凡單幅、頁、軸、卷等不錄。此錄"八大山人全集本"爲江西美術出版社二〇〇〇年出版之五卷本。下同。

花卉冊

　　稿本 / 存

八大山人全集本／存

　　【按】紙本墨筆。原十開。稿本藏上海博物館。

行書詩冊

　　稿本／存

　　八大山人全集本／存

　　【按】紙本墨筆。原十開。《八大山人全集》影印其中九開。稿本藏天津文物公司。

個山雜畫冊

　　稿本／存

　　八大山人全集本／存

　　【按】紙本墨筆。原十二開。《八大山人全集》影印其中九開。稿本爲新加坡陳少明、陳佳恬、陳佳凝藏。

雜畫冊

　　清康熙二十三年稿本／存

　　八大山人全集本／存

　　【按】紙本墨筆。六開。稿本藏北京故宮博物院。

雜畫冊

　　稿本／存

　　八大山人全集本／存

　　【按】紙本墨筆。十四開。稿本藏北京故宮博物院。

草書盧鴻詩冊

　　清康熙二十五年稿本／存

　　八大山人全集本／存

　　【按】紙本墨筆。三十八開。稿本藏北京故宮博物院。

爲鏡秋詩書冊

　　清康熙二十七年稿本／存

　　八大山人全集本／存

【按】紙本墨筆。十六開。稿本藏江蘇省無錫市博物館。

詩畫冊

　　稿本／存

　　八大山人全集影印本／存

　　【按】紙本墨筆。二開。稿本藏安徽省博物館。

瓜果草蟲冊

　　稿本／存

　　八大山人全集本／存

　　【按】紙本墨筆。二開。稿本藏浙江省圖書館。

花鳥冊

　　稿本／存

　　八大山人全集本／存

　　【按】紙本墨筆。五開。稿本爲唐雲舊藏。

墨筆雜畫冊

　　稿本／存

　　八大山人全集本／存

　　【按】紙本墨筆。十開。稿本藏北京故宮博物院。

雙鸚詩畫冊

　　稿本／存

　　八大山人全集本／存

　　【按】紙本墨筆。二開。稿本藏貴州省博物館。

行書千字帖冊

　　清康熙三十一年稿本

　　八大山人全集本／存

　　【按】紙本墨筆。十六開。稿本藏北京榮寶齋。

手劄冊

　　稿本／存

八大山人全集本 / 存

【按】紙本墨筆。十二開。稿本藏上海圖書館。

書畫冊

清康熙三十二年稿本 / 存

八大山人全集本 / 存

【按】紙本墨筆。十二開。稿本藏上海博物館。

石鼓文篆楷書冊

清康熙三十三年稿本 / 存

八大山人全集本 / 存

【按】紙本墨筆。十四開。稿本藏南京博物院。

山水花鳥冊

清康熙三十三年稿本 / 存

八大山人全集本 / 存

【按】紙本墨筆。八開。稿本藏上海博物館。

安晚冊

清康熙三十三年稿本 / 存

八大山人全集影印本 / 存

【按】紙本墨筆或設色。二十二開。稿本藏日本泉屋博物館。

書畫冊

稿本 / 存

八大山人全集本 / 存

【按】紙本墨筆。二十開。稿本爲杭州西泠印社藏。

雜畫冊

清康熙三十四年稿本 / 存

八大山人全集本 / 存

【按】紙本墨筆。十二開。稿本爲蘇州靈巖山寺藏。

山水花果冊

　稿本 / 存

　八大山人全集影印本 / 存

　【按】紙本墨筆。十開。稿本爲南京博物院藏。

書畫合璧冊

　稿本 / 存

　八大山人全集本 / 存

　【按】紙本墨筆。五開。稿本爲上海博物館藏。

花果冊

　清康熙三十六年稿本 / 存

　八大山人全集本 / 存

　【按】紙本設色。六開。稿本爲上海博物館藏。

山水魚鳥冊

　稿本 / 存

　八大山人全集本 / 存

　【按】紙本墨筆。八開。稿本爲蘇州靈巖山寺藏。

山水冊

　清康熙四十四年稿本 / 存

　八大山人全集本 / 存

　【按】紙本墨筆。四開。稿本爲安徽博物館藏。

行書手劄

　稿本 / 存

　八大山人全集本 / 存

　【按】紙本墨筆。四開。稿本爲瀋陽故宫博物院藏。

書畫冊

　稿本 / 存

八大山人全集本 / 存

【按】紙本墨筆。十一開。稿本爲南京博物院藏。

書畫冊

清康熙四十一年稿本 / 存

八大山人全集本 / 存

【按】紙本設色。十二開。稿本上海博物館藏。

山水冊

清康熙四十一年稿本 / 存

八大山人全集本 / 存

【按】紙本設色。十開。稿本爲北京博物館藏。

行書臨藝韞帖冊

清康熙四十一年稿本 / 存

八大山人全集本 / 存

【按】紙本設色。三開。稿本爲北京歷史博物館藏。

山水詩畫冊

稿本 / 存

八大山人全集本 / 存

【按】紙本墨筆。二開。稿本爲唐雲藝術館藏。

書畫合璧冊

稿本 / 存

八大山人全集本 / 存

【按】紙本墨筆。二開。稿本爲上海博物館藏。

花鳥冊

清康熙四十四年稿本 / 存

八大山人全集本 / 存

【按】絹本墨筆。二開。稿本爲上海博物館藏。

書畫冊

　　稿本 / 存

　　八大山人全集本 / 存

　　【按】紙本墨筆。十二開。稿本爲唐雲舊藏。

荷花冊

　　稿本 / 存

　　八大山人全集影印本 / 存

　　【按】紙本墨筆。八開。稿本爲美國王方宇藏。

梅花圖冊

　　清康熙十六年稿本 / 存

　　八大山人全集印本 / 存

　　【按】紙本墨筆。原九開。《八大山人全集》影印其中四開。稿本爲北京故宮博物院藏。

個山人物花卉冊

　　稿本 / 存

　　八大山人全集影印本 / 存

　　【按】紙本墨筆。十一開。稿本爲美國普林斯頓大學美術館藏。

雜畫冊

　　清康熙二十二年稿本 / 存

　　八大山人全集本 / 存

　　【按】紙本墨筆。原十開。《八大山人全集》影印其中八開。稿本爲日本金岡酉三藏。

行楷黃庭內景經冊

　　清康熙二十三年稿本 / 存

　　八大山人全集本 / 存

　　【按】紙本墨筆。原十二開。《八大山人全集》影印其中四開。稿本爲美國王方宇藏。

行楷黃庭外景經冊

 稿本 / 存

 八大山人全集本 / 存

 【按】紙本墨筆。十三開。稿本爲美國王方宇藏。

花鳥冊

 稿本 / 存

 八大山人全集本 / 存

 【按】紙本墨筆。十一開。稿本爲美國弗利爾美術館藏。

竹荷魚詩畫冊

 清康熙二十八年稿本 / 存

 八大山人全集本 / 存

 【按】紙本墨筆或設色。四開。稿本爲美國王方宇藏。

題丁雲鵬十六應真圖冊

 清康熙二十八年稿本 / 存

 八大山人全集本 / 存

 【按】絹本墨筆。原十六開。《八大山人全集》影印其中八開。稿本藏地不詳。

八大山人工筆應真渡海圖一卷

 民國間影印本 / 存

 【按】版本及其與《題丁雲鵬十六應真圖冊》關係待考。

雜畫冊

 清康熙二十九年稿本 / 存

 八大山人全集本 / 存

 【按】紙本墨筆或設色。四開。稿本爲美國王方宇藏。

雙鳥圖冊

 稿本 / 存

 八大山人全集本 / 存

【按】紙本墨筆。二開。稿本爲瑞典斯德哥爾摩博物館藏。

雜畫冊

　　稿本 / 存

　　八大山人全集本 / 存

　　【按】紙本墨筆。八開。稿本爲北京榮寶齋藏。

花果鳥蟲冊

　　清康熙三十一年稿本 / 存

　　八大山人全集本 / 存

　　【按】紙本墨筆。八開。稿本爲美國王方宇舊藏。

致方士琯手劄冊

　　稿本 / 存

　　八大山人全集本 / 存

　　【按】紙本墨筆。十三開。稿本爲北京歷史博物館藏。

墨筆雜畫冊

　　稿本 / 存

　　八大山人全集本 / 存

　　【按】紙本墨筆。八開。稿本爲美國普林斯頓大學美術館藏。

山水冊

　　稿本 / 存

　　八大山人全集本 / 存

　　【按】紙本墨筆。二開。稿本爲美國弗利爾美術館藏。

書畫冊

　　清康熙三十五年稿本 / 存

　　八大山人全集本 / 存

　　【按】紙本墨筆。九開。稿本爲美國王方宇藏。

天光雲景圖冊

　　稿本 / 存

八大山人全集本 / 存

【按】紙本墨筆。十一開。稿本爲美國王方宇藏。

撫董思翁臨古冊

稿本 / 存

八大山人全集本 / 存

【按】紙本墨筆。六開。稿本爲美國王方宇藏。

仿古書畫合璧冊

稿本 / 存

八大山人全集影印本 / 存

【按】紙本設色。四開。稿本爲高邕舊藏。

行楷書法冊

清康熙三十六年稿本 / 存

八大山人全集本 / 存

【按】紙本墨筆。七開。稿本爲美國王方宇舊藏。

山水圖冊

清康熙三十六年稿本 / 存

八大山人全集本 / 存

【按】紙本設色。十二開。稿本爲何光耀藏。

花鳥冊

清康熙三十八年稿本 / 存

八大山人全集影印本 / 存

【按】紙本墨筆。十二開。稿本爲美國王方宇藏。

渴筆山水冊

清康熙三十八年稿本 / 存

八大山人全集本 / 存

【按】紙本墨筆。十二開。稿本爲美國紐約大都會藝術博物館藏。

臨興福寺半截碑冊

清康熙三十八年稿本 / 存

八大山人全集本 / 存

【按】紙本墨筆。二十開。稿本爲美國王方宇舊藏。

書畫合璧冊

清康熙三十八年稿本 / 存

八大山人全集本 / 存

【按】紙本墨筆。八開。稿本藏者不詳。

蘭亭詩畫冊

清康熙三十八年稿本 / 存

八大山人全集本 / 存

【按】紙本墨筆。十八開。稿本爲美國顧洛阜藏。

行草白居易詩冊

清康熙三十九年稿本 / 存

八大山人全集本 / 存

【按】紙本墨筆。三開。稿本爲美國王方宇舊藏。

花鳥山水冊

稿本 / 存

八大山人全集本 / 存

【按】紙本墨筆。十開。稿本爲大風堂舊藏。

花果冊

稿本 / 存

八大山人全集本 / 存

【按】紙本墨筆。四開。稿本藏地不詳。

臨古詩帖冊

清康熙四十一年稿本 / 存

八大山人全集影印本 / 存

【按】紙本墨筆。十四開。稿本爲美國翁萬戈藏。

書畫冊

　　稿本 / 存

　　八大山人全集本 / 存

　　【按】紙本墨筆。二開。稿本爲美國王方宇舊藏。

書畫合璧冊

　　稿本 / 存

　　八大山人全集本 / 存

　　【按】紙本墨筆。八開。稿本藏地不詳。

山水冊

　　稿本 / 存

　　八大山人全集本 / 存

　　【按】絹本墨筆或設色。八開。稿本爲美國火奴魯魯博物館藏。

臨黃道周尺牘

　　稿本 / 存

　　八大山人全集本 / 存

　　【按】絹本墨筆。二開。稿本爲美國王方宇藏。

題羅牧山水冊

　　稿本 / 存

　　八大山人全集本 / 存

　　【按】紙本墨筆。二開。稿本爲美國三藩市遠東藝術公司藏。

山水冊

　　稿本 / 存

　　八大山人全集本 / 存

　　【按】紙本墨筆。十二開。《八大山人全集》影印其中八開。稿本藏地不詳。

雜畫冊

　　清康熙四十二年稿本 / 存

　　八大山人全集本 / 存

　　【按】紙本墨筆。原十二開，《八大山人全集》影印其中八開。稿本爲日本山口良夫藏。

手劄十通冊

　　稿本 / 存

　　八大山人全集本 / 存

　　【按】紙本墨筆。十開。稿本爲美國紐約大都會博物館藏。

書畫合裝冊

　　清康熙三十八年稿本 / 存

　　八大山人全集本 / 存

　　【按】紙本墨筆或設色。十六開。稿本爲上海博物館藏。

山水魚鳥冊

　　稿本 / 存

　　八大山人全集本 / 存

　　【按】紙本墨筆或設色。八開。稿本爲蘇州靈岩寺藏。

雜卉冊

　　稿本 / 存

　　【按】紙本墨筆。八開。北京清華大學美術館藏。據《八大山人全集·存世作品目》著錄。

書畫合璧冊

　　稿本 / 存

　　【按】紙本墨筆。八開。《八大山人全集·存世作品目》據日本東京堂出版社《八大山人書畫集》著錄。

書畫冊

稿本 / 存

【按】紙本墨筆。三開。《八大山人全集·存世作品目》據日本《國華》第 724 號著錄。

雜畫冊

清康熙三十七年稿本 / 存

【按】。紙本墨筆。十二開（一作十六開）。《八大山人全集》據《夢園書畫錄》著錄。

書畫同源冊

康熙三十二年稿本 / 存

【按】紙本墨筆。八開（一作十六開）。《八大山人全集·存世作品目》據汪子豆《八大山人書畫集》著錄。

信劄冊

稿本 / 存

【按】據《八大山人字典》錄。

題丁香花圖冊

稿本 / 存

【按】據《八大山人字典》錄。

題八大人覺經冊

清康熙三十一年稿本 / 存

尺牘冊

稿本 / 存

【按】據《八大山人字典》錄。

李夢陽詩扇冊

稿本 / 存

【按】據《八大山人字典》錄。

文語冊

清康熙三十二年稿本 / 存

【按】據《八大山人字典》錄。

臨雁塔聖教序冊

康熙三十二年稿本 / 存

【按】據《八大山人字典》錄。

臨石鼓文冊

清康熙三十三年稿本 / 存

【按】據《八大山人字典》錄。

白居易詩冊

清康熙三十九年稿本 / 存

【按】據《八大山人字典》錄。

臨藝韞多材帖冊

清康熙四十一年稿本 / 存

【按】據《八大山人字典》錄。

臨古詩帖冊

清康熙四十一年稿本 / 存

【按】據《八大山人字典》錄。

五言律詩扇冊

稿本 / 存

【按】據《八大山人字典》錄。

臨古法帖冊

稿本 / 存

【按】據《八大山人字典》錄。

東坡修丹贊冊

康熙四十四年稿本 / 存

【按】據《八大山人字典》錄。

八大山人書畫真跡

民國十二年杭州西泠印社印本／存

八大山人書畫集

民國十八年上海生生美術社印本／存

八大山人書畫集

一九六九年香港開發公司張萬里胡人牧編

泰山藏石樓藏畫第二集八大山人書畫專集

民國十八年杭州西泠印社印本／存

八大山人畫集

上海人民美術出版社一九五八年邵洛羊編／存

八大山人山水冊

民國二十三年上海商務印書館玻璃版印本／存

八大山人書畫扇集

民國二十四年上海商務印書館印本／存

八大山人石濤上人畫合冊

民國上海有正書局影印本／存

八大山人畫撰

民國二十九年東京聚樂社印本／存

八大山人揚州八怪集

一九七五年東京講談社影印本／存

人文畫粹編八大山人專集

一九七七年東京中央公論社編印本／存

大風堂名跡

一九五五年日本京都便利堂印本／存

【按】張大千編。

八大山人書畫集

一九八三年江西人民出版社印本／存

【按】汪子豆編。

八大山人石濤書畫集

一九八四年臺北歷史博物館印本

文人畫粹編之八大山人

日本昭和六十一年中央公論社印本

【按】司馬遼太郎、吳同編。

八大山人詩抄

一九八六年江西人民出版社印本／存

【按】汪子豆編。

八大山人法書集（一）（二）

一九九七年北京文物出版社印本／存

【按】美國王方宇編。

八大山人全集五卷

二〇〇〇年江西美術出版社印本／存

【按】據存本錄。王朝聞主編。1－4卷收八大山人存世書畫印鑒等計三百餘件，作品千餘幅，另存目數百種。第五卷輯近四十年來海內外研究論文三十多篇。爲至今收錄八大山人作品最多的印本。

中國歷代書畫名家經典大系——八大山人二卷

二〇〇九年江西美術出版社有限責任公司編印本／存

【按】楊建峰編。

八大山人畫集

二〇〇三年北京榮寶齋編印本／存

八大山人書法集

二〇〇五年北京工藝美術出版社編印本／存

啟功所藏八大山人書法帖

二〇〇四年河北教育出版社印本／存

八大山人精品選第一第二集

　　一九八三年人民美術出版社印本／存

　　【按】汪子豆編。

八大山人精品選

　　二〇〇二年江西美術出版社編印本／存

　　【按】含花鳥、山水、書法各二冊信劄一冊。

八大山人作品局部經典

　　二〇〇五年江西美術出版社印本／存

　　【按】何鴻編。含動物、花草、樹石各二冊

精品畫片系列——八大山人書畫合璧冊

　　二〇〇九年江西美術出版社編印本／存

八大山人水木清華圖冊

　　二〇〇九年江西美術出版社編印本／存

八大山人畫集

　　江西人民美術出版社一九八五年印本／存

　　【按】收作品二百余幅，李苦禪序。

八大山人翰墨集

　　知識出版社一九九〇年印本／存

　　【按】叢林編。

八大山人書畫集

　　香港開發公司一九六九年印本

註：此書目據姚品文《南昌縣藝文志》稿摘錄。體例從新編《江西省大志·南昌藝文志》稿。引用書目及版本詳情俱見該稿，此從略。

圖片資料

內蒙寧城明寧王府遺址

內蒙寧城原寧王府遺址（當地人今稱"紫禁城"）一角
李義供稿

"紫禁城"（原寧王府）西北角遠景　李義供稿

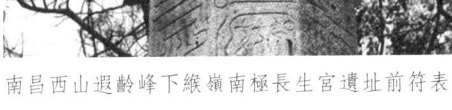

南昌西山逍齡峰下綏嶺南極長生宮遺址前符表

朱權製漢銅雀瓦硯（原件今藏臺灣省博物館）

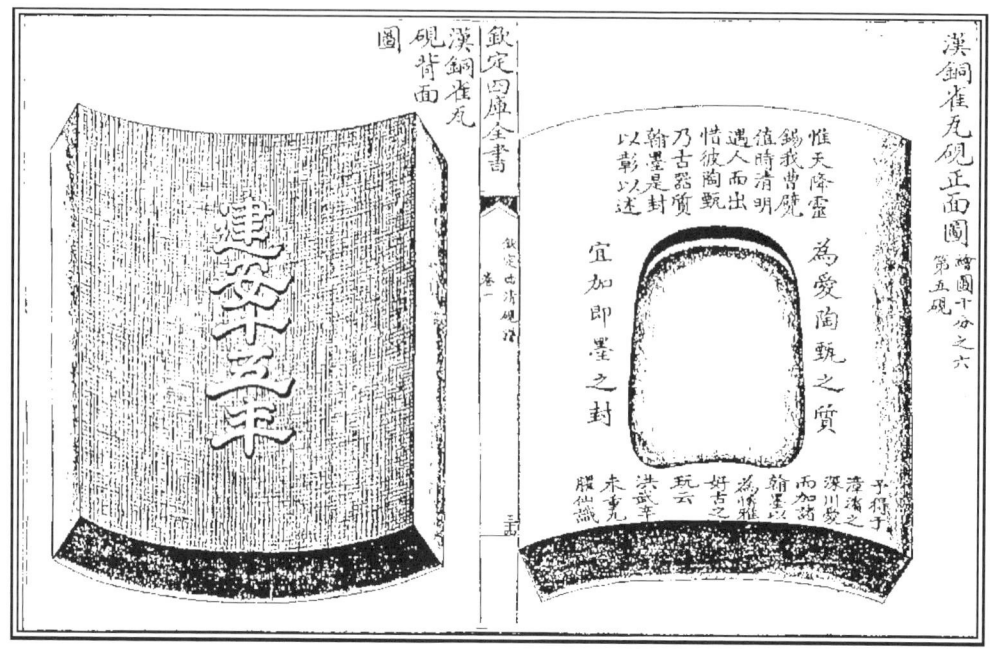

瓦硯正面圖

《四庫全書·欽定西清硯譜》卷一 第五圖

銘：惟天降靈，錫我曹甓。值時清明，遇人而出。惜彼陶甄，乃古器質。翰墨是封，以彰以述。

墨池聯：爲愛陶甄之質，宜加即墨之封。

墨池下方朱權識語：予得於漳濱之深川，愛而加諸翰墨，以爲博雅好古之玩云。洪武辛未重九臞仙識。

漢銅雀瓦硯上方側面圖

靜爲用復泰爲貞，淨几文房永伴清。

毛舉不須説毛穎，陶成原得號陶泓。

鄴臺一旦辭榱棟，漳野多年埋棘荊。

可惜建安空紀歲，爾時覰覷早深萌。

（署：乾隆己丑御題）

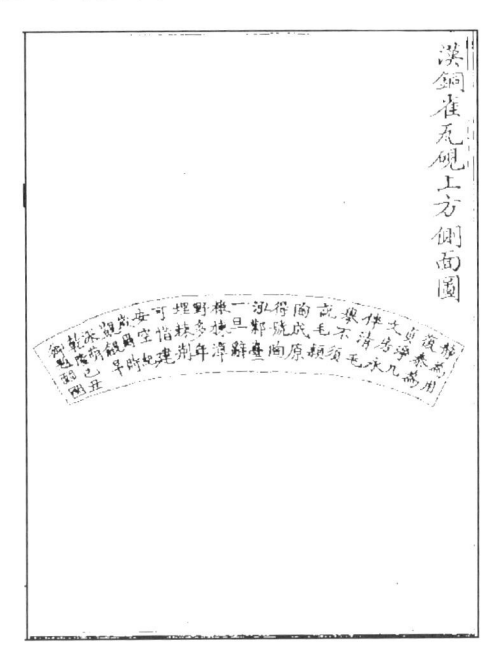

題漢銅雀瓦硯

附：《四庫全書·欽定西清硯譜》第五圖"漢銅雀瓦硯說"

　　硯高八寸一分，寬五寸八分，厚一寸。色黝而澤，考高似孫硯。笈稱銅雀瓦澄胡桃油埏與眾瓦異，此硯彷彿似之。受墨處橢圓，三寸許。墨池深四分。硯首鐫銘三十二字，篆書，無欵。左右鐫爲"爲愛陶甄之質，宜加即墨之封"十二字。行書。下方鐫識語二十三字，並"洪武辛未重九朧仙識"九字，皆行書。上方側鐫御題詩一首，隸書。鈐寶二曰"古香"，曰"太樸"。匣蓋並鐫是詩，亦隸書。鈐寶二曰"乾隆"。硯背有葛麻紋。正中印"建安十五年"五字，隸書。考辛未爲明洪武二十四年。朧仙，明寧王權自號。洪武第十七子，即於是年封。好與文士往還。此研或曾經珍玩云。

朱權製懸崖飛瀑琴

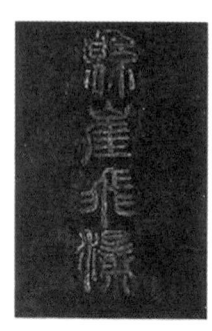

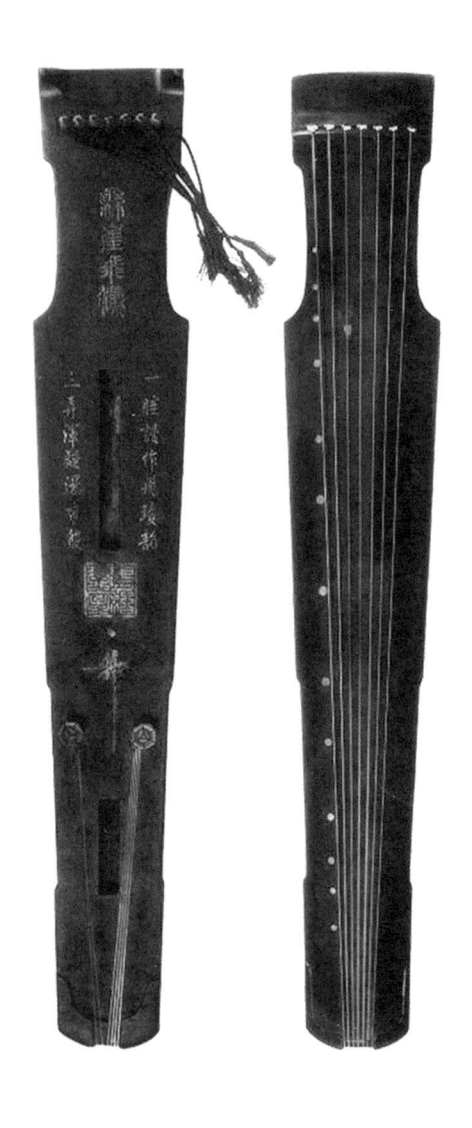

懸崖飛瀑琴，琴體修美，肩在三徽，仲尼式，原栗殼色漆，面經磨修，蛇腹斷隱約可見，底密冰紋斷，餘局部重髹黑漆外，餘仍維持原貌，長方形龍池鳳沼，池上用金漆寫有隸書「懸崖飛瀑」四字，兩側分別寫有「一腔譩作龍瓊韻」、「三弄渾疑瀑布聲」。池下金「中和」陽文大方印，下寫明寧藩朱權花押。池內納音突出，墨書腹款模糊清通長一一五、隱間一〇六、肩寬一八·四、尾寬一三、厚四·九釐米。

（沈興順　藏）

朱權手製飛瀑連珠琴（一）

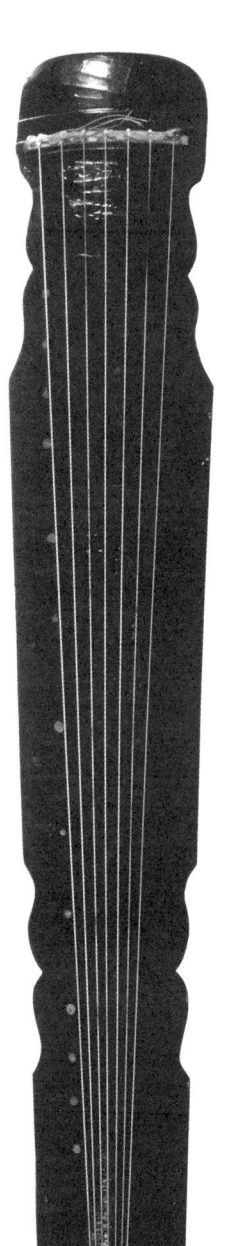

（顧澤長收藏）

朱權手製飛瀑連珠琴（二）

是琴飛瀑連珠式，琴面大漆鬆飾，大漆下為朱砂紅漆，再下為純金研磨，製成底漆漆灰，其上散布細密的「小流水斷」間「梅花斷」，金徽玉足。此琴落款「雲庵道人」，「雲庵道人」即是明寧獻王朱權的別號，此琴應是朱權晚年於南昌所製。是歷史上有所記載的曠世寶琴飛瀑連珠，被稱為明代第一琴。

圖片資料

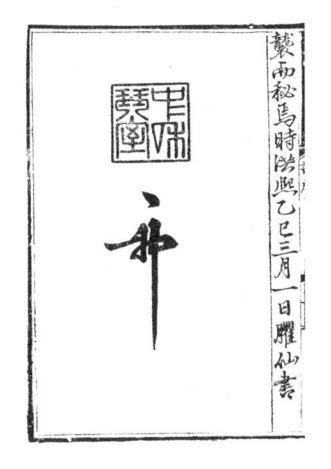

神奇秘譜序尾　　　　　　　神奇秘譜序　朱權書

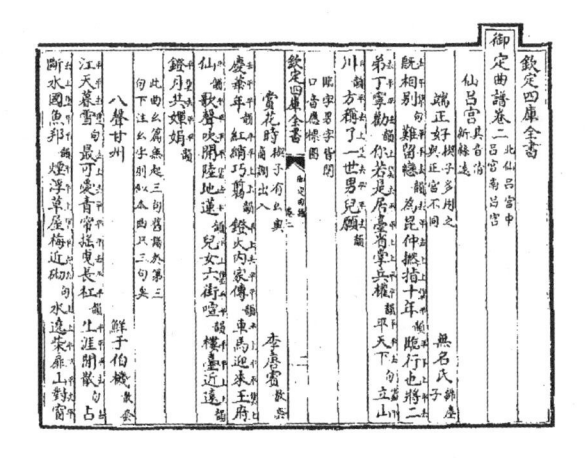

《四庫全書》收康熙《御定曲譜》（《太和正音譜》版本之一）

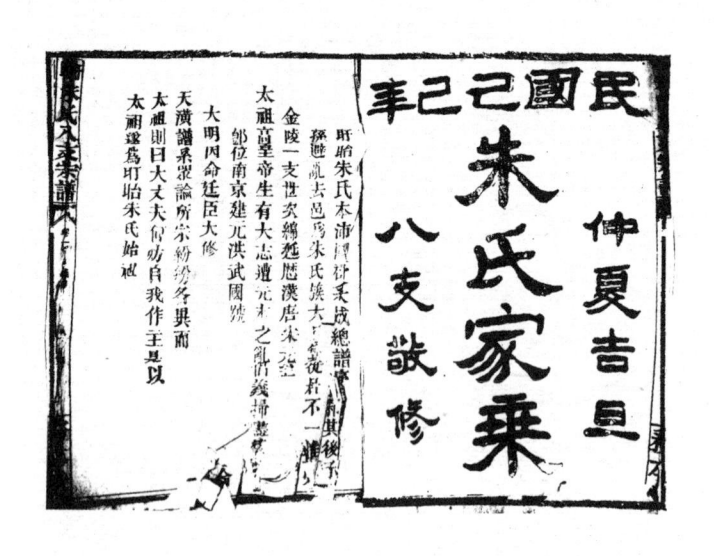

寧獻王朱氏族譜 書影
（八大山人紀念館藏）

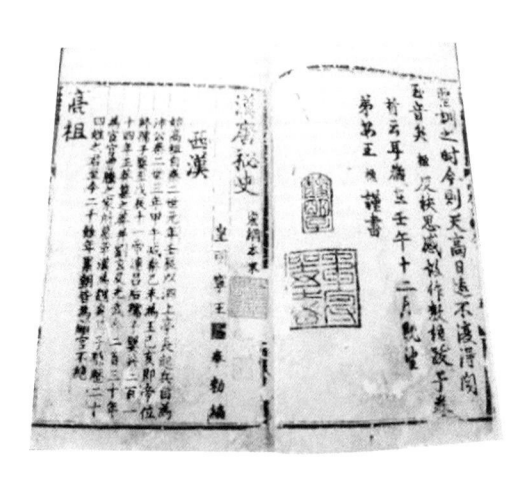

《漢唐秘史》卷端 中國人民大學圖書館古籍特藏部／供圖

附錄 當代朱權研究著作目錄 二〇一六年前

【一】專著

寧王朱權及其庚辛玉冊　何丙郁、趙令揚　香港大學中文系　澳洲格里斐大學 1983 年

朱權研究　姚品文著　江西高教出版社 1993 年

寧王朱權　姚品文著　藝術與人文科學出版社 2001 年

神奇秘譜樂詮　吳文光釋譜　上海音樂出版社 2008 年

太和正音譜箋評　朱權著　姚品文點校箋評　洛地審定　中華書局 2010 年

王者與學者——寧王朱權的一生　姚品文著　中華書局 2013 年

活人心法　朱權編　傅先軍、王全利、范磊、郭瑞華、李學博校註　中國中醫藥出版社 2015 年

朱權醫學全書　朱權著　葉明花、蔣力生編纂　中醫古籍出版社 2015 年

朱權醫學全書　朱權著　葉明花、蔣力生編纂　中醫古籍出版社 2016 年

朱權醫藥養生研究　葉明花著　中醫古籍出版社 2016 年

註：分類以下大體按出版時間先後排列。下同。

【二】學術論文

一、朱權生平研究

朱權評傳　夏寫時　《戲劇藝術》1988 年 1 期

寧王朱權的行次　范沛濰　《史學月刊》1990 年 1 期

《寧王朱權》補說　姚品文　《戲史辨》第三輯 2001 年

明代藩王室名考　曹之　《圖書情報論壇》2002 年 1 期

①發掘歷史文化的內涵——讀姚品文先生新著《寧王朱權》　周興發　《農林經濟管理學報》2002 年 1 期

②文獻學與文藝學的並舉——評姚品文《寧王朱權》 孫書磊 臺灣《書目季刊》2003年38卷4期

朱權事蹟及寧王家族統治 程明、劉茜 《南方文物》2003年3期

學者朱權——紀念朱權誕辰630周年逝世560周年 姚品文 《江西師大學報》2008年5期

寧王朱權著述考 葉明花、蔣力生 《江西中醫學院學報》2009年5期

寧王朱權著作分類述錄 葉明花、蔣力生 《江西中醫學院學報》2009年6期

歸隱的王者 鄧濤 《創作評譚》2012年4期

③近二十年寧王朱權研究綜述 鄧永勝 《文史月刊》2012年12期

④寧獻王朱權——八大山人的家學淵源 姚品文 《八大山人研究》2013年癸巳

⑤讀《王者與學者——寧王朱權的一生》 朱安群 《書品》2013年4期

⑥學界獨步 歷久彌堅——評姚品文先生的朱權研究 孫書磊 《南大戲劇論叢》第十卷2015年2期

寧獻王朱權——八大山人的家學淵源 姚品文 《八大山人研究》2013年癸巳冬卷

湯顯祖與寧王朱權後裔 姚品文 《文化遺產》（中山大學學報）2016年6期。

二、朱權史學研究

朱權的兩部史書——《通鑒博論》與《漢唐秘史》 林桂如 《書目季刊》2012年3期

明代刻書傑作《漢唐秘史》 方學堯 《中國社會科學報》2013年3月

從《通鑒博論》看"朱棣爲元順帝之子"傳說的故事原型 楊永康 《明史研究》2013年

《原始秘書》研究 王豔雯 《上海師範大學》2015年

三、朱權戲曲學及《太和正音譜》研究

淺談《太和正音譜》 潘樟琳 《麗水師專學報（社會科學版）》1982年2期

朱權的《太和正音譜》 彭飛、朱建明 《藝譚》1984年1期

談《太和正音譜》 魯虹 《戲劇文學》1986年5期

朱權的戲曲風格論 游友基 《報刊資料選匯（戲曲研究）》1986年7期

《太和正音譜》曲論部分與曲譜非作於同時 黃文實 《文學遺產》1989年6期

《太和正音譜》著作年代疑 洛地 《江西社會科學》1989年2期

朱權的人生道路和戲劇理論 黃仕忠 《藝術百家》1989年4期

論元雜劇的分類研究 趙山林 《河北學刊》1990年5期

《太和正音譜》成書考論 周維培 《南京大學學報（哲學·人文科學·社會科學版）》1990年4期

論《瓊林雅韻》的性質 張竹梅 《陝西師大學報（哲學社會科學版）》1992年4期

《太和正音譜》及其裔派北曲譜 周維培 《藝術百家》1993年1期

朱權"群英樂府格勢"得失論 姚品文 《江西師大學報》1993年4期

《太和正音譜》的寫作年代及"洪武刻本"問題 姚品文 《文學遺產》1994年1期

讀《明代文學批評史·朱權和太和正音譜》 姚品文 《文學遺產》1995年5期

朱權《太和正音譜》淺探 劉蔭柏 《河北師範大學學報（哲學社會科學版）》1997年3期

朱權的自我意識及其戲曲學貢獻 姚品文 《戲史辨》第一輯1999年

論朱權的戲曲創作與理論貢獻 朱萬曙 《安徽大學學報》2000年4期

審視《太和正音譜》在曲體史上的作用 姚品文 《戲史辨》第二輯2001年

引戲非戲劇角色辨——兼談竹竿子與副末開場　宋俊華、王開桃　《戲曲藝術》2003 年 3 期

朱權及其劇作論考　劉蔭柏　《中華戲曲》2003 年 2 期

明代曲壇上的三位親王　山人　《閱讀與寫作》2004 年 2 期

《太和正音譜》成書年份及兩個相關問題　馮燕群　《四川戲劇》2006 年 2 期

《太和正音譜》北曲譜考察——兼論周德清"入派三聲"問題　施向東、高航　《南開語言學刊》2006 年 2 期

明代四位散曲家補正　劉英波　《西華大學學報（哲學社會科學版）》2007 年 1 期

《太和正音譜》中"樂府"一詞含義辨析　閔永軍　《世紀橋》2007 年 10 期

朱權的戲劇學體系及其評價　萬偉成　《中央戲劇學院學報》2008 年 4 期

朱權在赤峰大寧故城撰寫《太和正音譜》　鮑音　《內蒙古藝術》2008 年 1 期

繼承與新構：朱權的元曲學貢獻　萬偉成　《戲劇文學》2009 年 4 期

論朱權《太和正音譜》對馬致遠散曲的品評　馬佳麗　《大眾文藝（理論）》2009 年 10 期

繼承與新構：朱權的元曲學貢獻　萬偉成　《戲劇文學》2009 年 4 期

朱權"良家子弟"戲統緒史料鈎沉　敬曉慶　《文化藝術研究》2010 年 4 期

戲曲與古琴的生命互動——論朱權及其"二譜"　徐子方　《文化遺產》2010 年 2 期

朱權《太和正音譜》研究　俞爲民　《浙江藝術職業學院學報》2011 年 2 期

論朱權的曲學觀　閔永軍　《河北理工大學學報（社會科學）》2011 年

11 期

明代皇族散曲家簡論　張進德、張韶聞　《瀋陽師範大學學報（社會科學版）》2011 年 1 期

朱權《太和正音譜》中唱論及其古代歌者史研究　陶晶　武漢音樂學院碩士論文 2012 年

論朱權《瓊林雅韻》之承繼與開新——兼與《中原音韻》相較　任偉榕　《有鳳初鳴年刊》2012 年 8 期

簡論"群英樂府格勢"曲評的得失及審美範疇　閔永軍　《絲綢之路》2013 年 10 期

例淺析朱權的戲曲貢獻　宋海容　《華人時刊旬刊》2013 年 7 期

元雜劇風花雪月科與煙花粉黛科比較研究　吳叢莎　《湖南師範大學學報》2013 年

朱權與《太和正音譜》——兼論《瓊林雅韻》及"南曲韻書"說　王輝斌　《貴州師範學院學報》2013 年 5 期

《太和正音譜》"雜劇十二科"分類特徵　閔永軍　《海南師範大學學報》2014 年 8 期

《太和正音譜》的曲品及曲史研究　宋海容　《重慶師範大學學報》2014 年

從《太和正音譜》看明代雜劇曲譜理論發展　周蔚　《蘭臺世界》2014 年 10 期

從元末明初神仙道化劇看北雜劇體制之新變　劉興利　《四川戲劇》2014 年 4 期

文獻整理的新思路——讀《太和正音譜箋評》　孫書磊　《書品》2014 年 4 期

朱權《太和正音譜》芻議　王介蓉　《絲綢之路》2014 年 18 期

朱權的才藝和對戲曲理論的重大突破　宋洋　《蘭臺世界》2014 年 33 期

朱權及其《太和正音譜》對北曲譜發展傳播的貢獻　魯娜、歐陽磊　《蘭

臺世界》2014 年 11 期

《太和正音譜》音樂史理論疏論　閔永軍　《語文學刊》2015 年 20 期

讀《太和正音譜》淺談元曲教化功能說　韓駿　《科技風》2015 年 10 期

淩刻臞仙本《琵琶記》考述　俞爲民　《藝術百家》2015 年 3 期

明代前期對"元曲四大家"的評選——曲論的形成及特點　杜瑤瑤、張亞東《科學經濟社會》2015 年 3 期

《題橋記》與《私奔相如》之比較：明初雜劇的相如文君故事　陳貞吟　《高雄師大學報（人文與藝術類）》2015 年 38 期

朱權音樂學及其《神奇秘譜》研究

明寧王朱權與中和琴　劉憶　《南京藝術學院學報（音樂與表演版）》1988 年 4 期

我對於《神奇秘譜》的看法　吳兆基　《琴韻》成都出版社 1993 年 3 月

《神奇秘譜》琴曲的調絃法　喻輝　《黃鍾（武漢音樂學院學報）》1994 年 1 期

《神奇秘譜》及其調意淺探　李鳳雲　《音樂探索》2000 年 2 期

《秋鴻》作者並非朱權——附倪瓚詩文所涉琴曲略考　劉恩飛　《琴道》2003 年 7 月

《古琴曲〈秋鴻〉打譜探討》　馬如驥　《南京藝術學院學報（音樂與表演版）》2006 年第 1 期

《〈秋鴻〉年代新證》　嚴曉星　中華書局《書品》2010 年 4 期

故宮藏琴曲《秋鴻》圖譜冊因及宋明琴史的幾個問題（上）　王風　《琴學薈萃：第一屆古琴國際學術研討會論文集》2010 年 12 月

故宮藏琴曲《秋鴻》圖譜冊因及宋明琴史的幾個問題（下）　王風　《琴學薈萃：第二屆古琴國際學術研討會論文集》2011 年 10 月

也說琴曲《秋鴻》的作者　姚品文　中華書局《書品》2011 年第 6 期

琴史存留懸疑問題考證　傅暮蓉　《中國音樂》2011 年 3 期

朱權與琴曲《秋鴻》的關係研究——以譜本比較爲進路　黃鴻文　中國臺灣《關渡音樂學刊》2011 年 15 期

朱權《太古遺音》（《太音大全集》）考辨　姚品文　中華書局《書品》2012 年 3 期

王爺也製琴——明代"四王琴"簡述　李村　《紫禁城》2013 年 10 期

政治失意寄情於音樂：甯獻王朱權的音樂之路　覃乃軍　《蘭臺世界（下旬）》2014 年 9 期

明代寧王朱權的音樂生涯　蓬得芳　《蘭臺世界》2014 年 36 期

明代皇家道士朱權及其音樂理論研究　張澤洪　《黃鍾（武漢音樂學院學報）》2014 年 2 期

古琴樂師朱權折射明代戲曲理論發展　孫偉　《蘭臺世界》2014 年 15 期

論古琴曲《秋鴻》作者　馬如驥　《南京藝術學院學報（音樂與表演）》2015 年 3 期

《廣陵散》譜本問題之相關研究《音樂研究》　彭岩　2016 年 2 期

故宮藏琴曲《秋鴻》圖譜冊考論　黃卉　《江南大學學報（人文社會科學版）》2016 年 3 期

南宋浙派古琴源流並及琴曲《秋鴻》考辨　王風　《琴學存稿——王風古琴論説雜集》2016 年 1 月

再説朱權與琴曲《秋鴻》　姚品文　中華書局《書品》2016 年第三輯

朱權醫藥養生著作研究

博而有統的中醫衛生學專著《臞仙神隱》　華蓓苓　《上海中醫藥雜志》1985 年 12 期

《庚辛玉册》：中國煉丹術在歷史上的最後一部巨著　何丙郁　《自然科

學史研究》2000 年 4 期

朱權神隱養生觀闡論　葉明花、蔣力生　《上海中醫藥雜志》2009 年 4 期

朱權醫藥養生著作考述　葉明花、蔣力生　《江西中醫藥大學學報》2009 年 1 期

寧王朱權著作分類述錄　葉明花、蔣力生　《江西中醫藥大學學報》2009 年 6 期

朱權中和養生觀闡論　葉明花、蔣力生　《中國中醫基礎醫學雜志》2009 年 7 期

朱權刊刻《神應經》考辨　葉明花　《江西中醫學院學報》2010 年 6 期

朱權《庚辛玉冊》考辨　葉明花、蔣力生　《中國道教》2011 年 2 期

《神應經》辨析兼論道教醫學　蕭愛嬌、歐陽鎮　《中醫藥通報》2013 年 5 期

《乾坤生意》與《乾坤生意秘韞》關係考　於海芳　《山東中醫藥大學學報》2015 年 5 期

朱權以道養生思想簡論　葉明花、蔣力生　《中國道教》2015 年 2 期

朱權道家思想研究

朱權與天師　長雲　《上海道教》1990 年 3—4 期

試論明寧獻王朱權的道教思想　曾召南　《宗教學研究》1998 年 4 期

朱權崇道芻議　魏佐國　《南方文物》2005 年 4 期

生於黃屋之中，心在白雲之外——寧王朱權當修道生活　姚品文　《龍虎山道教》2007 年 2 期

朱權《救命索》內丹思想初探　葉明花、蔣力生　《中國道教》2010 年 4 期

朱權《庚辛玉冊》考辨　葉明花、蔣力生　《中國道教》2011 年 2 期

朱權农学思想考论　袁名澤　《农业考古》2012 年 3 期

曲家朱權與道教文化的因緣　鄧斯博　《湖北理工學院學報（人文社會科學版）》2013 年 3 期

明代皇家道士朱權及其音樂理論研究　張澤洪　《黃鍾（武漢音樂學院學報）》2014 年 2 期

《天皇至道太清玉冊》的道教思想　萬景元　新浪博客 2015 年 8 月 7 日

寧獻王朱權与南極長生宮　姚品文　《道源教宗》2016 年 2 期

藩府刻書事業研究

明代藩府刻書考　曹之　《圖書與情報》1991 年 2 期

明代宗室文化及其社會影響　蘇德榮　《河南師範大學學報（哲學社會科學）》1996 年 4 期

試論明代宗藩的圖書事業　郭孟良　《鄭州大學學報（哲學社會科學版）》2002 年 4 期

明藩王與江西教育　李科友　《中國書院論壇》2002 年 3 期

明代藩王的著書與刻書　餘述淳　《圖書情報論壇》2003 年 1 期

明代藩府刻書　何槐昌、沈雅君　《圖書館研究與工作》2005 年 3 期

明代藩府刻書概述　羅鳳莉　《新世紀圖書館》2007 年 2 期

明代藩府著述輯考　陳清慧　《古籍整理研究學刊》2009 年 2 期

明代宗室藏書文化述論　張鳳霞、張鑫　《東嶽論叢》2010 年 7 期

明代宗藩醫籍的編撰與刊刻　楊奕望　中華中醫藥學會醫古文學術研討會 2013 年

其他有關朱權的研究

研讀明史隨筆——朱權與朱宸濠　蔣星煜　《隨筆》1980 年 10 期

朱權與《茶譜》　曉柳　《農業考古》1991 年 2 期

日本茶道溯源——朱權茶道　周文棠　《貴州茶葉》1992 年 2 期

明寧獻王朱權刻本《文章歐冶》及其他　杜澤遜　《文獻》2006 年 3 期

王墓玄宮藏奇珍　鄒松林、許智範　《東方收藏》2010 年 10 月

論朱權《茶譜》的"清逸"審美思想　朱海燕、王秀萍、劉仲華　《湖南農業大學學報》2011 年 2 期

朱權農學思想考論　袁名澤　《農業考古》2012 年 3 期

寧古塔朱氏是明寧獻王——朱權後裔　朱德岐、高曼霞　《牡丹江大學學報》2012 年 11 月

朱權書法小考——八大山人的家學淵源　姚國勝　《八大山人研究》2014 年甲午冬卷

湯顯祖與王孫交遊的歷史光影　姚品文　《江西文史》第 9 輯 2014 年

朱權《神隱》中的農業知識探析　馬偉華　《科學與管理》2015 年 1 期

論文目錄

古琴曲《秋鴻》打譜探討　马如骥　《南京艺术学院学报（音乐与表演）》2006 年第 1 期

"懶仙""希仙"小考　嚴曉星　《書品》中華書局 2007 年第 3 輯

引用書目舉要

二十五史　中華書局 80 年代本

二十五史補編（書目）　中華書局 1955—1956 年重印本

明史　四庫全書本

明實錄　中國臺北中央歷史語言研究所 1982 年影印本。

江南通志　四庫全書本

（康熙）江西通志　四庫全書本

（光緒）江西通志　清光緒七年修本

（民國）江西通志　民國間稿本 1985 年復印本

（萬曆）南昌府志　明萬曆十六年修本

（乾隆）南昌縣志　乾隆十六年修本

（乾隆）南昌府志　乾隆五十四年修本

（乾隆）南昌縣志　乾隆五十九年修本

（道光）南昌縣志　道光六年修本

（同治）南昌縣志　同治九年修本

（民國）南昌縣志　民國二十四年鉛印本

（康熙）西江志　康熙五十九年刻本

續文獻通考/補/附編　〔明〕王圻　商務印書館 1959 年本

藩獻記　〔明〕朱謀㙔　萬曆庚子刻本

國朝獻徵錄　〔明〕焦竑撰　四庫全書存目叢書本

江城名跡　〔清〕陳宏緒撰　四庫全書本

西山志略　〔民國〕魏元曠撰　江西人民出版社 2002 年本

寧獻王事實　〔明〕朱統鎕撰　盱眙朱氏八支宗譜引錄本

盱眙朱氏八支宗譜　民國十八年修本

四庫全書總目提要　〔清〕紀昀等　中華書局 1965 年本

續修四庫全書總目提要　中國科學院圖書館編　齊魯書社 1996 年本

中國叢書綜錄　上海圖書館編　中華書局 1961 年本
中國叢書綜錄補編　北京圖書館出版社 1961 年本
中國叢書綜錄　上海古籍出版社 1983 年本
中國叢書綜錄續編　施廷鏞編　北京圖書館出版社 2003 年新編本
北京圖書館古籍善本書目　北京圖書館編　書目文獻出版社 1987 年本
中央圖書館善本書目　臺灣中央圖書館特藏組編印 1986 年本
中國古籍善本書目　上海古籍出版社 1989—1990 年本
中國古籍善本書目　線裝書局 2005 年本
中國善本書提要　王重民　上海古籍出版社 1983 年本
文淵閣書目　〔明〕楊士奇　四庫全書本
百川書志　〔明〕高儒撰　上海古籍出版社 2005 年本
古今書刻　〔明〕周弘祖撰　民國八年重刻光緒三十二年葉德輝刻本
寶文堂書目　〔明〕晁瑮撰　古典文學出版社 1957 年本
續書史會要　〔明〕朱謀垔撰　四庫全書本
酌中志·內版經書紀略　〔明〕內監劉若愚撰　叢書集成初編本
欽定續文獻通考　浙江古籍出版社十通本
天一閣書目　〔清〕范邦甸撰　續修四庫全書本
天一閣書目　駱兆平編　中華書局 1996 年本
鐵琴銅劍樓藏書目錄　〔清〕瞿鏞撰　中華書局 1990 年本
浙江採集遺書總錄　〔清〕沈初等撰　清乾隆三十九年刻本
藏園群書經眼錄　傅增湘編著　中華書局 1983 年本
販書偶記　孫殿起錄　上海古籍出版社 1982 年本
徐氏家藏書目　〔明〕徐燉撰　續修四庫全書影印本
萬卷堂書目　〔明〕朱睦㮮撰　續修四庫全書影印本
讀書敏求記　〔清〕錢曾撰（管庭芬校正）　書目文獻出版社 1984 年本
古籍版本題記索引　羅偉國、胡平編　上海書店出版社 1991 年本
明別集版本志　崔健英撰　中華書局 2006 年本

明代版刻圖錄　杜信孚輯　1983 年江蘇廣陵古籍刊印社鉛印本

中國醫籍考　〔日〕丹波元胤編　人民衛生出版社 1956 年本

中國醫籍通考　嚴世芸編　上海中醫學院出版社 1993 年本

中國醫學史　上海中醫學院出版社 1990 年本

中醫圖書聯合目錄　中醫研究院編　北京圖書館出版社 1971 年本

中國分省醫籍考　天津中醫學院編　郭靄春主編　天津科技出版社 1987 年本

中國農學古籍目錄　北京出版社 2003 年本

中國農學書錄　王毓瑚編著　中國農業出版社 1964 年本

中國農業古籍目錄　中國農業科學院、南京農業大學中國農業遺產研究室編　北京圖書館出版社 2003 年本

中國古農書考　〔日〕天野元之助著　彭世獎、林廣信譯　農業出版社 1990 年本

中國文獻學辭典　趙法新等主編　上海辭書出版社 1988 年本

中國兵書總目　劉申寧編　國防大學出版社 1990 年本

中國道觀志叢刊　江蘇古籍出版社 2000 年本

中國道觀志叢刊續編　廣陵書社 2001 年本

中國道觀志叢刊續編　張智等主編　廣陵書社 2004 年本

中國道教觀志叢刊　高小健主編　江蘇古籍出版社 2000 年本

道藏提要　〔清〕錢塘丁氏刻本　任繼愈主編　中國社會科學出版社 1991 年本

淨明宗教錄　朱良月、周占月鑒定《淨明宗教錄》點校　重印委員會點校重印本

明代傳記叢刊　周駿富輯　臺灣明文書局 1986 年本

古典戲曲存目彙考　莊一拂編著　上海古籍出版社 1982 年本

明代雜劇全目　傅惜華編撰　作家出版社 1958 年本

中國古典戲劇論著集成　中國戲劇出版社 1959 年本

明分省分縣刻書考　杜信孚　線裝書局 2001 年本

清代各省禁毀書考　雷夢辰　書目文獻出版社1989年本
清代閨閣詩人徵略　施淑儀輯　上海書店1987年影印本
清代禁毀書目、補遺　〔清〕姚覲元　商務印書館1957年本
清代禁書知見錄、外編　〔民國〕孫殿起　商務印書館1957年本
清代目錄提要　來新夏主編　齊魯書社1997年本
清代雜劇全目　傅惜華編撰　人民文學出版社1981年本
清人別集總目　李靈年等主編　安徽教育出版社2000年本
善本書室藏書志　〔清〕丁丙撰　中華書局《清人書目題跋叢刊》本
書畫書錄解題　余紹宗編著　浙江人民出版社1982年本
述古堂書目　〔清〕錢曾撰　叢書集成初編本
經義考　〔清〕朱彝尊撰　四庫全書本
文獻學辭典　趙國璋、潘樹廣主編　江西教育出版社1991年本
易廬易學書目　盧松安著　齊魯書社1999年本
玉函山房輯佚書　〔清〕馬國翰輯　光緒九年長沙琅環館刊本
玉函山房輯佚書補編　上海古籍出版社1989年本
豫章十代文獻略　〔清〕王謨輯　清乾隆三十九年本
江西歷代刻書　江西人民出版社1994年本
日本現藏稀見元明文集考證與提要　黃仁生編　嶽麓書社2004年本
日藏漢籍善本書錄　嚴紹璗編著　中華書局2007年本
江西教育人物　張希仁編　江西教育出版社1989年本
江西歷代科技人物傳　李放主編　江西科技出版社2000年本
民國人物大辭典　徐友春主編　河北人民出版社1991年本
民國人物小傳　劉紹棠撰　臺灣傳記文學出版社1989年本
歷代婦女著作考　楊家駱主編　臺灣鼎文書局1973年本
歷代婦女著作考　胡文楷編　商務印書館1957年本
歷代詩經著述考　劉毓慶著　中華書局2002年本
清人詩文集總目提要　柯愈春著　北京古籍出版社2002年本

中國文學家大詞典　譚正璧編撰　上海書店 1981 年本

列朝詩集小傳　〔明〕錢謙益撰　上海古籍出版社 1959 年本

明人傳記資料索引　昌彼得等編　中華書局 1988 年本

元人傳記資料索引　王德毅、李榮村、潘伯澄編　臺灣新文豐出版公司民國六十八年本

歷代人物年里碑傳綜錄　姜亮夫　中華書局 1959 年本

江西歷代文學藝術家大全　江西人民出版社 1989 年本

清代傳記叢刊　周駿富輯　臺灣明文書局 1986 年影印本

中國歷代年譜總錄　楊殿珣編　書目文獻出版社 1980 年本

中國人名大辭典　商務印書館 1921 年本

中國歷史人物生卒年表　吳海林、李延沛編　黑龍江人民出版社 1981 年本

明清進士題名碑錄索引　朱保炯、謝沛霖編　上海古籍出版社 1980 年本

明儒學案　〔明〕黃宗羲　沈之盈點校　中華書局 1985 年本

清儒學案　徐世昌編　中國書店據民國刻本影印本

江西詩徵　〔清〕曾燠撰　清光緒五年棣華書屋重印本

南昌邑乘詩徵　魏元曠輯　民國二十四年重印本

南昌邑乘文徵　魏元曠輯　民國二十四年重印本

皇明西江詩選　胡思敬　豫章叢書民國十一年本

明詩紀事　〔清〕陳田撰　商務印書館民國二十五年本

江西歷代作家作品選　蔣克己編　江西人民出版社 1988 年本

八大山人論集　王方宇編　臺北中華叢書編審委員會編 1984 年本

現代琴學叢刊

策劃、主編：嚴曉星

第一輯（六種）

愔愔室琴譜	蔡德允 / 著
古琴演奏法（增訂本）	龔 一 / 編著
草堂琴譜	唐中六 / 編
海外近代琴人錄	唐健垣 / 著
審律尋幽：謝俊仁古琴論文與曲譜集	謝俊仁 / 著
古琴音樂藝術	葉明媚 / 著

第二輯（六種）

今虞琴刊	今虞琴社 / 編
研易習琴齋琴譜（增訂本）	章梓琴 / 著
琴學論衡——2015古琴國際學術研討會論文集	龔 敏等 / 編
琴學存稿——王風古琴論說雜集	王 風 / 著
古琴藝術與中國文化	葉明媚 / 著
松廬琴學叢稿	梁基永 / 著

第三輯（六種）

鄭覲文集	鄭覲文 / 著　陳正生 / 編
歷代琴譜過眼錄	羅福葆 / 編纂　蕭文立　蕭一葦 / 點校整理
龔一琴學文集	龔 一 / 著
朱權研究史料文獻匯編	姚品文 / 輯
國家、民間、文化遺產——社會學視野中的吳地古琴變遷	王 詠 / 著
琴學論衡——2016、2017古琴國際學術研討會論文集	龔 敏等 / 編

圖書在版編目（CIP）數據

朱權研究史料文獻彙編 / 姚品文輯. —重慶：重慶出版社，2021.10
（現代琴學叢刊 / 嚴曉星主編）
ISBN 978-7-229-15242-0

Ⅰ．①朱… Ⅱ．①姚… Ⅲ．①朱權（1378-1448）—人物研究 Ⅳ．① K825.6

中國版本圖書館 CIP 數據核字（2020）第 158157 號

朱權研究史料文獻彙編
ZHUQUAN YANJIU SHILIAO WENXIAN HUIBIAN
姚品文　輯

策劃主編　嚴曉星
責任編輯　孫峻峰　吳芝宇
責任校對　何建雲
裝幀設計　孫峻峰　楊　琴

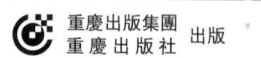

重慶出版集團　重慶出版社 出版

重慶市南岸區南濱路 162 號 1 幢　郵政編碼：400061　http://www.cqph.com
重慶新金雅迪藝術印刷有限公司印製
重慶出版集團圖書發行有限公司發行
E-MAIL:fxchu@cqph.com　郵購電話：023-61520646
全國新華書店經銷

開本：787mm×1 092mm　1/16　印張：23　字數：300 千
2021 年 10 月第 1 版　2021 年 10 月第 1 次印刷
ISBN 978-7-229-15242-0
定價：178.00 圓

如有印裝質量問題，請向本集團圖書發行有限公司調換：023-61520678

版權所有　侵權必究